吴越文化通典

陶初阳　徐吉军　编著

吴越历史文化丛书
基础研究

杭州出版社

图书在版编目（CIP）数据

吴越文化通典 / 陶初阳，徐吉军编著．-- 杭州 ：杭州出版社，2025．6．--（吴越历史文化丛书）．

ISBN 978-7-5565-2912-4

Ⅰ．K295

中国国家版本馆 CIP 数据核字第 2025QH9822 号

WUYUE WENHUA TONGDIAN

吴越文化通典

陶初阳　徐吉军　编著

策划编辑　杨清华

责任编辑　王妍丹

封面设计　王立超

美术编辑　王立超

责任校对　陈铭杰

责任印务　姚　霖

出版发行　杭州出版社（杭州市西湖文化广场32号6楼）

电话：0571-87997719　邮编：310014

网址：www.hzcbs.com

印　　刷　浙江全能工艺美术印刷有限公司

经　　销　新华书店

开　　本　710mm×1000mm　1/16

印　　张　20.5

字　　数　410千

版 印 次　2025年6月第1版　2025年6月第1次印刷

书　　号　ISBN 978-7-5565-2912-4

定　　价　78.00元

“基础研究”丛书审订：杜文玉

"吴越历史文化丛书"总序

文化是一个国家、一个民族的灵魂。文化兴，国运兴；文化强，民族强。城市历史文化遗存是前人智慧的积淀，是城市内涵、品质、特色的重要标志。

临安，西揽黄山云雾，东接天堂风韵，山水秀美，积淀丰厚，吴越文化特色尤为鲜明。唐末五代之际，出生于临安、发迹于临安的吴越国王、"上有天堂，下有苏杭"的缔造者——钱镠，布衣起家，以雄才大略和仁心善政，创造了吴越国数十年繁华，成就了后世江浙苏杭坚实的经济文化基础，为中华的强盛作出了不可磨灭的历史贡献，给后世留下了一笔宝贵的文化遗产。北宋著名诗人苏轼曾高度评价吴越钱氏治理吴越国的成绩："其民至于老死，不识兵革，四时嬉游歌鼓之声相闻，至于今不废，其有德于斯民甚厚。"此后千年，江南经济富庶、文化繁荣，经久不息。

日月恒升，山高水长。自公元893年至今，吴越国已影响后世千余年。它下佑了宋的高贵，成全了元的融合，点亮了明代文化科技的璀璨，增添了清代康乾的盛世荣光。个中力量，绵延不绝。

吴越国形成的"善事中国、守城为业、家国天下"的文化特质，在中华文明的发展长河中具有重要的历史文化价值和现实意义。秉承优良的钱氏家风，吴越钱氏后世人才辈出，群星闪耀，千余年间，载入史册的钱姓名家不胜枚举。吴越文化根脉相承、生生不息，始终涵养着天目儿女的精神家园，滋养着"钱王故里"的人文风物，也为文化发展提供了肥沃土壤和动力源泉。

临安这座城市不但拥有优渥的自然生态资源，还有着特殊的历史文化魅力。吴越文化不但是临安城市发展和文化形象的一张金名片，还是临安的"根"和"脉"。一直以来，临安历届党委、政府高度重视吴越文化的研究、传承和弘扬，做了大量卓有成效的工作。进入新时代，临安努力把吴越文化融入到城市肌理之中，妥善处理好文物保护与城市建设、经济发展之间的关系，在城市规划建设层面更加突出文脉传承，让历史文化和自然生态永续利用、同现代化建设交相辉映；深入探索吴越文化的当代价值，有效推动吴越文化活在当下、服务当代，用吴越文化浸润百姓心田，以现代文明点亮幸福城市……

“东南乐土，吴越家山”，让生活在这座城市的人能够从厚重的岁月积淀中汲取文化自信的养分。我们要以文化为魂，加快建设“吴越名城”，使临安在“两个先行”时代征程中打造出独具魅力的幸福之城。我们必须把这种精神发扬光大，牢牢把握“文脉之力”，以文塑城、以文育人、以文铸魂，激发城市文化发展的内在活力，让文化成为现代城市发展的不竭动力。为此，区委宣传部牵头，专门组织省内外有关专家学者对吴越历史文化梳理文脉、提炼精华，进行深入全面系统整理研究，从文献集成、基础研究、通识读物、应用研究四个方面进行学术攻坚，深入发掘吴越文化背后的人文、历史、哲学、艺术等价值，挖掘当代价值与内涵，编辑出版“吴越历史文化丛书”，并全力推动吴越文化纳入“浙江文化研究工程”。

我们出版该套丛书的思路，以晚唐—五代十国—两宋为纵横，以吴越历史文化为主题，对吴越国的发展史和吴越钱氏家族史进行全景式研究，深入挖掘并提炼吴越文化的当代价值。在此，衷心感谢为这一丛书撰稿的作家、学者，用生花妙笔书写了吴越文化的锦绣华章，从而以更细的颗粒度还原出吴越文化一幕幕真实的历史瞬间。

“吴越历史文化丛书”作为首套关于临安历史文化的大型丛书，具有里程碑式的意义。丛书融知识性、文学性和可读性为一体，兼具科学性、地域性和系统性。丛书的编纂出版，无疑向社会开启了一扇触摸历史、感知文明、认识人文临安的窗口，对提升临安对外形象将起到积极的推动作用。当然，因条件所限，在编纂过程中挂一漏万或者疏误之处在所难免，我们衷心希望得到学术界及其他社会各界的批评指正，以期今人及后人对临安历史和吴越文化的研究进一步深入，取得更大的成果。编纂“吴越历史文化丛书”是我区吴越文化研究领域的一种尝试，我们希望通过文化建设，进一步提升全社会的凝聚力和向心力，使之成为建设“吴越名城”的文化支撑和精神动力。

当前，打造浙江新时代文化高地的号角已经吹响。临安作为吴越文化的发祥地，文化自信是我们实现高质量发展的人文基因和精神密码，也是临安未来发展最基本、最深沉、最持久的力量。我们将继续努力挖掘和弘扬吴越文化，以文化的软实力推动经济社会发展，不断增强临安高质量发展的文化自信。

带着泥土的芬芳，踩着时代的鼓点，让我们蹚进历史的长河，寻觅吴越文化的星光灿烂；让我们跨上文化的航船，驶向“吴越名城·幸福临安”的繁华盛景。

“吴越历史文化丛书”编纂指导委员会

2023 年 4 月 21 日

“吴越历史文化丛书·基础研究”序

吴越国为五代十国时期占据于今浙江的一个地方政权，建立于公元893年，即唐昭宗景福二年，这一年唐廷授钱镠镇海节度使之职，国内历史学界遂以这一年为吴越国建立的时间。宋太宗太平兴国三年，即公元978年，吴越国王钱弘俶举国归宋，吴越国共历五主，86年时间，为十国中立国时间最长的一个政权。作为一个地域不广，仅仅拥有十三州之地，人口不算多，入宋时全国户口为550684户的地方性政权，有什么特别之处，竟然能维持如此之长的统治时间，自立于群雄之列？这本身就是一个值得探讨的历史问题。

从经济的角度看，吴越国时期发展很快，无论是农业、手工业还是商业均取得了极大的发展成就。有一个明显的事例，据《唐国史补》卷下载：“初，越人不工机杼，薛兼训为江东节制，乃募军中未有室者，厚给货币，密令北地娶织妇以归，岁得数百人。由是越俗大化，竞添花样，绫纱妙称江左矣。”薛兼训是生活于唐代中期的大臣、将领，曾担任浙东观察使，时在唐代宗宝应元年（762）至大历五年（770）期间。从这段记载我们不难看出，在薛兼训到任河东节度使之前，浙东地区的丝织业水平实际上还是不高的。但自此以后，直到吴越国统治时期，这里的丝织业都是走在全国的前列，其基础就建立在这一时期。在吴越国统治时期有三种产业的优势很大，即制瓷业、水利与对外贸易。前者以越窑生产的青瓷最为著名，水利方面以太湖与钱塘江治理最为著名，后者则以数量众多的外贸口岸著称，有杭州、明州、台州、温州等港口，在沿海诸国中数量最多，对外贸易区域最广。

从文化的角度看，吴越国拥有一批著名的学者与诗人，如罗隐、皮光业、钱易、杜建徽等，就连国王钱镠、钱弘俶都有作品传世。尤为重要的是，吴越国在宗教文化方面成就甚为突出，当时的杭州成为五代十国时期全国的佛教中心，佛寺数量居全国之首。天台宗有较大的发展，出现了中兴的态势，天台名僧相继涌现，并派人赴日本、高丽寻求已在中国散失的天台宗经典教籍，天台宗经典由是大备。吴越高僧延寿有感于当时禅宗只重直观而忽略经典的流弊，编集了《宗镜录》100 卷，这是中国佛教史上具有集大成性质的著作，在佛教史乃至思想史领域有极大影响。

在政治上，吴越国推行“事大”政策，在唐末坚决拥戴唐朝廷，获得了唐廷赐予的免死铁券。进入五代以后，不管中原王朝如何改朝换代，吴越皆向其称臣，贡奉不断，因此主政者官爵不断提升。唐天复二年（902），封越王；天祐元年（904），改封吴王。后梁开平元年（907），封吴越王。龙德三年（923），又册封钱镠为吴越国王。到后唐时期，除了授钱镠天下兵马都元帅、尚父、尚书令，续封吴越国王外，还赐给玉册金印，以示宠渥。北宋取代后周，吴越延续了这一政策，十分恭顺，凡中原王朝发动的军事行动，吴越都积极配合。如后周进攻淮南，吴越出兵攻击南唐；北宋讨伐李重进之叛，吴越遣将进击润州以配合；北宋出兵灭南唐时，吴越进攻常州以呈夹击之势。吴越的这一国策，不仅保证了其统治的稳固，后来和平统一于北宋，也使两浙地区免遭战火的摧残，有利于这一地区经济、文化的持续发展。

还有一点需要指出，即吴越执行了一条睦邻政策。早年因与杨行密争夺江浙地区，吴越长期与吴国处于战争状态，但南唐建立后，双方和睦相处，保持数十年的和平局面。这一局面的出现，有利于两国人民生产与生活的稳定，同时为发展文化创造了有利的社会条件，我们通常所说的中国古代经济、文化重心南移，实际上始于这一时期，吴越国在其中的贡献是不可忽视的。

然而，从目前情况看，对吴越国史的研究还很不理想，仅有极少的著作和为数不多的论文，这种状况与吴越国所处的历史地位极不相称。为了改变这种状况，中共杭州市临安区委宣传部、杭州市临安区社会科学界联合会实施了“吴越文化研究工程”，推出“吴越历史文化丛书”，包括文献集成、基础研究、通识读物、应用研究四大部分，本套丛书为其中的基础研究部分。

这套基础研究丛书基本囊括了吴越国历史文化的方方面面，将其历史、政治、制度、经济、文物、宗教、文学、艺术以及民间信仰全都包括进去了，从而极大地推进了吴越国史研究的全面深入发展，从更大的方面看，对整个五代十国史的研究亦有极大的促进意义。

总的来看，这套丛书具有一些明显的特点：（一）较强的学术性。既然是吴越国历史文化的基础研究，学术性是首先要保证的。要做到这一点，必须保证资料的丰富性与可靠性，这是学术研究的基础。其次，要做到研究结论的科学性，观点要具有新颖性，要经得住科学的检验。为此我们制定了一整套规范要求和严格的书稿审查制度，以保证书稿的学术质量。（二）系统性。即列入基础研究的著作都必须做到各自内容的系统性与完整性，这些著作每部都能单独成书，又与其他著作紧密地联系在一起。因此，读者可以根据各自的兴趣选读其中一部，而不必担心内容的缺环。（三）图文并茂。在书稿撰写之初，就要求每部书必须提供一定数量的图幅，做到图文并茂，这是这套丛书与别的书籍不同的一个显著特点。（四）作者队伍的专业性。这套丛书的作者都是在研究机构或高等院校工作的专业研究人员和教师，具有学历高、年富力强的特点，有些人甚至有国外留学的经历，且都是相关领域内的卓有成绩者。这是保证这套丛书质量的一个基本条件，也是对读者负责的一种体现。

通过这套丛书的研究与撰写不难看出，地方党委和政府对传统文化的支持十分重要，没有其主导和保障，这项文化工程是不可能完成的。在此，对杭州市临安区挖掘地方历史文化的远见卓识表示钦佩，并希望这套丛书能在弘扬我国优秀传统文化中发挥积极的作用。

2024 年 3 月

（杜文玉　陕西师范大学历史文化学院教授、博士生导师，中国唐史学会名誉会长）

目 录

凡 例

一、本书共收条目600余条，范围涉及吴越国政治、经济、军事、文化等各个领域，亦包括文物遗存和相关史料典籍等。

二、历史人物原则上按照在世年代为序。如有帝王，则先帝王、后臣子（包括藩王、国王、诸侯等）；无法确定年代的，尽量以在世年代为序；《历史事件》《战事活动》按发生年代先后为序；《职官》以先官制、次机构、再次功臣号为序；《文物遗存》主要收录目前仍存在的吴越国时期古墓葬、古遗址、古建筑等各类型不可移动文物；《史料文献》总体按成书年代为序，同一年代再按吴越国国史关联度高低为序。

三、《宗室》一章编立吴越钱氏王族成员及其后裔小传，收录人物的时间下限为北宋末期。

四、《吴越诗词》一章收录历代钱王主要存世诗词，臣下诗作择其和吴越国历史相关者，后世吟咏部分按吟咏题材分类，同一题材诗作再以作者在世先后排序。

五、条目解释注重内容的专业性和可读性。涉及功过是非原则上只记录言行，不作是非评价；学术上有定论的依之，无定论或有争议的诸说并存，采一种说法。历史人物重要言论根据《十国春秋》《吴越备史》《新五代史》《旧五代史》《宋高僧传》等作了保留，不作翻译；书中历史人物言论未注明出处者，皆出自《十国春秋》和《吴越备史》两书；三世五王言论除有特殊标注外，皆出自新、旧《五代史》《十国春秋》《吴越备史》四书。

六、本书对于论述涉及的重要古代地名，如安国、明州，在每一章第一次出现时，用括号标注今地名。对北宋建立（公元 960 年）以前的吴越国忠懿王钱弘俶，以全名“钱弘俶”标注之，之后则以“钱俶”标注，其同辈（“弘”字辈人物）照此处理。条目、附录凡遇生僻字和重要历史人物的，皆标注汉语拼音和在世年代以便阅读。

前 言

杭州市临安区位于杭州市西部，南连桐庐、淳安，西依安徽，北靠湖州安吉和安徽宁国、绩溪。1960 年 9 月，由原临安、於潜、昌化三县合并而成，面积 3118.8 平方公里，常住人口 65 万。1996 年 12 月，临安撤县设市。2017 年 9 月，临安撤市设区。

临安是五代十国吴越国创立者钱镠的故乡。钱镠，字具美（一作“巨美”），唐大中六年（852）二月十六日（公历 3 月 10 日）生于临安县石镜乡钱坞垄（今属杭州市临安区锦南街道），后唐长兴三年（932）三月二十六日（公历 5 月 6 日）卒于吴越国西府（今杭州）。从唐光启三年（887）治杭起算，钱镠累计在位 46 年。

钱镠 16 岁外出贩卖私盐，这练就了他的胆识和体魄。17 岁习武，21 岁弃商从戎，24 岁投家乡民团军指挥董昌麾下。因武艺高强，经过王郢之乱、曹师雄之乱等战事，钱镠逐步步入中高级军官之列。

唐广明元年（880），钱镠以 20 骑设伏智退黄巢部 2000 人对临安的进攻，由此声威大震。同年，黄巢军攻占长安，钱镠、董昌联合杭州各县力量组建“八都兵”，钱镠任“都知兵马使”，拥有军队指挥权。在团结各都力量的同时，将钱元瓘、马绰等宗室、部将安排军中历练，八都兵由此成为钱镠开疆拓土时最重要的力量凭借。

从唐中和二年（882）至光启二年（886），钱镠用 5 年时间击败了占据浙东并图谋反叛的军阀刘汉宏，之后原杭州刺史董昌移师浙东任越州观察使，钱镠任杭州刺史。从此钱镠有了一块根据地，迈出了封邦建国道路上的第一步。唐乾宁二年（895），董昌在向唐朝廷求封“越王”遭拒后，于越州称帝，国号“大越罗平”。次年，钱镠受唐朝廷诏命讨伐董昌有功，被授予镇海、镇东（初授威胜军节度使）军节度使，至此基本控制两浙，吴越国雏形初具。乾宁四年（897），唐昭宗感念钱镠维护帝国统一之功勋，特赐其“金书铁券”一具，准免钱镠本人九死、子孙三死。光化三年（900），唐昭宗命人对钱镠进行绘影，供于长安宫中为表彰历代功臣而建的凌烟阁，钱镠成为最后一批登阁的唐臣之一。

唐天复二年（902），钱镠被封为越王；天复四年（904），被封为吴王；后梁开平元年（907），被封为吴越王，吴越国至此事实上建立。在此前后，虽间或有武勇都之变、陈璋之乱等大小叛乱，但平叛战争皆以钱镠获胜结束，故不影响大局。后梁龙德三年（923），册封钱镠为吴越国王。后唐长兴三年（932），钱镠薨逝，享年81岁，是中国历史上少有的长寿帝王之一。去世后葬安国县（即临安县，908年后梁下诏改临安为“安国”）茅山之原，后唐赐谥号“武肃”，吴越国为其上庙号“太祖”。

钱镠在位期间，曾制天宝（908—912）、宝大（924—925）、宝正（926—932）三个年号（一说还有“广初”年号），但仅限于国内使用，外交文书皆不用。钱镠之后，吴越国又历文穆王钱元瓘（932—941年在位）、忠献王钱弘佐（941—947年在位）、忠逊王钱弘倧（947年在位，历时半年）和忠懿王钱弘俶（948—978年在位）四位君主。历任钱王谨遵钱镠“子孙善事中国，勿以易姓废事大之礼”祖训，对中原历朝极尽事大之礼，贡奉连绵不绝，不再另制年号，皆行中原年号。

后世对钱镠和吴越国评价较高。吴越国政治上实行“保境安民”，这是由基本国情决定的。吴越国东濒大海，北、西面与南方最强大的割据势力吴国（937年后为南唐）接壤，因此处理和吴国（南唐）的关系，一直是吴越国制定对外政策的主要依据。一方面，它向走马灯般更迭的中原政权称臣纳贡，与其交好牵制强邻；另一方面，又练就一支不恋战但不怯战的军事力量。纵观吴越国历次对外战争，约有七成为反侵略作战，其余三成为“御敌于国门之外”的防御性进攻，其中918年的狼山江水战和947年的福州争夺战都成为军事史上以弱胜强的经典战役。面对国土面积两倍于己的吴国（南唐），吴越国与其战争依然取得胜多败少的佳绩，此可视为“保境”的基本含义。

至于“安民”，可以从以民生为重、大力发展生产角度去理解。

首先，历代钱王高度重视水利工程建设。在农业社会，和农业活动最为密切也最容易引发灾害的资源便是水。钱镠到杭前，钱塘江屡兴潮患，民众苦不堪言。后梁开平四年（910），钱镠征发民工，弃用版筑法而用“石囤木桩”法，历时两月筑起捍海石塘，至此潮患渐平，钱镠遂被百姓亲切地称为“海龙王”。不仅如此，他还置“都水营田司”为国家规划水利事业的专门机构，这在封建社会的政府机构建制中是少有的。又建水利工程部队“撩浅军”（一作“撩清军”）以疏浚西湖、太湖等内陆湖泊、河流。

其次，吴越国地狭人稠，劳动人民在钱王领导下进一步发展和创造了“圩田”这种新型水田耕种方式，巩固了粮食生产，提高了浙江地区在全国的经济地位。为了保证圩田产量丰收并免受洪水侵蚀，吴越国另组“营田军”专门负责圩田环境整治。

再次，吴越国大力发展织锦业和制瓷业以供商贸和补益国用。早在钱镠时期，国家就将织锦业纳入官营范畴，杭州城中常年有专业织锦工数百人，这为吴越国动辄向中原进贡数万乃至数十万匹锦、绢、丝等织物提供可能，史称“奇器、精缣皆制于官，以充朝贡”。在继承晚唐越窑“秘色瓷”烧造经验基础上，吴越国专设“省瓷窑务”一职管理秘色瓷暨越窑瓷器生产，开创后世“官窑”制度先河。“九秋风露越窑开，夺得千峰翠色来。”越窑产品不仅供吴越国王室使用和北贡中原，也通过在山东等地设立“博易务”等市易机构使之行销北方，更是借由宁波等地装船出海，通过“海上丝绸之路”销往朝鲜、日本和西亚等地，成为对外贸易的主要商品。历代钱王千方百计开辟经济收入来源以增加国用，为吴越国维持对中原的常年供奉提供了坚实的经济基础。

最后，农业、手工业的发展，必然带来经济社会发展的繁荣。五代十国时著名的建筑专家喻皓是杭州人，在吴越国期间有多次承建梵天寺木塔等大型工程经验。入宋后，喻皓主持建造开宝寺木塔，被欧阳修誉为“国朝以来木工一人而已”。文化发达的另一表象，是宗教活动兴盛。吴越国官方以礼佛为主，崇道为辅。尤其都城杭州有“东南佛国”之称，有据可查的寺院当时就有200多所，和西湖有关的灵隐寺、净慈寺，六和塔、保俶塔、雷峰塔以及西湖南山造像等诸多名胜古迹，莫不与佛教文化有关。佛教对于促进中外文化交流、加强人民友好往来亦有重要作用，五代十国因唐武宗“会昌灭佛”和百余年战乱，佛教典籍颇多散佚，北宋建隆元年（960），吴越王钱俶（北宋建国后，为避宋太祖赵匡胤之父赵弘殷之讳，钱弘俶自改名“钱俶”）遣使携珍宝50种渡海向高丽虔心求取佛典，次年高丽王派僧携籍回访，使天台宗得以中兴，演绎一段中国和朝鲜半岛国家交流史上的佳话。

北宋太平兴国三年（978）五月，钱俶第二次入汴京觐见宋帝时，感到宋廷已不允许吴越国继续存在，加之《武肃王遗训》中“如遇真主，宜速归附”的祖诫，便慨然将1军、13州、86县、550680户人口、115036员兵献于北宋，由此为中国和平统一历史写下浓重一笔。五代时期国祚最久的钱氏吴越国终结，有国86年。后人评价这段历史时，盛赞钱俶“完国归朝，不杀一人，则其功德大矣”。

吴越钱王的丰功令临安百姓和钱氏裔孙骄傲，吴越国的伟业更令浙江人民自豪。作为钱镠出生地、归息地的临安，吴越文化是其传承历史文脉，发展社会事业的一张“金名片”。从20世纪90年代初开始，各界在30余年中从研究利用、品牌活动、联络宗亲等层面所做的物化、固化、深化吴越文化的种种努力，已使这颗明珠日益艳丽夺目。在重视和提高文化软实力日益成为全社会议题的今天，将吴越文化发扬光大，提升临安文化高度，展现临安文化气派，已成为临安市民的一致共识。

但是，一般读者一提到钱武肃王、吴越国，除了知晓钱王陵、钱镠的“保境安民”政策和吴越国打造“上有天堂，下有苏杭”的功绩，仍然会被相当多涉及吴越国官制、兵制、重大战事、历史事件的专业词汇困扰。所以，解释并帮助理解掌握这些专业词汇，是摆在当时学术界面前的一项重要课题，亦是一项责无旁贷的历史使命。

有鉴于此，2014 年，在当时临安市政协、临安市钱镠研究会的支持下，在相关专家学者的积极配合下，由陶初阳同志受命执笔，通过历时两年的努力，《吴越钱王文化通典》（第一版）于 2016 年 10 月正式出版。作为汇集当时所能见到的吴越文化各种内容，分列条目，以精确、易读的解说文字而形成的读物，本书问世后，便得到来自文物、文史、非遗等行业同志和热心读者的良好反响，并多次重印。

2017 年 9 月，临安撤市设区，成为杭州市第十区，吴越文化的传承传播之路随之越走越宽，并不断取得喜人的成果。2021 年，“钱氏家训家教”被列入第五批国家级非物质文化遗产代表性名录，成为第一个国家级家训非遗项目。2022 年以来，临安区立足开好局、起好步，重当下、利长远，制定并实施《吴越文化研究三年计划（2023—2025）》，扎实推进吴越文化研究各项工作。2023 年 12 月和 2024 年 5 月，“吴越历史文化丛书”两次获中央领导批示肯定。

吴越文化得到前所未有的重视，临安也正在以前所未有的力度推进保护传承工作：致力于打造展现吴越文化与文物最丰富、内容最权威、体系最完整的窗口，全力推进以钱王陵、博物馆、衣锦城址三大区块和衣锦坊历史文化街区为核心的吴越国衣锦城考古遗址公园建设；努力填补系统研究吴越国历史的学术空白，深入实施《吴越文化研究三年计划（2023—2025）》，启动并实施“吴越文化研究青年学者支持计划”，编纂“吴越历史文化丛书”，力争推出系列学术上立得住、百姓间信得过、岁月中传得久的吴越文化研究成果；全力打造吴越文化活化利用经典 IP，推进电视剧、歌舞剧、京剧、动漫等不同形式艺术作品创排，力争形成艺术门类齐全、受众覆盖广泛的系列经典艺术作品。

党的二十届三中全会将文化领域改革作为进一步全面深化改革的重要组成部分，明确指出要“传承中华优秀传统文化”“构建中华文明标识体系”。对于吴越文化而言，这是一个重要机遇；对于临安而言，这是一项重大任务。

接下来，临安将以“三个更加充分”为目标，着力做好保护提升、地标打造、研究阐释、活化利用和交流传播五篇文章。

综上所述，鉴于近年来吴越文化保护传承的新形势、新变化、新成果，《吴越钱王文化通典》修订的时机已经成熟。2024 年，在中共杭州市临安区委宣传部、杭州市临安区社会科学界联合会的支持下，由浙江省社科院历史研究所原所长、二级研究员徐吉军同志牵头执笔，对该书进行初版 8 年来的首次增订。

和第一版相同，本书增订并再版时，将书名优化调整为《吴越文化通典》，收录内容范围力求宽而广，以简单、易懂的条目介绍吴越国，并增加了近年来吴越文化研究领域所取得的最新成果。条目解说在叙述方式上通俗化，以增强全书的可读性。期待《吴越文化通典》的增订出版，不仅能展示临安悠久的历史文化，而且能充当全社会认识、触摸一千年前那个东南乐国的阶梯与桥梁，使现有各种物质、非物质形式的吴越文化遗产都能得到悉心保护，进而实现永续利用。

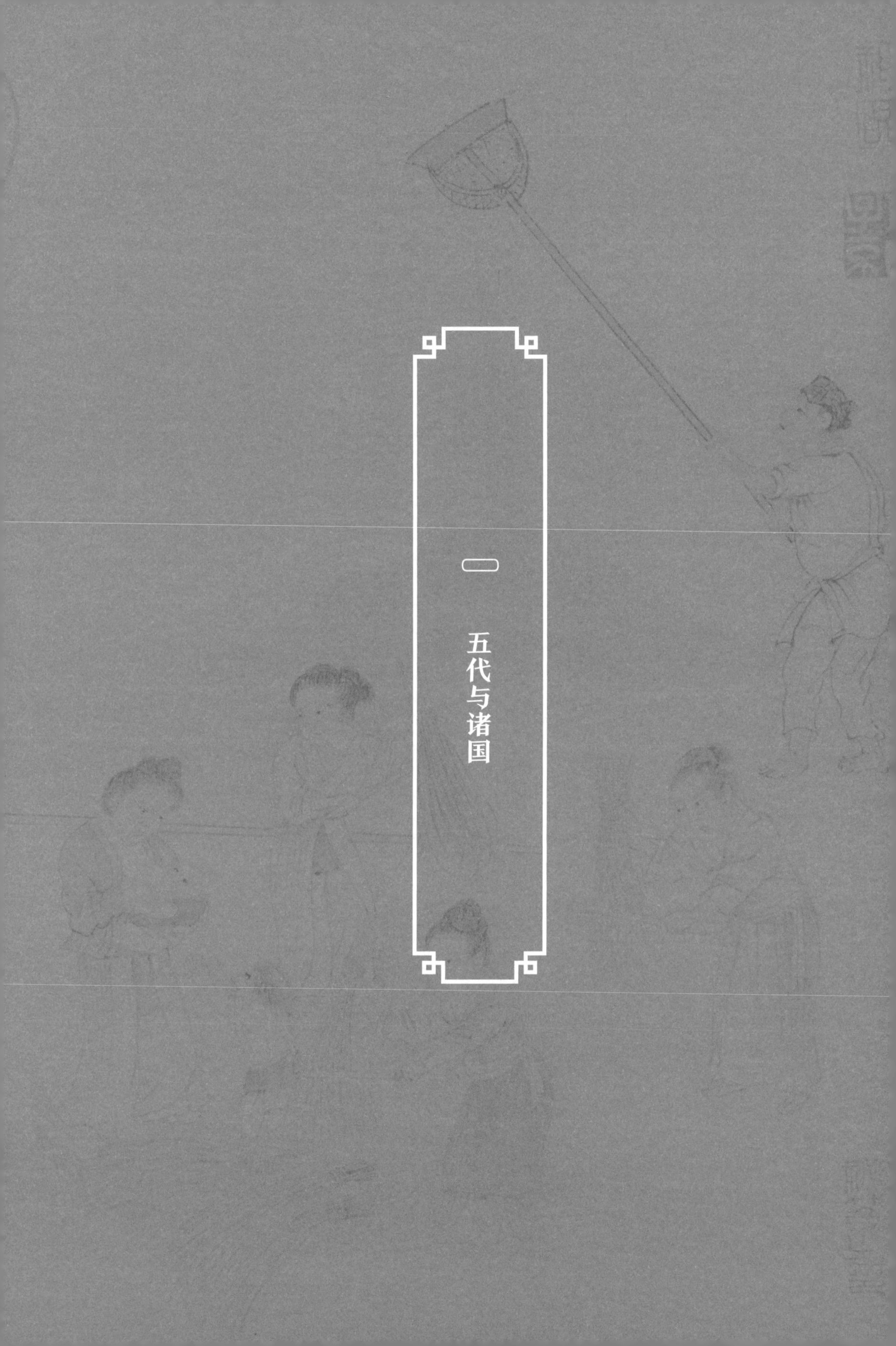

一　五代与诸国

了解吴越国和吴越文化，首先必须了解“五代十国”。“五代十国”是唐、宋之间五个王朝与十个地方政权并存的历史阶段。以往常将“五代十国”简称为“五代”，并把起止时间定为907—960年，这实际上是不确切的。将这段历史加以审示，可以发现“五代十国”分成“五代”和“十国”两部分，五代即前后相继占据黄河流域的后梁、后唐、后晋、后汉、后周这五个藩镇割据型朝廷，理论上发端于907年唐朝灭亡，终结于960年北宋建立；十国是同期占据其他地区（主要是秦岭—淮河以南和北方山西地区）实力最强的十个国家的统称，它们是吴越、吴、南唐、闽、北汉、前蜀、后蜀、荆南、楚、南汉，起始时间和北方的“五代”同，但结束时间历史学界以北宋太平兴国四年（979）北汉灭亡为标志。在此前一年，即发生著名的吴越国忠懿王钱俶“纳土归宋”事件。因此，“五代十国”的准确历史区间应是907—979年。

五代十国时期，最典型的政治特征是“人亡政息”，具体表现是各国寿命都不长：最短的后汉947年建国，950年灭亡，仅4年；稍长的有南唐（39年）、荆南（40年）、楚（45年）、南汉（55年）等。其中，过60年大限的只有钱镠创建的吴越（86年）。

【五代十国】 中国古代历史的一段时期，狭义上起止时间为 907—960 年，即从唐朝灭亡开始，至北宋建立为止。但在历史研究中，不少学者认为五代十国的下限应以北宋太平兴国四年（979）北宋灭北汉，大体统一全国为标志。公元 907 年，朱温灭唐称帝，国号梁，史称后梁，占有中国北方大部地区，此后相继出现后唐、后晋、后汉、后周，称为“五代”；同时，在秦岭—淮河以南的中国南方和北方山西地区，先后出现吴、前蜀、楚、吴越、闽、南汉、荆南（南平）、后蜀、南唐、北汉等国，称为“十国”。五代十国本质上是晚唐藩镇割据政治局面的延续，后梁、后唐等“五代”虽然实力较为强大，但由于其自身属藩镇型朝廷，政局不稳，经常发生军人用武力实现政权更迭的情况，故中原历朝均无力统一全国，仅能维持名义上的朝贡格局。南方各国如闽、吴、南唐等各自称帝，但如吴越、荆南等国则长期奉五代为宗主国，作为中原王朝的分封国定期朝贡，每逢内部君主易代均恭顺求得中原册封。五代时期，北方连年战乱导致政权交替频繁，加之南方十国统治者有意重视发展经济，故自唐朝中叶安史之乱之后中国经济重心由之前的黄河流域南移的趋势进一步加剧乃至固化，南方经济强于北方的局面至此再未逆转。政治上，五代十国各国除后周、吴越、南唐等少数国家，政治以纷乱著称，欧阳修在《新五代史·晋家人传第五》中指出：“五代，干戈贼乱之世也，礼乐崩坏，三纲五常之道绝，而先王之制度文章扫地而尽于是矣！”后周显德七年（960），后周殿前都点检赵匡胤通过陈桥驿兵变代后周称帝，是为宋太祖，同年改元“建隆”，建立宋朝。在此后将近 20 年中，宋朝通过太祖、太宗两任君主的努力，先后消灭各地割据势力，最终至公元 979 年灭北汉，五代十国历史宣告终结。

【后梁】 朝代名。唐天祐四年（907），朱温篡唐称帝，同年改年号为开平（907—911）。定都汴京（今河南开封），国号“梁”，史称后梁。因皇帝姓朱，故又称“朱梁”。辖地为今河南、山东两省，陕西、湖北大部和河北、宁夏、山西、江苏、安徽各一部分，为“五代”历朝中国土面积最小，但亦是存续时间最久的一个王朝。龙德三年（923），后梁为后唐所灭。后梁共传太祖朱温（907—912 年在位）、郢王朱友珪（912—913 年在位）、末帝朱友贞（913—923 年在位）三帝，立国 17 年（907—923）。

【后唐】朝代名。后梁龙德三年（923），沙陀人李存勖消灭后梁，定都洛阳，国号“唐”。为了和李渊所建立的唐朝相区别，史称后唐。辖地为今河南、山东、山西、河北和北京、天津以及陕西、甘肃、湖北、安徽、湖北各一部分。后唐清泰三年（936），为契丹、后晋联军所灭。后唐共传庄宗李存勖（923—926 年在位）、明宗李嗣源（926—933 年在位）、闵帝李从厚（933—934 年在位）、末帝李从珂（934—936 年在位）四帝，立国 14 年（923—936）。

【后晋】朝代名。后唐清泰三年（936），沙陀人石敬瑭（892—942）以割让燕云十六州（又称“幽云十六州”，今属北京、河北和山西部分地区）为条件，并向契丹皇帝耶律德光自称为“儿皇帝”，向契丹借兵共灭后唐。定都汴京，国号“晋”。为了和司马炎所建的晋朝相区别，史称后晋。辖地基本同后唐。后晋开运三年（946），为辽所灭。后晋共传高祖石敬瑭（936—942 年在位）、出帝石重贵（942—946 年在位）二帝，立国 11 年（936—946）。

【后汉】朝代名。后晋开运三年（946），契丹灭亡后晋。次年，原后晋河东节度使、沙陀部人刘知远（895—948）趁机在太原称帝。后定都汴京，国号“汉”。为了和刘邦所建立的汉朝相区别，史称后汉。辖地相较于后晋，部分地区已属后蜀，实际统治地区为今河南、山东、山西、河北南部和湖北、陕西、安徽北部。后汉乾祐三年（950），为后周所灭。后汉共传高祖刘知远（947—948 年在位）、隐帝刘承祐（948—950 年在位）二帝，立国 4 年（947—950）。

【后周】朝代名。后周广顺元年（951），原后汉开国功臣郭威（904—954）灭后汉自立，仍定都汴京，国号“周”。为与先秦时期西、东二周和其他诸如武则天所建立的“武周”等以“周”为国号的政权相区别，史称后周或“郭周”。初期辖地除今山西地区为新建的北汉政权所占外，其余大致同后汉。郭威继位后，整顿吏治，惩处腐败，并减轻百姓负担，后周的力量开始逐步强大，并取得对南方诸国的军事、政治优势。显德元年（954），郭威养子柴荣继位，于显德二年（955）至显德五年（958）三次亲征南唐，其间要求吴越王钱弘俶出兵助战，迫使南唐取消帝号，奉中原为正朔，并割让南唐长江以北土地，又攻取后蜀秦、凤、阶、成四州，还收复部分被契丹于后晋时割占的土地。至柴荣去世前，后周已基本统一长江以北地区，为后来的北宋大致统一中国奠定基础。后周显德七年（960），为赵匡胤所代建立宋朝，同年改元“建隆”。后周共传太祖郭威（951—954 年在位）、世宗柴荣（954—959 年在位）、恭皇帝柴宗训（959—960 在位）三帝，立国 10 年（951—960）。

【吴越】十国之一。唐乾宁三年（896），钱镠因功被唐朝廷授予镇海、镇东军（初授威胜军节度使）节度使，名义上占有浙东、浙西之地。后通过婺衢之战、平定陈璋之乱等战事活动，至后梁开平元年（907）钱镠被封为吴越王时，钱镠已实际控制两浙及苏州共十一州，加上被吴国实际占有、但法律上不予承认的润州、常州，和安国衣锦军合称“一军十三州”，定都杭州。后汉天福十二年（947），吴越王钱弘佐出兵闽国抵抗南唐，是为“第一次福州之战”，闽国福州守将李仁达率州归附，吴越国疆域遂扩展至今福建北部。在此之前，钱元瓘析苏州、杭州部分辖县新设秀州（今浙江嘉兴），故吴越国仍以“一军十三州”自称。吴越国奉“保境安民，善事中国”为基本国策，对外常年维持和中原朝廷的称臣、贡奉关系，对待邻国则采取“远交近攻”的策略，与楚、南汉、闽等国交好结盟，以抵御敌对国吴国、南唐。历代钱氏国君奖励生产，兼以长三角地区自然条件优越，因此经济和文化得以持续稳定发展，织锦业和制瓷业尤为兴盛，越窑烧造的“秘色瓷”更是享誉后世；国家上下崇尚佛教，广建寺塔，有“东南佛国”之称。同时，吴越国又积极发展和日本、百济（位于今朝鲜半岛）、波斯（今伊朗）等国的友好往来和商业贸易，由此成为同期各国中经济最繁荣、政局最稳定的一国。北宋建立后，吴越国的地缘政治环境发生变化，不得不以配合北宋朝廷统一中国的军事行动的方式求自保。北宋开宝八年（975），北宋、吴越联军攻克金陵，南唐灭亡，但吴越国北、西、南三面均为北宋包围，国家的终结已成定局。太平兴国三年（978），钱俶“纳土归宋”，与北宋实现和平统一。吴越国共传武肃王钱镠、文穆王钱元瓘、忠献王钱弘佐、忠逊王钱弘倧、忠懿王钱弘俶五主，从唐天祐四年（907）钱镠被封为吴越王开始，有国72年；若从唐景福二年（893），唐朝廷授钱镠镇海军节度使，同时把镇海军的治所从润州迁往杭州起算，钱氏吴越则有国86年。

【吴】十国之一。唐景福元年（892），杨行密任淮南节度使。天复二年（902），唐朝廷封杨行密吴王，吴国在事实上建立，定都广陵（今江苏扬州）。辖地为今江西全省，安徽、江苏大部和湖北一部分。为了和春秋、三国时期的吴国相区别，史称杨行密建立的吴国为“杨吴”或“南吴”。吴国和吴越国长期处于敌对状态，两国间曾爆发千秋岭之战、常州之战、狼山江水战等多次大战，互有胜负。吴国后期，政权逐步为权臣徐温所把持。后晋天福二年（吴天祚三年，937），吴为徐温养子徐知诰（即李昪）所建南唐取代，同年改元“升元”。吴国共传武皇帝杨行密（902—905年在位）、景皇帝杨渥（905—908年在位）、宣皇帝杨隆演（908—920年在位）、睿皇帝杨溥（920—937年在位）四主，立国36年（902—937）。

【南唐】十国之一。后晋天福二年（吴天祚三年，937），李昪代吴称帝，同年改元“升元”。定都金陵（今江苏南京），国号“唐”（初称“齐”）。为了与李渊所建唐朝和李存勖所建后唐相区别，史称南唐。李昪统治时期，南唐经济繁荣、国力强盛。李璟在位时，曾灭闽、楚两国，辖地最广时有今江苏、安徽两省南部和江西全省、福建、湖南及湖北东部，是当时中国南方面积最大的国家。后周显德二年（955）至显德五年（958），后周三次攻南唐，并有吴越协同作战，南唐均大败，被迫割让长江以北十四州之地，并去帝号，改称“唐国主”或“江南国主”。南唐和其前身吴国一样，始终是吴越国劲敌，屡次爆发大战。灭闽之战中吴越国驰援福州，南唐虽灭闽国，却未能及时扩大战果，以致让吴越占领福州，成为插入南唐国中的一枚楔子，南唐徒损国力。

北宋开宝八年（975），李煜因拒绝入汴京朝觐，南唐被北宋、吴越联军灭亡。南唐共传先主李昪（937—943年在位）、中主李璟（943—960年在位）、后主李煜（960—975年在位）三主，立国39年（937—975）。

【楚】十国之一。唐乾宁三年（896），唐朝廷任命马殷（852—930）为武安军节度使，马殷始占有今湖南之地。后梁开平元年（907），封马殷为楚王。后唐天成二年（927），册封马殷为楚国王，定都潭州（今湖南长沙），辖今湖南全省，盛时疆域还包括广西、贵州、广东各一部分。为了和春秋战国时期的楚国和其他以“楚”为国号的政权相区分，史称“马楚”。后周广顺元年（楚保大九年，951），为南唐所灭。马楚是中国历史上唯一以今湖南省域为核心区域建立的政权，共传武穆王马殷（907—930年在位）、衡阳王（追封）马希声（930—932年在位）、文昭王马希范（932—947年在位）、废王马希广（947—950年在位）、恭孝王马希萼（950—951年在位）、马希崇（951年在位）六主，立国45年（907—951）。

【闽】十国之一。唐景福二年（893），王潮（846—897）、王审邽、王审知（862—925）三兄弟攻取福州。同年，王潮被唐朝廷任命为福建观察使，不久被授威武军节度使。乾宁四年（898），王潮去世，遗命以王审知继位。后梁开平三年（909），封王审知为闽王，定都长乐（今福建福州），国号“闽”。辖今福建全省。王审知在位时期，闽国向后梁称臣，国内政局稳定，经济发展。但后唐同光三年（925）王审知去世后，闽国陷于长期内乱，王氏君主及其兄弟之间相残不已。后唐长兴四年（933），时任君主王延钧改称皇帝，年号“龙启”。后晋天福八年（943），王延钧之弟王延政又于建州（今福建建瓯）称帝，国号“殷”，年号“天德”。两年后，王延政入主福州，复国号“闽”，同年为南唐所灭。闽国和吴越国大部分时间关系和睦，但曾于后晋天福五年（940）爆发建州之战，吴越国战败。南唐攻闽时，吴越王钱弘佐两次派军队支援福州抵抗南唐军，吴越军先败后胜，并在闽国灭亡后，于后汉天福十二年（947）成功占领福州。闽国共传太祖王审知（909—925年在位）、嗣主王延翰（926—927年在位）、太宗王延钧（927—935年在位）、康宗王继鹏（935—939 年在位）、景宗王延羲（939—944 年在位）、王延政（944—945 年在位）六主，立国 37 年（909—945）。

【南汉】十国之一。唐天复四年（904），唐朝廷授刘隐（873—911）为清海军节度使，辖岭南广大地区。后梁开平四年（910），后梁封刘隐为南海王。刘隐去世后，其弟刘龑（yǎn，889—942）于后梁贞明三年（917）称帝，定都番禺（今广东广州），国号“越”，次年又改国号为“汉”，占有今广东、广西两省和越南北部地区。为了和同时代的后汉、北汉等同以汉为名称的政权相区别，史称南汉。北宋开宝四年（971），为北宋所灭。南汉共传高祖刘龑（917—942 年在位）、殇帝刘玢（942—943 年在位）、中宗刘晟（943—958 年在位）、后主刘𬬮（958—971 年在位）四主，立国 55 年（917—971）。

【前蜀】十国之一。唐大顺二年（891），原唐朝神策军将领王建（847—918）攻占成都，后逐步占有今四川大部、重庆和陕西南部、甘肃东南部等地。唐天复三年（903），唐朝廷封王建为蜀王。后梁开平元年（907），王建称帝，定都成都，国号“蜀”。为了和稍后同为定都成都的“后蜀”政权相区别，史称“前蜀”。后唐同光三年（925），为后唐所灭。前蜀传高祖王建（903—918 年在位）、后主王衍（918—925 年在位）二主，立国 19 年（907—925）。

【后蜀】十国之一。后唐同光三年（925），后唐灭前蜀。同年，孟知祥（874—934）被后唐任命为西川节度使，旋即入主成都。之后，孟知祥和后唐朝廷之间时战时和。应顺元年（934），孟知祥称帝，定都成都，国号“蜀”。为了与稍前的王氏“前蜀”相区别，史称“后蜀”。辖地略同前蜀。后蜀孟昶在位前期，后蜀政治稳定、经济发达，和吴越国东西呼应，是当时中国南方少有的富庶之地。北宋乾德三年（965），为北宋所灭。后蜀共传高祖孟知祥（934 年在位，历时七月）、后主孟昶（934—965 年在位）二主，立国 32 年（934—965）。

【荆南】十国之一。后梁开平元年（907），后梁任命高季兴（858—

929）为荆南节度使。后唐同光二年（924），后唐朝廷封高季兴南平王，史称荆南或南平，定都荆州（今湖北江陵），辖地今湖北江陵、公安一带。高季兴去世后，后唐追封其为楚王，因此荆南又有“北楚”之称，以区别于南方马殷建立的楚国。北宋建隆三年（963），纳土献降于北宋。荆南共传武信王高季兴（924—929年在位）、文献王高从诲（929—948年在位）、贞懿王高保融（948—960年在位）、高保勖（960—962年在位）、高继冲（962—963年在位）五主，立国40年（924—963）。

【南平】即荆南。因创建者高季兴曾封南平王，故名。

【北汉】十国之一，是十国中唯一不在南方的国家。乾祐四年（951），后汉为后周所灭后，后汉高祖刘知远之弟刘崇（895—954，后改名刘旻）在太原称帝，国号仍为“汉”。辖地今山西北部和河北、山西各一部。为区别稍前的后汉和南方的南汉，史称北汉。北宋太平兴国四年（979），为北宋所灭。在北宋灭北汉之战中，纳土归宋仅一年的钱俶（为避北宋太祖赵匡胤之父赵弘殷之讳，北宋建立后，钱弘俶自改名“钱俶”）随宋太宗出征。北汉共传世祖刘崇（951—954年在位）、睿宗刘钧（954—968年在位）、刘继恩（968年在位，历时60天）、刘继元（968—979年在位）四主，立国29年（951—979）。

【辽】朝代名。916年契丹族领袖耶律阿保机创建，国号“契丹”。两年后，建都皇都（今内蒙古巴林左旗南波罗城）。947年，改国号为辽（983—1066年期间，曾重称契丹），改皇都为上京。极盛时，辽疆域东北到今日本海黑龙江（俄罗斯阿穆尔河）口，西北到蒙古国中部，南以今天津市海河、河北霸县、山西雁门关一线与中原政权接壤。后晋时期，中原王朝与契丹关系恶化。开运元年（944）以后，契丹多次南侵中原。开运三年（946），契丹攻占后晋都城开封，后晋灭亡。此后，后汉、后周和宋等中原各政权与辽（契丹）长期处于敌对状态。但纵观五代时期，吴越国与契丹多有友好来往。据记载，吴越国向契丹遣使九次，携金银器、茶、越窑青瓷等朝贡，契丹向吴越国遣使两次，双方贸易文化往来频繁。史载吴越国还曾奉契丹为正朔，使用其年号。如《十国春秋》卷八〇《忠献王世家》记载："钱塘大慈山甘露院牒称会同（契丹年号）十年七月，有吴越国王押字，及镇东军节度使印文。盖是时吴越与契丹信史（使）不绝，故吴越奉其正朔，在诸州镇之先。"后晋天福八年（943），契丹、后晋交恶时，吴越国最后一次遣使契丹朝贡，此后双方再无官方往来。由钱镠墓出土、临安区吴越文化博物馆馆藏的越窑秘色瓷皮囊壶，是吴越国和契丹的贸易文化往来的重要实物佐证。北宋建立后，辽与北宋对峙。1125 年，辽在金、北宋夹击中灭亡。契丹共传太祖耶律阿保机（916—926 年在位）、太宗耶律德光（927—947 年在位）、世宗耶律阮（947—951 年在位）、穆宗耶律璟（951—969 年在位）、景宗耶律贤（969—982 年在位）、圣宗耶律隆绪（982—1031 年在位）、兴宗耶律宗真（1031—1055 年在位）、道宗耶律洪基（1055—1101 在位）、天祚帝耶律延禧（1101—1125 年在位）九帝，立国 210 年。

【大理】五代至南宋末在今云南地区建立，以白族为主体的政权。后晋天福二年（937），大义宁通海节度使段思平灭大义宁国，次年建年号文德，定都羊苴咩城（今云南大理），国号"大理"。疆域覆盖今中国云南、贵州西南部，以及缅甸、老挝、越南北部部分地区，分八府、四郡、三十七部。农业、手工业、畜牧业和冶铁技术较为发达，主要以马与包括吴越国在内的内地进行贸易。入宋后，大理王受宋封为云南节度使、大理王。大理全国通用汉文，尊崇佛教，历代国君多于暮年禅位为僧。蒙古宪宗三年（1253），忽必烈征云南，次年灭大理，大理原境置云南行省，国王段氏被任命为世袭总管，原大理军政官员多受封为云南各地土司。

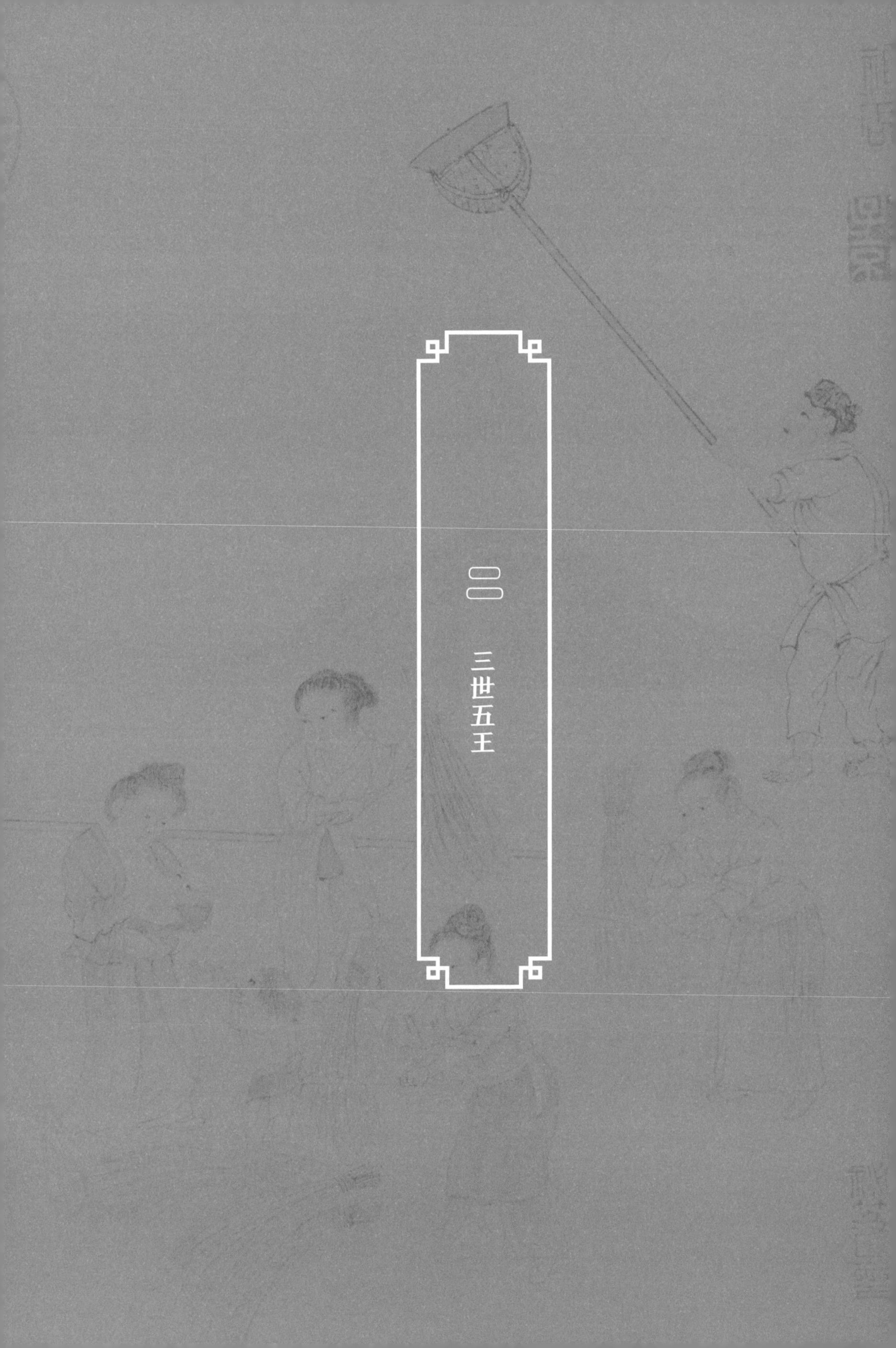

〇〇 三世五王

吴越国共历五主，享国八十六年。武肃王钱镠为第一世，第七子文穆王钱元瓘为第二世，钱元瓘第六子忠献王钱弘佐、第七子忠逊王钱弘倧、第九子忠懿王钱弘俶为第三世，这就是后来常说的“三世五王”的含义。

【钱镠】（镠，liú）（852—932）五代十国时吴越国的建立者。字具美（一作“巨美”），杭州临安县（今杭州市临安区）人。少年时勇敢而有力量，好侠义。唐咸通八年（867），16岁时外出，到杭州、越州（今浙江绍兴）、宣州（今安徽宣城）等地贩卖私盐，至咸通十三年（872）结束，这段经历锻炼了钱镠的体魄和胆识。

唐乾符年间（874—879），始为同乡董昌部将。由于武艺高强，又富有军事指挥才能，经平定王郢之乱、朱直孙端之乱、曹师雄之乱等大小战事后，逐步被提拔为偏将、副指挥使、兵马使等职，从一个下级军官成为中高级军官。广明元年（880），钱镠巧妙运用伏击和虚张声势等战术，以少敌多，计退黄巢起义军，因功董昌任杭州刺史，钱镠为都指挥使。约与此同时或稍前，杭州各县在为自保建立的乡民武装基础上组建“八都兵”，这支武装实际上以临安县石镜都董昌、钱镠为首。又因董昌不谙军事，所以钱镠拥有事实上的军队指挥权，八都兵成为其建立实控武装之始。

当时刘汉宏任义胜军节度使据越州，并攻取邻郡。润州（今江苏镇江）的内牙将领薛朗（？—888）赶走浙西观察使周宝（814—887），自称留后。周宝因此不久去世。因黄巢攻占长安而避祸四川的唐僖宗命令董昌出兵讨伐，董昌将这一任务交给钱镠。于是，钱镠率八都之士进攻越州，杀刘汉宏，又攻占润州，生擒薛朗，剖其心祭周宝。叛乱平定后，董昌被唐朝廷任命为浙东观察使，他上表推荐钱镠代替自己任杭州刺史。

光启三年（887）至景福元年（892），孙儒、杨行密之间混战不断，并波及钱镠，钱镠率军与两方力战（和杨行密有短暂联合），虽有败绩，但亦使孙儒无力侵犯两浙地区，其威名日益为唐朝廷所重视。景福二年（893），唐朝廷授钱镠镇海军节度使，同时把镇海军的治所从润州迁往杭州，又在越州建立威胜军，以董昌为节度使。

乾宁二年（895），董昌在越州称帝，国号大越罗平，年号大圣，任钱镠为伪两浙都将。钱镠不接受董昌命令，而是将情况上报，唐昭宗遂命钱镠讨伐董昌。钱镠起初感念提携之恩，对灭董昌犹豫不决，但董昌却联合淮南杨行密攻苏州、杭州，迫使钱镠率八都兵强攻越州，董昌兵败身死。乾宁三年（896），钱镠因功被唐朝廷授予镇海、镇东军节度使，加检校太尉兼中书令。次年又赐钱镠金书铁券，享有“恕卿九死，子孙三死”的特权。

杨氏吴国的建立者、淮南军阀杨行密和钱镠关系时而友好，时而敌对，以敌对为主，对淮南（包括吴国、南唐）的关系成为钱镠和后来的吴越国历代国君制定对外政策的主要依据。杨行密攻占原本为钱镠所有的镇海军节度使治所润州和常州后，企图进一步并吞两浙，但多次被钱镠打败。而钱镠也始终未能收复为杨行密所夺的润州、常州。在钱镠的时代，“一军十三州”是指镇海军的润州、常州、苏州、湖州、睦州（今浙江建德、淳安一带）、杭州六州和镇东军的越州、明州（今浙江宁波）、台州、温州、婺州（今浙江金华）、衢州、处州（今浙江丽水）七州。其中，润州、常州并不实际领有，故此时的“十三州”为法理意义上的虚指，吴越国实际占有十一州。

天复二年（902），钱镠亲兵“武勇都”统帅徐绾、许再思在杭州发动叛乱，是为“武勇都之变”。叛乱得到宁国军节度使田頵的支持，并引发一连串的连锁反应。最后，钱镠依靠八都兵的力量，以及马绰、成及等一批忠于自己的将领和钱元璙等儿子的支持，再辅以两场政治婚姻才弭平动乱。

钱镠于唐大顺元年（890）、景福二年（893）和后梁开平四年（910）三次扩建杭州城巩固城防，分别筑夹城、罗城和子城，使杭州的地位超越苏州、越州，奠定了杭州“东南第一州”的基础。又于后梁开平四年（910）动用大量人力、财力，建成长 338593 丈（据今人推算，相当于 1000 公里，显然捍海塘没有这么长，古文献记载有夸大）的捍海塘，制服海潮，保卫百姓生命财产安全，因而在两浙地区有“海龙王”之称。同时建“撩浅军”疏浚西湖，扩建灵隐寺、净慈寺等佛寺，为杭州日后成为两浙地区政治经济中心，超越中原地区一些大城市继而跻身“六大古都”之列奠定了物质基础。基于他本人制定的“保境安民，善事中国”的国策，在前往中原的陆路被吴国截断的情况下，从海道载贡赋进献中原，因此得到后梁、后唐朝廷的长久善待，这一政策为钱镠身后四位吴越国君一以贯之地执行，直至吴越国终结。

钱镠在故里临安兴建房舍，又造功臣塔、功臣寺，蔚为壮观。据史料记载，钱镠大规模“衣锦还乡”有五次，以唐天复元年（901）和后梁开平四年（910）两次规模最为浩大，并制有《还乡歌》存世。但钱镠之父钱宽每次获知钱镠回临安，都避而不见。钱镠不解，就拜见请教原因。钱宽回答：“吾家世田渔为事，未尝有贵达如此，尔今为十三州主，三面受敌，与人争利，恐祸及吾家，所以不忍见汝。”

唐昭宗时期，钱镠累官太师、中书令，食邑两万户。后梁建立后，封钱镠为尚父、吴越王。梁末帝时，又加诸道兵马元帅。后唐同光年间（923—926），钱镠任天下兵马都元帅、尚父、守尚书令，封吴越国王，赐玉册、金印。李存勖在洛阳建立后唐时，钱镠请求封为国王。玉册、诏书下达时，有司官员认真讨论，认为：“玉简金字，唯至尊一人，钱镠人臣，不可。又本朝以来，除四夷远藩，羁縻册拜，或有国王之号，而九州之内亦无此事。”钱镠晚年时，将住所称为宫殿，王府称为朝廷，幕僚称为臣子，且在吴越国境内通行天宝（908—912）、宝大（924—925）、宝正（926—932）三个年号。吴越国给新罗、渤海等国行册封之事，俨然以中国的代表者自居。又和日本展开“书信外交”，两国来往频繁。

后唐明宗时期，枢密使安重诲专权。钱镠曾写信给安重诲，称“吴越国王谨致书于某官执事”，未有寒暄、客套用语，安重诲反感钱镠傲慢无礼。又恰逢韩玫、乌昭遇出使吴越国，韩玫指称乌昭遇将钱镠称作“殿下”，将朝中秘事告诉钱镠，拜见钱镠时行称臣起舞大礼。安重诲于是在后唐明宗默许下剥夺钱镠元帅、尚父、国王名号，勒令以“太师”名义致仕（退休）。后经钱元瓘等人多方斡旋，辅以经济、外交反制，后唐朝廷才同意为钱镠平反，并杀安重诲作为示好，恢复钱镠各项名号，下诏特许上表不称名。

钱镠早年曾性格刚烈，但总体上，特别是被封为吴越王之后，钱镠以礼贤下士、求贤若渴闻名天下。江东名士罗隐投靠钱镠后，仍然喜好讥讽，并以此为责任。有官员强迫杭州西湖渔民定期给吴越王宫交份子鱼，名曰“使宅鱼”，罗隐得知此事后主动为民请命，说即便是钓无饵之鱼的姜子牙再世，也是“若教生在西湖上，也是须供使宅鱼”，钱镠不但不生气，还下令废除“使宅鱼”制。

后唐长兴三年（932）三月二十六日，钱镠去世，享年81岁。后唐朝廷颁布的吊唁诰令中云：“故天下兵马都元帅、尚父、吴越国王钱镠，累朝元老，当代勋贤，位已极于人臣，名素高于简册，赠典既无其官爵，易名宜示其优崇，宜令所司定谥，以王礼葬，仍赐神道碑。”谥号“武肃”。

【钱元瓘】（瓘，guàn）（887—941）五代十国时吴越国第二任国君，公元932—941年在位。字明宝，钱镠第七子。曾名“传瓘”，即位后改“元瓘”，在世同辈兄弟遂均改“传”为“元”。从小聪慧机警，善于抚慰部下。初任盐铁发运巡官，授尚书金部郎中，赐金鱼袋、紫衣。

唐天复二年（902）武勇都之变时，徐绾、许再思勾结宁国军节度使田頵，在强大的军事压力下，钱镠利用田頵与名义上的上司杨行密的矛盾，以第六子钱元璙为人质娶杨行密之女的条件，促使杨行密向田頵施压，同时应田頵要求，再选一子作人质娶田頵之女为妻。当钱镠诘问诸子：“谁能为吾为田氏之婿者？”诸子都不愿意去。钱镠起初选中第九子钱元球，但被拒。时年16岁的钱元瓘主动表示愿意前往，从而博得钱镠的信任。不久田頵集团为杨行密所灭，钱元瓘才得以回到杭州。

唐天祐（904—907）初年，钱镠累受封检校尚书、左仆射、内牙将指挥使等，数年内屡有攻城略地，钱元瓘在这些战事中多有功绩，由此扩大、巩固了吴越国的版图。后梁贞明四年（918），钱镠大举进攻吴国，命钱元瓘为水战诸军都指挥使。战船抵达东洲（今属江苏常州），吴国水军迎战，钱元瓘用火筏顺风扬灰掀起烟尘和抛洒豆粒等战术大败吴军，俘虏吴国将领70余人，斩首千余级，缴获战船400艘，是为军事史上著名的狼山江水战。钱元瓘因功被后梁朝廷敕封为镇海军节度副使、检校司徒，不久升任清海军节度使、检校太傅、同平章事。后唐同光（923—926）初年，加检校太师兼中书令、镇东等军节度观察处置等使。“安重诲事件”发生后，钱元瓘又多次上疏后唐朝廷，请求恢复钱镠的天下兵马都元帅、尚父、守尚书令、吴越国王等名号，终获成功。

钱镠晚年想确立继承人，召集儿子们各自论述功劳，诸子一致推举钱元瓘。临终时，又召集将领们说：“余病不起，儿皆愚懦，恐不能为尔帅，与尔辈诀矣，帅当自择。”将领们哭泣着说：“大令公（指钱元瓘）有军功，多贤行仁孝，已领两镇，王何苦言及此！”钱镠又说：“此渠定堪否？”将领回答：“众等愿奉贤帅。”于是钱元瓘顺利地继承父位。

清泰元年（934），后唐朝廷封钱元瓘为吴王，后相继加越王、吴越国王、天下兵马都元帅等职（爵）。后晋天福六年（941）七月十六日，吴越王宫丽春院失火，延及内城，钱元瓘受此惊吓患上疯病，迁居于原为孝献世子钱弘僔（zǔn）营建的世子府瑶台院。当年八月，钱元瓘在瑶台院去世，享年55岁，谥号“文穆”。

钱元瓘在军中多年，决事果断，富有军事才能，深得部将士卒信任。善于作诗，原有诗千余篇，择其中较好者300篇编成《锦楼集》10卷，当时两浙士人广为吟诵。今《全唐诗续补遗》收有2首，名为《送别十七哥》和《题得铜香炉（并序）》。

【钱弘佐】（928—947）五代十国时吴越国第三任国君，公元941—947年在位。字元祐（一作“祐”），钱元瓘第六子。性淳厚，擅长书法。能作五、七言诗，凡遇雪月佳景，必定与臣下、后妃玩赏，因此深得官员士大夫阶层信任。钱元瓘去世后，由他即位。

后晋天福六年（941），后晋朝廷授钱弘佐为镇国大将军、右金吾卫上将军、镇海镇东等军节度使等职，敕封吴越国王，进检校太师兼中书令，食邑1万户，实封1000户。次年，赐保邦宣化忠正翊戴功臣，加食邑7000户。天福八年（943），赐钱弘佐吴越国王玉册，这是一项从后梁时创立的赐封历代吴越国君的定制。开运三年（946）至次年，两度派军进入名义上臣服南唐、实则独立的福州，终击败围攻福州的南唐军队得以占领福州，使吴越国避免陷入北、西、南三面被南唐包围的困境，增强了国家的地缘政治优势。后汉王朝建立后，在南方各国中，钱弘佐代表吴越国第一个向后汉进贡，因而被授予诸道兵马都元帅之职。

钱弘佐在位 7 年，吴越国繁盛富庶，他和钱镠、钱元瓘祖孙三代都被中原朝廷封为元帅，一时为天下所称道。钱弘佐恪守“保境安民”的祖训，从海道向中原进贡物资财货数量以百万计，因此后晋、后汉朝廷在南方诸国中最宠幸吴越国。后汉天福十二年（947），钱弘佐去世，时年 20 岁，谥号“忠献”。因其子钱昱时年仅 5 岁，无法处理政务，王位由其弟钱弘倧继承。

【钱弘倧】（倧，zōng）（928—971）五代十国时吴越国第四任国君，公元 947 年在位，为期约半年。字隆道，钱元瓘第七子。性聪明机警，但又严格刚毅。钱弘佐在位时，对将领较为宽松，钱弘倧担心这样容易生出事端。所以一嗣位就对以胡进思为代表的平时多有骄横不法、越权擅政的老资格将领严加管束，且多有羞辱之词，但又未能拿出切实有效的应对之策。曾密召水丘昭券和内衙指挥使何承训商议驱逐胡进思，水丘昭券进言，胡进思势力盘根错节，应姑且容忍，日后再找机会清除。由于钱弘倧犹豫不决，何承训怕事败株连到己，遂将此事密告内牙军统帅胡进思，结果引起后者的高度警觉，便和其他军将密谋废黜钱弘倧。

后汉天福十二年（947）十二月三十日，趁钱弘倧在王宫中夜宴诸将之机，胡进思着戎装率内牙亲兵 300 人入宫，发动政变。对钱弘倧左右人（包括水丘昭券）大肆屠杀，钱弘倧本人被软禁，胡进思迎钱弘倧之异母弟钱弘俶于台州，将其册立为王。被废后，钱弘倧先后被迁往安国、越州，钱弘俶对其极为礼遇，赏赐不断，故得以善终，去世后谥号“忠逊”。著有《越中吟》20 卷。

【钱弘俶】（俶，chù）（929—988）五代十国时吴越国第五任国君，公元 948—978 年在位。字文德，钱元瓘第九子。后晋天福四年（939），钱弘俶被授予内牙诸军指挥使、检校司空之职。钱弘佐时累受特进、检校太尉。后晋开运年间（944—946），出任台州刺史。钱弘倧即位后，任同参相府事。当时吴越国天台县高僧德韶劝钱弘俶尽早回杭州，钱弘俶从其言赶往杭州。抵达杭州未几，遂有胡进思之变，钱弘倧被废。胡进思召集军队将领迎立钱弘俶嗣位，钱弘俶谦让再三，将士们说“太尉（指钱弘俶，因曾被封为检校太尉）素有德望”，跪拜拥立新君。钱弘俶便任镇海、镇东军节度使、检校太尉兼侍中，于后汉乾祐元年（948）正月正式即位。

乾祐二年（949），后汉朝廷敕封钱弘俶为匡圣广运同德保定功臣、东南面兵马都元帅、镇海镇东等军节度使、浙江东西等道管内观察处置使兼两浙盐铁制置发运营田等使、开府仪同三司、检校太师、兼中书令、杭州越州大都督、上柱国、吴越国王，食邑一万户，实封1000户。后周广顺年间（951—953），后周朝廷封钱弘俶诸道兵马都元帅、天下兵马都元帅，加食邑3000户，实封800户，改授推诚保德安邦致理忠正功臣。后周显德三年（956），奉后周诏命出兵策应攻南唐。不久杭州发生大火，烧至内城，钱弘俶为此避居城外数日。吴越国府库积蓄损失殆尽，国家财政一度极为困难，但即便如此，仍然对后周恪尽臣礼，按例进献巨额财物。后周褒奖其恭顺，封钱弘俶为崇仁昭德宣忠保庆扶天翊亮功臣。

北宋建隆元年（960），赵匡胤代周称帝，改国号为宋，是为宋太祖。当年，钱弘俶自改名为钱俶，去“弘”字，以避赵匡胤之父赵弘殷名讳。宋太祖授钱俶天下兵马大元帅等官职，加食邑1000户，实封500户。乾德年间（963—968），改封承家保国宣德守道忠贞恭顺忠臣，加食邑2000户，实封800户。

开宝七年（974），应诏配合出兵伐南唐，攻常州。后于开宝九年（976）、太平兴国二年（977）两次入汴京朝觐北宋皇帝，进献大量财货宝物。宋太宗即位后，封钱俶尚书令兼中书令、天下兵马大元帅。

太平兴国三年（978）五月，钱俶纳土归宋。他本人受封淮海国王，食邑一万户、实封1000户，仍统天下兵马大元帅、守太师、尚书令兼中书令，授宁淮镇海崇文耀武宣德守道功臣，赐剑履上殿。同时北宋朝廷还颁赐《誓书》：“誓书到日，率土之滨，皆不问罪犯轻重，各出囹圄。钱氏之家，恐系远房，或高曾祖至曾玄孙以下，议杖刃伤遇死，一至七人者放，七人以上者奏；无居址者，遇所属州军县邑僧寺道观，令自措躬安歇；无官者可以荫资，有官者重跻极品。妄议谗言，奉持减剥，并不如命。钱氏到日，如朕亲行。今给此书，永为照据，与国同休。”世子钱惟濬（jùn）为节度使兼侍中，其余各子亦授节度使、团练使、刺史等官，吴越幕僚宰相以下拜官者总计 2500 余人。后对钱俶及诸子、近臣又屡有加封、赐物。端拱元年（988）八月二十四日，为钱俶六十大寿，当晚突发疾病去世，原因不明（一说为宋太宗鸩杀），谥号“忠懿”。著有诗集《正本集》（又作《政本集》）10 卷，《全唐诗》收有其一首《宫中作》。

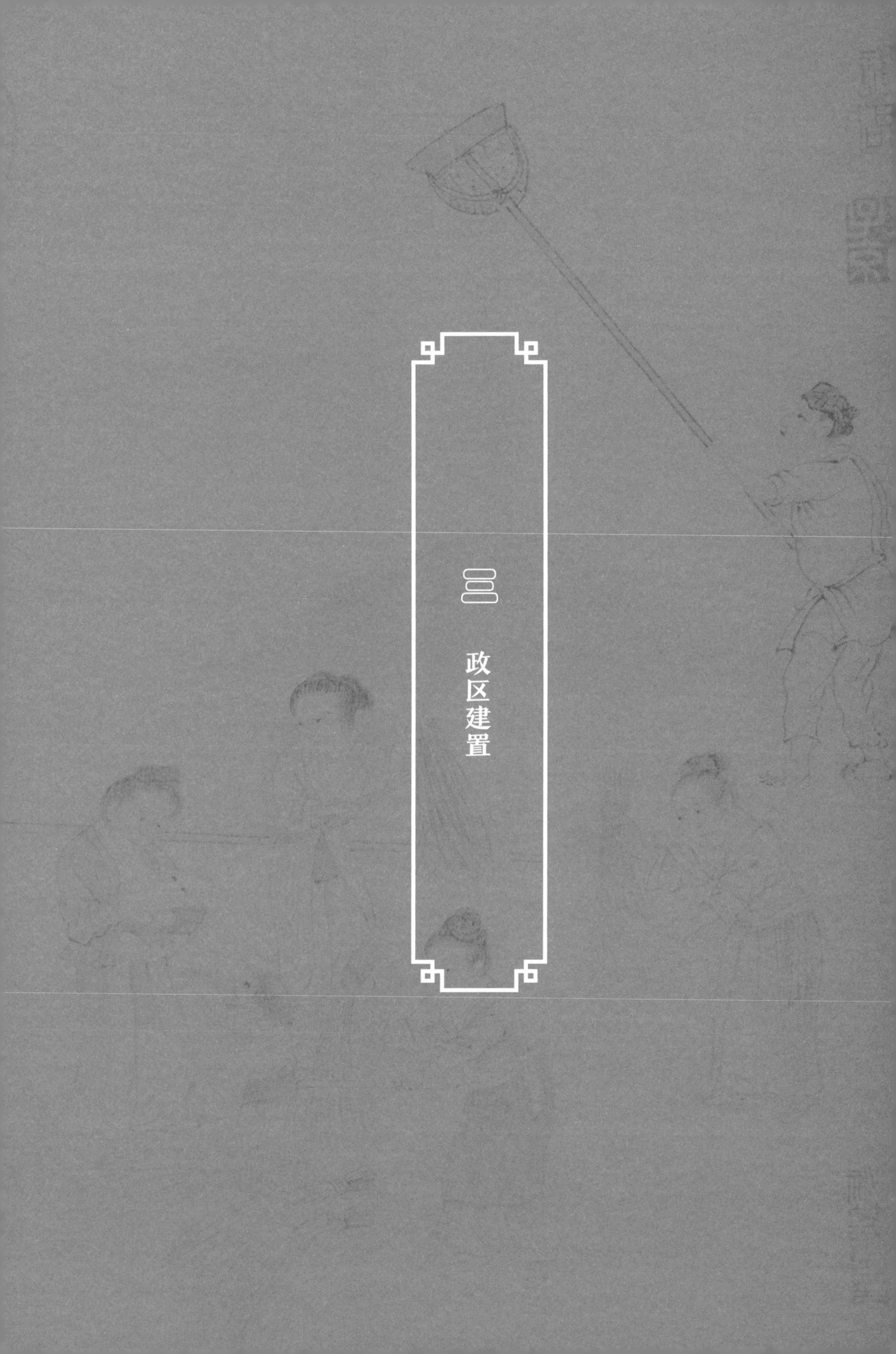

三

政区建置

吴越国的疆域最盛时有十三州，即浙西杭、苏、秀、湖、睦五州，浙东越、明、台、温、婺、衢、处七州，另加福州，大致相当于今浙江省全境加上海全市和江苏苏州、福建福州。其中，秀州系文穆王钱元瓘时期从苏州析置。此外，钱镠早年曾占有的常、润二州，在孙儒之乱时陷失，后归吴（南唐）所有。

【一军十三州】吴越国疆域的概括性说法。钱镠时期，“一军十三州”的“一军”即指钱镠故里衣锦军，“十三州”是指镇海军辖区的润州（今江苏镇江）、常州、苏州、湖州、睦州（今浙江建德）、杭州六州和镇东军辖区的越州（今浙江绍兴）、明州（今浙江宁波）、台州、温州、婺州（今浙江金华）、衢州、处州（今浙江丽水）七州。其中，润州、常州为杨行密建立的吴国（包括其后继者南唐）实际领有，但吴越国在法律上不予承认，如唐朝廷在任命钱镠的官衔中仍有“润州刺史”，后来钱元璙任中吴军节度使，仍兼“苏、常、润等州团练使”等，故此时的“十三州”为虚指，吴越国实际占有十一州。而到钱弘俶时期，“一军”不变，“十三州”是指除润、常二州外的十一州和后晋天福三年（938，一说天福四年，即 939 年）时钱元瓘从苏州、杭州析出部分辖县新设的秀州，以及钱弘佐时出兵占有的福州，因而此时的“十三州”为吴越国疆域实指。

【十四州】吴越国疆域的概括性说法，即在十三州范围外加上安国衣锦军，合称“十四州”。“十四州”因诗僧贯休《献钱尚父》一诗中“满堂花醉三千客，一剑霜寒十四州”而广为人知。

【衣锦军】位于今杭州市临安区。唐光化二年（899），唐朝廷诏改钱镠所居临安县安众营为衣锦营。天复元年（901），升衣锦营为衣锦城。天祐四年（907），升衣锦城为衣锦军。后梁开平二年（908），后梁朝廷诏改临安县为安国县，衣锦军从此成为一级行政建置。衣锦军下辖有安国县，虽然只辖一个县，但表明衣锦军与吴越国境内其他军镇已不同，即从一个军镇演变为一级行政建置。北宋太平兴国三年（978）纳土归宋以后，安国县复称临安县，同时撤销“衣锦军”建制，并入临安县。

【杭州】至北宋太平兴国三年（978）吴越国纳土归宋当年，杭州辖钱塘（今属杭州城区）、钱江（今属杭州城区）、富阳（908—978 年改名富春）、新登（今属杭州市富阳区）、於潜（今属杭州市临安区）、横山（今属杭州市临安区）、余杭、盐官（今属浙江海宁）、桐庐、武康（今属浙江德清）十县，治钱塘、钱江二县。杭州为镇海军节度治所，于唐乾宁五年（898）

从润州移镇而来。

【越州】大致为今浙江绍兴地区。至纳土归宋当年（978），越州辖会稽（今属绍兴城区）、山阴（今属绍兴城区）、上虞、余姚、赡县（今浙江嵊州）、诸暨、萧山、新昌八县，治会稽、山阴二县。越州为镇东军节度治所。

【明州】大致为今浙江宁波地区。至纳土归宋当年（978），明州辖鄞县、奉化、慈溪、象山、望海、翁山六县，治鄞县。北宋建隆元年（960），于明州置奉国军节度，至纳土归宋后撤销。

【温州】大致为今浙江温州地区。至纳土归宋当年（978），温州辖永嘉、乐清、瑞安、平阳四县，治永嘉县。后晋天福四年（939），于温州置静海军节度，至纳土归宋后撤销。

【湖州】大致为今浙江湖州地区。至纳土归宋当年（978），湖州辖乌程（今属湖州城区）、德清、安吉、长兴四县，治乌程县。后周显德六年（959），于湖州置宣德军节度，至纳土归宋后撤销。

【秀州】大致为今浙江嘉兴地区。后梁开平二年（908，一说后唐同光二年，即924年），钱镠分原属苏州的嘉兴、华亭（大致为今上海市松江区）、海盐三县新设“开元府”，或有庆祝吴越开国之意，治嘉兴县。后唐长兴三年（932）钱镠去世后，撤销开元府建制，华亭复入苏州，嘉兴、海盐并入杭州。后晋天福三年（938，一说天福四年，即939年），钱元瓘析嘉兴县新设崇德县（今属浙江桐乡），同时再次将华亭县从苏州析出，与此时隶属杭州的嘉兴、海盐、崇德另组秀州，仍治嘉兴县。至纳土归宋当年（978），秀州辖嘉兴、华亭、海盐、崇德四县，治嘉兴县。

【开元府】吴越国曾短期存在的行政区划名。后梁开平二年（908，一说后唐同光二年，即924年），钱镠分原属苏州的嘉兴、华亭、海盐三县新设“开元府”，或有庆祝吴越开国之意，治嘉兴县。在此之前，唐代“府”的行政级别高于州，仅在京都（长安、洛阳）、行在设府，或在重要军事地区设“都督府”，或在西域等少数民族聚居区设“都护府”，因此吴越国设“府”实属僭越之举，或未报中原朝廷批准。钱镠去世后，钱元瓘撤“开元府”建制，华亭复入苏州，将嘉兴、海盐并入杭州。

【台州】大致为今浙江台州地区。至纳土归宋当年（978），台州辖临海、黄岩、永安（今浙江仙居）、台兴（今浙江天台）、宁海五县，治临海县。北宋乾德年间（963—968），于台州置德化军节度，至纳土归宋后撤销。

【婺州】大致为今浙江金华地区。至纳土归宋当年（978），婺州辖金华、兰溪、浦江、义乌、东场（今浙江东阳）、永康、武义七县，治金华县。后晋天福四年（939），于婺州置武胜军节度，至纳土归宋后撤销。

【处州】大致为今浙江丽水地区。至纳土归宋当年（978），处州辖丽水、缙云、青田、白龙（今浙江松阳）、遂昌、龙泉六县，治丽水县。

【衢州】大致为今浙江衢州地区。至纳土归宋当年（978），衢州辖西安（今属浙江衢州城区）、龙游、江山、常山四县，治西安县。

【睦州】大致为今杭州建德市、淳安县范围。至纳土归宋当年（978），睦州辖建德、寿昌（今属浙江淳安）、遂安（今属浙江淳安）、清溪（一作“青溪”，今属浙江淳安）、分水（今属浙江桐庐）五县。

【苏州】唐末时，苏州辖吴县（今属苏州城区）、长洲（今属苏州城区）、常熟、昆山、华亭、海盐、嘉兴七县，治吴县、长洲二县。吴越国时期，苏州行政区划历经多次调整，如后梁开平三年（909），从吴县析出新设吴江县。最大一次调整，即后晋天福三年（938，一说天福四年，即939年）从苏州、杭州析出部分辖区县新设秀州（今浙江嘉兴）。至纳土归宋当年（978），苏州辖吴县、长洲（今属苏州城区）、常熟、昆山、吴江五县，治吴县、长洲二县。后梁贞明年间（915—921），于苏州置中吴军节度。北宋开宝八年（975），又改平江军节度，至纳土归宋后撤销。

【福州】福州原为王审知所建闽国都城。后晋开运二年（945）九月，南唐灭闽。但南唐在福建地区的统治却较为脆弱，尤其是福州守将李仁达，有很强的独立性，仅名义上臣服于南唐。后晋开运三年（946），南唐和李仁达间爆发战争，李仁达向吴越国求救。吴越王钱弘佐两次派军驰援福州，是为第一次福州之战。至后汉天福十二年（947），吴越国占领福州。闽国灭亡、李仁达割据福州期间，于福州置威武军节度。后周广顺元年（951），为避后周高祖郭威讳，改称彰武军节度。北宋太平兴国二年（977），复称威武军节度。至纳土归宋当年（978），福州辖闽县（今属福州城区和福建闽侯一部）、侯官（今属福州闽侯）、长乐、福唐（一作“福清”，今福建福清）、永泰、古田、连江、长溪（今属福建霞浦）、闽清、永贞（今福建罗源）、宁德十一县，治闽县、侯官二县。

【西府】今浙江杭州。吴越国时期，将国都杭州命名为西府（又作“西都”），并设判西府院事一职来管理西府事务。

【东府】又称“会稽府”，今浙江绍兴。吴越国时期，将越州（今绍兴）设为东府，设东府安抚使一总其事。在《吴越备史》中，最早出现“东府”一词是乾宁四年（897）“六月己酉”一节，“西府”的建制约为同时。

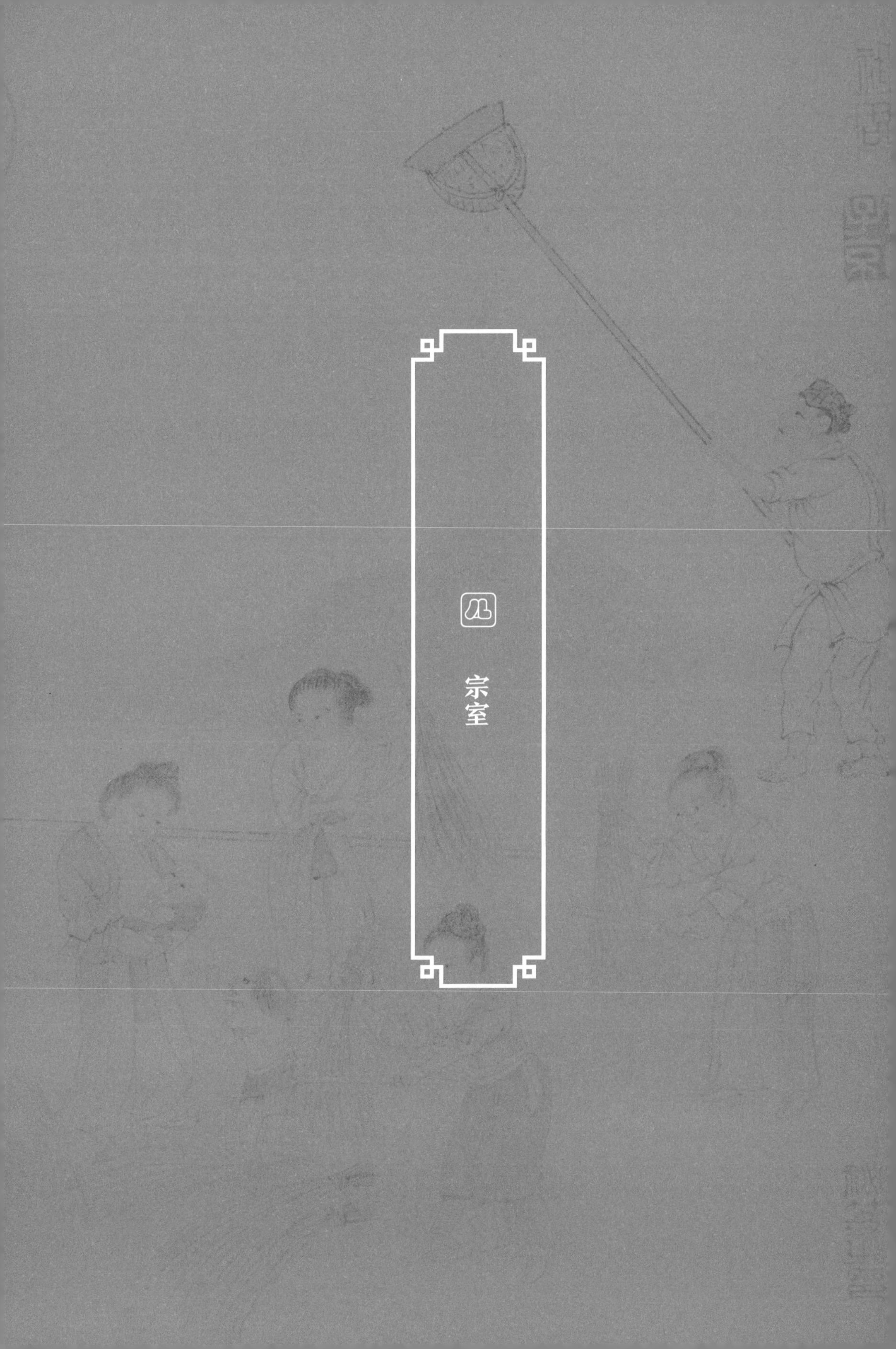

八 宗室

所谓“宗室”，就是和君主同宗之人。吴越国王族为临安钱氏，源出武肃王钱镠，和“三世五王”有血缘关系。且同姓的男子即可视为宗室。纳土归宋以后，钱氏裔孙大多得到北宋官方的恩荫授职，而且因为他们距吴越国最后一任国君钱弘俶基本尚在三代以内，因此也是吴越国宗室一部分。钱氏家族的活动轨迹，给世人展现了一个瓜瓞绵绵的家族发展标本。

【钱宽】（约 835—895）钱镠生父，妻为水丘氏，临安县（今杭州市临安区）人。和水丘氏育有 5 子：长子钱镠，次子钱锜，三子钱镖，四子钱铎，五子钱铧。相传钱镠出生时相貌奇特，多有异象，钱宽以为不祥，欲弃于井。钱镠富贵后，钱宽被授予威胜军节度推官、职方郎中、守大府少卿，累赠礼部尚书、开府仪同三司、守太师、中书令，去世后追封英显王。其墓在今杭州市临安区锦北街道西墅街明堂山，与水丘氏合葬，1978 年发掘。根据发掘出土的钱宽墓墓志记载，钱宽去世时 61 岁。

【钱镖】生卒年不详，钱镠三弟，少时即骁勇善战。唐天祐二年（905）陈璋之乱时，淮南将领陶雅（857—913）攻婺州，钱镠派钱镖前去救援。后梁开平二年（908），吴国将领周本（861—937）、吕师造攻苏州，钱镠第一次救援行动失败。次年，派钱镖、杜建徽等率军再次解苏州之围，终告成功。同年，湖州刺史高澧发动叛乱，钱镖领钱镠之命征讨高澧。平乱后，钱镠命其为湖州刺史。钱镖嗜酒，开平四年（910），一次酒后误杀湖州衙署官员潘长、钟德，由于畏惧钱镠严刑峻法，逃亡吴国。在吴国任右龙武统军，在任内去世。钱镖出奔时，尚留两子，长子 5 岁，次子不到周岁。钱镠将这两个侄儿养于宫中，和自己的孩子一起读书，并分别取名为“可团”和“可圆”，寓盼弟弟能早日归来之意。

【钱铧】（891—945，一作 892—945）字辅轩，钱镠五弟，5 岁时父亲钱宽去世，由大哥钱镠悉心照料。钱镠去世后，钱铧要求服通丧之礼以报恩。多艺，善绘画，精通音律，钱镠时累官温州、明州刺史，检校太尉、恩州防御使。钱元瓘即位后，钱铧官拜两浙行军司马，后又任本州团练使、顺化军节度使，封楚国公。后晋开运二年（945）去世，享年约 55 岁，谥号“忠简”。

【钱镒】（镒 yì）生卒年不详，钱镠堂弟，军人出身。宣州军阀田頵叛杨行密时，钱镠命钱镒屯兵宣州附近以防事态突变。唐天复三年（903），睦州刺史陈询叛钱镠，并勾结吴国将领陶雅进攻吴越国，钱镒在此战中被俘。10 年后，钱元瓘在千秋岭之战中俘获吴国将领李涛。8 年后，即后梁贞明七年（921），吴国用钱镒交换李涛。钱镒回吴越国后，任镇海军节度副使。

【钱銶】（銶，qiú）生卒年不详，钱镠堂弟，以能战著称。唐光启四年（888）薛朗之乱时，钱镠派钱銶攻苏州，至次年三月占苏州，授苏州招缉使。光化三年（900）金衢之战时，田頵部将康儒攻钱镠所属的睦州（治今浙江建德）。钱镠命钱銶迎战，败康儒，康儒逃往宣州，钱銶乘胜占婺州，进一步扩大了钱镠的实际统治区域。

【钱元琏】（877—894）钱镠长子，生母为陈氏，钱元瓘同母兄。钱元琏出生于唐乾符四年（877）十月五日，乾宁元年（894）正月二十一日去世，年仅 18 岁。

【钱元玑】（？—933）钱镠第二子，生母为庆安夫人胡氏。性情宽厚，沉静寡言，崇尚儒、佛二教，不喜欢奢侈。在杭州及外地做官时，为政平和。累官宁国军节度使、同平章事、检校太傅，封宛陵侯，晋封宁国公。由于早年丧妻，终不续娶，无嗣。

【钱元瑛】（878—913）钱镠第三子，生母为庄穆夫人吴氏。天资聪颖，博学多识，善骑射，工于草书。唐天复二年（902）武勇都之变时，与马绰等人在内城据守有功。当时杭州内城有数百名来自吴国控制区润州的织锦工，为防止他们和叛军内外呼应，钱元瑛让这些织工全部回家。对此钱镠事后极为欣赏钱元瑛的政治眼光，任命其为两浙副大使。天祐四年（907），唐哀帝以寿昌公主许配给钱元瑛，在诏书中言辞恳切："朕念尊敬元老，礼无出于父师；崇树华姻，事莫先于婚媾。故金章贵族，方膺下嫁之荣；齐家大邦，始称和鸣之兆。恭惟先帝，与卿素同盟约，誓扫寇雠，远裨缔构之功，终集兴隆之运。虽崇资厚禄，酬勋已极于当时；而懿戚周亲，结分思联于奕世。寻期爱女，欲配高门，三边未息于戎机，百两遂稽于宿诺。今朕祗膺天眷，获嗣皇图，欲三年无改之规，思二姓好逑之重。顾遵先旨，特举令仪。"但公主未及出嫁就去世了。后梁乾化三年（913）常州之战中，钱镠命钱元瑛和钱元瓘、钱元璙攻吴国常州，败绩。不久去世，时年 36 岁，赠太尉，封云国公。

【钱元璲】（880—约 933，一作 880—910）钱镠第四子，生母为庆安夫人胡氏。钱元璲生于唐广明元年（880）四月十三。天复元年（901）娶萧氏。据《钱氏家乘》中《钱镠年表》记载，钱元璲于后梁开平四年（910）去世。但据《旧五代史》卷九《末帝纪》记载，贞明三年（917）三月“戊寅，湖州刺史钱传璟、苏州刺史钱传璙、镇海军节度副使钱传瓘、温州刺史钱传璲、睦州刺史钱传懿、宝州刺史钱传瓘、明州刺史钱传球、义州刺史钱传琇、峰州刺史钱传珦、峦州刺史钱传琰、镇海军都知兵马使钱传璛等凡一十一人，并加官勋阶爵，从吴越王钱镠之请也”。据此，则钱元璲至少活到917年，且担任过温州刺史。综合其他史料，推定钱元璲约去世于933年。

【钱元懿】（886—951）幼名传琇，后改传懿，又改今名，字秉徽，钱镠第五子，生母为李氏（徽号不详）。初担任镇海军右直都知兵马使，不久授安国衣锦军防遏指挥使、检校兵部尚书。对母亲极尽孝道，李氏本不为钱镠所喜，健康又不佳，钱元懿常半夜起床给母亲熬药。任睦州刺史期间，一天晚上突发好几场大火，某巫师算下一次着火的时间，说：“某日某所复当火。”不久，果如其言，遂在社会造成极大恐慌。钱元懿言：“火如巫言，巫为火也。”遂命将该名巫师斩首，莫名大火很快消失。钱元懿喜好游宴、雕饰，钱元瓘即位后对他礼遇有加。曾在钱元瓘举行的宴会上喝醉倒地，之后游宴有所收敛。在钱元瓘、钱弘佐时期，钱元懿累官宾、睦二州刺史，清海、武胜等军节度使，太傅、同中书门下平章事，进太师、中书令，封金华郡王。后周广顺元年（951），在婺州去世，时年66岁，谥号“宣惠”。

【钱元璙】（887—942）初名传璙，字德辉，钱镠第六子，生母为庄穆夫人吴氏。史载元璙有玉树临风之貌，风华绝代。初担任沂王府咨议参军、宣武节度判官，累官散骑常侍，赐金鱼袋、紫衣。后从军，任马军厅事指挥使。武勇都之变时，化装成顾全武的仆人，前往扬州向吴国国君杨行密求援。途中，因钱元璙外貌秀美引人注意，吴国润州团练使安仁义甚至愿以10位将校和顾全武交换钱元璙。见到杨行密后，钱元璙力陈出兵救援杭州的利害关系，杨行密听后为之动容，并大为称赞：“此龙种也，生子当如钱郎，吾子真钝犬（此处有史料亦作“豚犬”）耳！”就把自己的女儿嫁给钱元璙，并命田頵撤军。回到吴越国后，因征缙云、睦州有功，遥领邵州（今湖南邵阳）刺史，征湖州高澧和东洲（今属江苏常州），授睦州刺史，后又任苏州刺史。累官中吴、建武等军节度使，苏、常、润等州团练使，太傅、同中书门下平章事。钱元璙镇守苏州30年，钱元瓘即位后，对其更加礼遇。有一次，钱元璙从苏州回杭州朝觐，钱元瓘以家人之礼宴请，并说："此兄位，而小子居之，兄之赐也。"钱元璙大惊："大王功德高茂，先王择贤而立，至公也。君臣位定，惟知恭顺而已。"兄弟谦让由此传为佳话。钱元瓘又进钱元璙检校太师、中书令、开府仪同三司，为其建造金谷园、烟雨楼。后晋时，朝廷封钱元璙为广陵郡王，但诏书还没送到，钱元璙便已去世。以王礼安葬，谥号"宣义"。

【钱元璝】（887—924）钱镠第八子，生母为济南夫人童氏。性仁厚，聪敏好学。在地方为官期间多有善政，在越州时好种牡丹，人称"花精"。累授镇东军亲巡都指挥、土客诸军安抚使、光禄大夫、宝州刺史，进金吾卫大将军、员外置同正员、检校司空，后又任明州刺史，封余姚侯。后唐同光二年（924）去世，时年38岁。

【钱元球】（888—937）一作"元玞"，钱镠第九子，生母为金氏（徽号不详）。唐天复二年（902）武勇都之变时，年纪尚幼，入侵杭州的宣州军阀田頵以钱镠出一子作人质为条件退兵，钱元球被钱镠选中，但不愿意去，差点为钱镠所杀。叛乱平定后，钱镠夺钱元球内牙兵印，后封大彭县侯。后梁贞明四年（918）虔州之战时，吴国攻虔州（今江西赣州），守将谭全播向吴越、楚、闽三国求救。吴越国派钱元球、鲍君福领兵两万攻信州（今江西上饶），斩吴国名将吕师造，信州刺史周本仅以身免。但因楚军败于吴军，吴越、闽国军队只得撤退，最后吴军仍得以占虔州。钱元球后来屡建军功，钱镠赐给他护从兵仗。钱元瓘即位后，被任命为土客马步都指挥使，静江军节度使兼中书令。他增设兵仗数千人，对钱元瓘的统治逐渐构成威胁。有人建议钱元球献出兵仗，到温州任职以求自保，未被采纳。有官员得钱元瓘授意，告发钱元球派亲信祈祷神灵让他做吴越王，用蜡丸为舟从水洞进出到钱元珦幽禁寓所密谋策划废立之事。后晋天福二年（937）三月初五，钱元瓘派人召钱元球入宫，钱元球到后，宫人佯称钱元球有刀挂于袖中，当场杀之，同日诛钱元珦。

【钱元瑾】（889—？）钱镠第十一子，生母为昭懿夫人陈氏。据《钱氏家乘》中的《钱镠年表》记载，钱元瑾生于唐龙纪元年（889）十月十三。后梁开平二年（908）娶薛氏。其他事迹不详，或未得钱镠封赐。

【钱元珦】（珦，xiàng）（889—937）钱镠第十二子，生母为庆安夫人胡氏。钱镠时封淮阴侯，官至顺化军节度使、同平章事、判明州事，但多有骄横不法之事，后世史家对其有恶评。后唐长兴四年（933），钱元瓘派仰仁诠到明州召他回杭州。仰仁诠左右担心难以制服钱元珦，劝其穿护甲前往，但仰仁诠穿着常服就到钱元珦衙署。钱元珦随他回杭州后，被钱元瓘废黜为庶民并幽禁。后晋天福二年（937），有人告发其兄钱元球制作蜡丸为舟从水洞进出，与之密谋策划反对钱元瓘。当年三月初五，与其兄钱元球一同为钱元瓘所诛。

【钱元璛】（璛，sù）（890—约 921）钱镠第十四子，生母为庄穆夫人吴氏。初任镇海节度右押牙，充上直都知兵马使、检校尚书左仆射。不久又任湖州刺史、进太傅，封新安侯。后梁贞明七年（921），迎娶楚国国君马殷之女马氏为妻，但不久钱元璛便去世。后晋天福年间（936—944），南汉又遣使至吴越欲娶马氏，因她是南汉国主已故之妻马氏之姐，楚国文昭王马希范亦有意撮合，但钱元璛之妻马氏坚决反对，后作罢。

【钱元璟】（891—？）钱镠第十五子，生母为庄穆夫人吴氏。初任湖州刺史。唐天祐四年（907），唐哀帝将钱元璟选为驸马，敕语钱镠："卿功高鼎铉，爵极土茅，光纪年系月之书，等巢阁负图之瑞。朕自惟寡薄，猥荷基扃，惟于旧勋，敢坠前志。所以再谋选尚，用洽姻亲。男传璟学礼闻识，资忠履孝，前代则何郎风貌，克著嘉名；近朝则郭令功崇，爰推爱子。既臻具美，须降明恩，俾升左右揆之荣，兼正久卿之秩。奉车增贵，鸣玉趋朝，骋骐骥之修途，契凤凰之吉兆。眷恋之外，慰沃良深。今授传璟检校尚书右仆射、守司农卿、驸马都尉。”钱元璟后被封为霅国公。

【钱元祐】（893—？）钱镠第十七子，生母为昭懿夫人陈氏。据《钱氏家乘》中的《钱镠年表》记载，钱元祐生于唐景福二年（893）七月七日，后梁开化三年（913）娶王氏。后唐同光四年（926），后唐朝廷敕授钱元祐开府仪同三司。

【钱元弼】（894—？）字德之，钱镠第十八子，生母为昭懿夫人陈氏。后晋天福三年（938，一说天福四年，即939年），钱元瓘从苏州、杭州析出部分辖县新置秀州时，命其为首任秀州刺史，主政期间治理有方，名誉当时。

【钱元玩】（898—924）钱镠第十九子，生母为昭懿夫人陈氏。后在安国县（今杭州市临安区）功臣寺出家，初授两浙僧统，旋改授吴越僧统。法号因令，兼任吴越国最高等级寺院杭州安国罗汉寺和郑身宝塔寺住持。圆寂后谥慧因普光大师，葬于临安功臣山麓。

【钱元琳】（899—？）钱镠第二十三子，生母为庄穆夫人吴氏，累官右千牛卫大将军，相传为今浙江慈溪钱氏的一世祖。

【钱元璝】（璝，guī）（925—？）钱镠第二十五子，生母为童氏（徽号不详）。少时好学要强，个性耿直。成年后征战有功，累官知福州彰武军事。号令严明，麾下无有敢犯者。对待钱元瓘、钱弘佐、钱弘倧、钱弘俶诸王极尽臣礼，相处和睦。约于宋太祖在位时（960—976）去世，追封宁明王。

【钱文奉】（909—969）字廉卿，钱元璙第二子。精通骑射，能运槊，经史、音律、图纬、医药、蹴鞠成就亦闻名于当时。以父荫任中吴军衙内都指挥使，后任节度副使。钱元璙去世后，继任节度使，累官至检校太尉、中书令，在任达30年。钱文奉所建南园东庄为吴中之胜，奇花异木、小桥流水、字画珍玩无不毕集，因此自号“知常子”，和当时的文人墨客多有来往。入宋，卒谥“威”。著有《资谈》30卷、《贤语》30卷。

【钱文恽】（恽，yùn）钱元璙第三子，生卒年不详。史载其长期跟随父元璙、兄文奉镇守苏州。据南宋范成大（1126—1193）所撰《吴郡志·卷十四》载，钱文恽在苏州雍熙寺西建有金谷园，掘池筑台，植树莳花，园内

"高冈清池，乔松寿桧"，有林泉之胜，成为一时胜境。吴越纳土归宋之后，金谷园遂废为民居。

【钱弘僎】（僎，zhuàn）（？—940）钱元瓘养子，依收养之序为长子。累官镇海军节度使、温州刺史，封琼山侯。后晋天福五年（940）去世。据《十国春秋》卷八三《钱弘僎传》记载，在钱弘傅出生以前，钱元瓘有钱弘僎、钱弘儇、钱弘侑、钱弘侒四个养子（《资治通鉴》一说钱仁俊亦为钱元瓘养子之一）。钱弘傅以下，按长幼序是钱弘佐、钱弘倧、钱弘偡、钱弘俶、钱弘亿、钱弘偓、钱弘仰、钱弘信（即《吴越备史》作者钱俨）诸子。

【钱弘儇】（儇，xuān）（913—966）钱元瓘第二子，亦为养子，依收养之序为第二子。喜好节俭，善于骑射，以诗文自晦。初任上直副兵马使、检校尚书右仆射。20 岁后任东府安抚使，洞晓为政之术，下不敢欺。钱元瓘为表彰其政绩德行，赐金酒器一副，所以兼任睦州刺史。钱弘佐时期，吴越国占有福州后，人心尚未完全归附，将帅之间屡有互相诬陷告状之事，为此钱弘儇对左右说："人各有憾，诬构一启，疑惧交至，岂国家推心怀远之道邪！"对这些告发之词不予理会。不久任镇海军节度使、判军州事，减轻徭役，罢除不合国家礼制的淫祠，每日粗茶淡饭。后周显德年间（954—960），在温州任职。北宋建立后，为避宋太祖之父赵弘殷之名讳，改名钱儇。不久，任彰武军节度使、知福州事，温州百姓行号巷哭，说"愿公早回"，还有愿意跟着他走的。钱儇累官至太尉、丞相。北宋乾德四年（966），钱儇在福州为官期间去世，时年 54 岁，谥号"节惠"。灵柩经过温州、东府（今浙江绍兴）时，百姓自发前来为其送行。

【钱弘侑】（侑，yòu）（？—945）钱元瓘之子，亦为养子，依收养之序为第三子，本姓孙。钱元瓘时封"西安侯"。后晋天福六年（941）钱元瓘去世后，内牙指挥使戴恽谋求立钱弘侑为王，章德安得报后秘不发丧，以钱元瓘名义召戴恽入朝堂，埋伏甲士将其扑杀，并废钱弘侑为庶人，恢复其原姓。后晋开运二年（945），钱弘佐以谋求立钱仁俊的罪名杀内牙军将阚璠，已于四年前被幽禁的钱弘侑亦同时被杀。

【钱弘偡】（偡，ān）（912—？）钱元瓘之子，亦为养子，依收养之序为第四子。为钱镠第八子钱元璀之子，原名钱仁泽，因钱元瓘长期无子，过继给钱元瓘后改名钱弘偡。曾任秀州刺史。

【钱弘僔】（僔，zǔn）（927—940）钱元瓘第五子，他和钱弘倧的生母都为鲁国夫人鄜氏。钱元瓘之前四子皆为养子，故钱弘僔为事实上的长子。相传钱弘僔出生当年，民间流传一句谶语，“有一真人在冀州，开口张弓左右边，子子孙孙万万年”，实指赵匡胤之父赵弘殷，因赵匡胤于同年出生，于是南唐方面给公子起名皆以“弘”为辈。作为对敌国的回应，钱元瓘的儿子同样以“弘”字为排行。因钱元瓘 40 岁才有钱弘僔，故对他非常钟爱，授两浙副大使，果州团练使，检校太尉，并封为世子。但后来钱元瓘为钱弘僔营造世子府时，有传言说：“何处有鹿脯？”钱弘僔去世前不久，又有人在世子府屏风上题字：“四月二十九日大会群仙。”后钱弘僔果于后晋天福五年（940）四月二十九日去世，年仅 14 岁。去世后，谥号“孝献”，葬于钱塘天竺前山，世子府改为瑶台院。钱元瓘受此打击，又因次年七月十六日杭州丽春院大火事故影响，未几便去世。

【钱弘偡】（偡，zhàn）（929—966）字惠达，钱元瓘第八子，生母为陈氏。初任内牙诸军都知兵马使、检校司空。18 岁时任湖州刺史，到任未几，有名巫师爬上官衙前的大树，以鬼神之语蒙骗百姓，一时间人心惶惶。钱弘偡说：“妖由人兴。”命人用弓弩对准巫师，巫师果求饶，杖责后被放逐州外，钱弘偡从而在湖州树立了威信。钱弘偡通晓为政之道，善作诗，多有佳句。钱弘俶即位后，对他礼遇有加。后周显德年间（954—960），吴越国都城杭州火灾等灾祸不断，钱弘偡向钱弘俶进献粮食和生活保障物资。累官特进检校太尉、宣德军节度使，封吴兴郡王。北宋建隆（960—963）初年，北宋朝廷敕授钱偡为同中书门下平章事。后因饮酒过量去世，时年 38 岁，谥号“恭义”。

【钱弘亿】（929—967）字延世，小字和尚，钱元瓘第十子，生母为沈氏。少时天资聪颖，善著文。20 岁时官至内牙诸军左右都虞候、检校左仆射。

后晋开运三年（946）第一次福州之战时，钱弘佐派钱弘亿等领兵三万救援福州。当时钱弘佐一度计划铸铁钱，用于对将士赏赐，钱弘亿深谙财货流通之道，劝谏八条理由说："铸钱有八害：新钱既行，旧钱皆流入邻国，一也；可用于吾国，而不可用于他国，则商贾不行，百货不通，二也；铜禁至严，民犹盗铸，况家有铛釜，野有铧犁，犯法必多，三也；闽人铸铁钱而乱亡，不足为法，四也；国用幸丰，自示空乏，五也；禄赐有常，无故益之，以启无厌之心，六也；法变而弊，不可遽复，七也；钱者，国姓，易之不祥，八也。"他指出了劣币驱逐良币的规律以及对国家经济的通商作用，钱弘佐认为钱弘亿说得很有道理，便没有实行。钱弘俶即位后，钱弘亿官拜丞相。不久有人告发内牙指挥使钭滔密谋叛乱，供词中牵连到钱弘亿。钱弘俶左右劝彻查钱弘亿，钱弘俶不愿意公开调查宗室，便贬钱弘亿任明州刺史，贬钭滔为处州刺史。在明州为官期间，多有善政。后周显德年间（954—960），钱弘俶命全国抽壮丁以充实军队，各地因此多有弊政扰民，钱弘亿亲自给钱弘俶写奏疏说明此举弊端，后为钱弘俶采纳。钱弘俶常常和丞相等官员谈论百姓的福祉和国君自身俭奢的关系，并作诗两首以明志。钱弘亿称吴越国频繁进贡中原朝廷对国计民生不利，并献诗以讽谏，钱弘俶赞赏其民本之心，作诗回复作褒奖。北宋建隆（960—963）初年，升奉国军节度使、检校太保。为避宋太祖之父赵弘殷之名讳，改名钱亿。后自感大限将至，大宴宾客并诀别，卧床数日后去世，时年 39 岁，谥号"康献"。

【钱弘保】（929—988）字君安，钱元瓘之子（辈分待考）。幼通经史，长于吏治，历任内牙右统军使、湖州刺史等职，任内修筑荻塘水利，改草市为义和镇，促进农商发展。后汉天福十二年（947）钱弘倧被废后，他联合胡进思等将领稳定政局，拥立钱弘俶继位，授镇东军节度使。北宋建立后，他积极推动吴越与中原政权往来，主持修缮杭州罗城，强化海塘防御体系。北宋太平兴国三年（978）随钱俶纳土归宋，授检校太保、泰宁军节度使，封开国侯。晚年退居汴京，编纂《吴越武肃王勋德录》，卒赠侍中。其政治生涯既延续钱氏"保境安民"祖训，又在宋初统一进程中发挥桥梁作用。

【钱弘仪】（932—979）钱元瓘第十一子。北宋建国后，为避宋太祖之父赵弘殷之名讳，改名钱仪。初任镇东军安抚使。北宋乾德年间（963—968），任越州观察使。当时越州发生大旱，原本上交的粮食尚未成熟，钱仪便将自己的财产上交充数，为此深得百姓信任，在越州为官近30年。在越期间崇佛，多建寺院，与云门僧重曜交好。宋太宗即位后，加封金紫光禄大夫、检校太保，封开国彭城侯。北宋太平兴国四年（979），在汴京赐第中去世，享年48岁，赠安化军节度使。钱仪擅长草书和下棋，尤其精通弹奏琵琶。钱俶曾经常宴请诸兄弟，很想请钱仪现场弹奏，但又不便下命令，于是就在榻上置一琴，覆以黄锦。等酒过三巡以后，钱仪果然问："此非忽雷（一种拨弦乐器）乎？愿奏一曲为王寿。"当时叔父钱元珰亦通晓音乐，钱俶就命其拍打节奏。曲终，钱俶赏赐钱仪北绫5000段，钱元珰钱千缗，一时传为美谈。

【钱弘偓】（偓，wò）（934—958）字赞尧，钱元瓘第十二子。性仁孝，侍奉母亲以恭勤闻名。任衢州刺史期间，为政宽厚，深受百姓爱戴。当时域内大旱，有的百姓流亡外地乞食前，还到官衙来告别，钱弘偓为此痛哭流涕。钱弘俶即位后，对钱弘偓甚是关心。后周显德五年（958）去世，年仅25岁。

【钱弘仰】（935—958，一作956）钱元瓘第十三子，生母为周氏。善骑射，通儒术，尤精书法。累官台州刺史，性虽严急而为政宽松，吏民畏服。后周显德年间去世，时年20余岁，谥号"成显"。

【钱俨】（937—1003）钱元瓘第十四子，字诚允，生母为崔氏。原名弘信，北宋开国后又去"弘"名"信"，北宋淳化（990—994）初年又改名"俨"。少聪慧，为沙门，有过目不忘之才，嗜读书而不知疲倦。钱元瓘弥留之时，钱俨和母亲说："适梦白发翁呼我速诣王所。"随即钱元瓘讣闻传出。钱弘俶即位后，任镇东军安抚副使。后周显德四年（957），任衢州刺史。不久又知婺州武胜军事，进光禄大夫，封开国伯。宋太祖平扬州后，钱俶命钱俨入朝道贺，受北宋朝廷御赐玉带、名马、锦彩、器皿。北宋开宝三年（970），代兄钱偡任湖州刺史，充宣德军安抚使。吴越国受北宋诏命攻南唐常州时，钱俨负责漕运。钱弘俶纳土归宋后，宋太宗吩咐有关部门："钱俨儒者，宜择驯马给之。"赐给钱俨良马数匹。钱俨累官新、妫（guī）、儒州等多个州的观察使，后又任湖州刺史、随州观察使。代钱弘仪任金州观察使，出判和州。宋真宗即位后，加检校太傅。北宋咸平六年（1003）去世，谥号"静宣"，赠昭化军节度使。钱俨博学多识，曾梦见有人赠以砚台，于是文思如泉涌。吴越国时期，文豪当推罗隐、崔仁冀，而钱俨实与他们不相上下。宋太宗时，常献《皇猷录》，宋真宗时又献《光圣录》。所著有前集50卷、后集24卷，《吴越备史》4卷、《忠懿王勋业志》3卷，又作《贵溪叟自序传》1卷。钱俨指出，钱镠为唐初开国功臣、湖州长城（今长兴）人钱九陇（573—645）的八世孙。

【钱仁俊】（906—？）钱元瓘之子，排行不详。性机敏，有智谋。钱元瓘即位后，有部分和钱镠南征北战的老资格将领遂骄横不法，有轻上之意，钱仁俊出面对将领动之以情、晓之以理，无不畏服，由是博得钱元瓘的赞赏。据《资治通鉴》记载，钱仁俊还曾过继给钱元瓘做养子。钱元球、钱元珦因罪被杀后，钱元瓘调查与此两人有密切来往的将领，广为株连，为此钱仁俊进谏："昔光武克王郎，曹公破袁绍，皆焚其书疏，以安反侧，今宜效之。"于是朝堂上下就恢复平静。钱弘佐时，钱仁俊任内外马步都统军使，当时阚燔权倾朝野，钱弘佐年幼不能制，便有个和钱仁俊或内都监使杜昭达有私怨的商人名程昭悦者，乘机挑拨钱弘佐和钱氏宗室的关系，诬称阚燔与杜昭达阴谋欲立钱仁俊为王，以此希望获得钱弘佐宠信。钱弘佐随即借此下令杀阚燔、杜昭达，夺钱仁俊官爵，并将其幽禁于东府。程昭悦还拉拢钱仁俊属僚，企图强迫坐实钱仁俊罪名，但未得逞。不久钱弘佐查清案件事实，杀程昭悦，将钱仁俊释放。后周广顺元年（951），钱弘俶认为钱仁俊无罪，恢复其官爵。后累官威武军节度使、检校太保。去世后，谥号"安简"。

【钱昱】（943—999）字就之，钱弘佐长子。钱弘佐去世时，钱昱仅5岁，臣僚于是立钱弘倧为王，以钱昱为咸宁、大安二宫使。钱弘俶即位后，授钱昱秀州刺史。宋太祖登基后，钱弘俶派钱昱入汴京朝贡，和南唐使者一同在皇家花园比射，南唐使者一箭中的，钱昱又应弦而中，被赐予玉带。北宋乾德三年（965），北宋灭后蜀，钱昱又入朝道贺。回国后任台州刺史、德化军节度使、本路安抚使。不久又领静海军节度使、温州刺史，调彰武军节度使。北宋灭南唐时，钱昱任东西水陆行营应援使。钱俶纳土归宋后，授白州刺史。钱昱献《太平兴国录》1 卷，求到中央机构任职。宋太宗欣赏钱昱的才华，让学士院出三篇麻制（唐宋委任宰执大臣的诏书）、《答高丽书》1 道由钱昱撰写，合格后授秘书监，判尚书都省。当时中书省、御史台等中央国家机关刚刚新修，钱昱撰写重修记文上奏，又献上 8 卷魏晋时书法名家钟繇（yóu，151—230）、王羲之的作品，得到宋太宗的褒奖。宋太宗听说钱昱擅长书法，又令钱昱进呈笔札，赐 2 把御书金花扇，1 枚“急就章”，30 轴御制书画。后来，任宋州刺史，改工部侍郎，在寿州、泗州、宿州担任地方官。至道年间（995—997），按令钱昱应升职，宋太宗说：“昱贵家子无检操，不宜任丞郎。”命钱昱任郢州团练使。咸平二年（999），上表要求入朝，但未见到宋真宗就去世，时年 57 岁，赠太师，追封富水侯。钱昱和钱俨在吴越国皆以文章著称，中原朝廷将他们比作西晋文学家陆机和陆云。钱昱好学，多聚书，琴棋书画皆精通，善饮酒，与中原士大夫多有来往，著有《竹谱》3 卷、《贰卿文稿》20 卷、《太平兴国录》1 卷。

【钱郁】生卒年不详，钱弘佐第二子。累官镇东军节度副使、秀州刺史。钱俶纳土归宋后，任全州刺史，官至太保。去世后，封西平侯。

【钱惟治】（949—1014）字世和，本为钱弘倧长子，钱弘倧被废迁东府（今浙江绍兴）后，钱惟治出生，钱弘俶非常喜爱这个侄子，便收为养子。幼时好读书，8 岁时被授予两浙牙内诸军指挥使、判军粮营田事，又改任德化军使、检校太保、台州团练使。北宋乾德四年（967），北宋朝廷授予钱惟治宁远军节度使、检校太尉，仍兼牙职，他和钱俶世子钱惟濬的节旄同日到达，国人以之为荣。宋太宗灭南唐时，随钱俶攻占常州，因功被授予奉国军节度使。北宋开宝九年（976），钱俶第一次入汴京朝觐时，命钱惟治代理军国大事。钱俶回国后，又命钱惟治入汴京朝贡，献金银香狮子、香鹿、凤鹤、扣金瓷器等，宋太祖赐其紫衣、玉带、涂金鞍勒马、金银器等万件礼物。宋太宗即位后，任检校太尉。太平兴国三年（978），钱俶第二次入汴京，钱惟治再次代理国事。钱俶纳土归宋后，坐镇杭州的钱惟治将杭州的户籍田亩财货等各项资料移交宋朝新任命的杭州知州，和其弟钱惟渲、钱惟灏归宋，被授予镇国军节度使。钱惟治擅长草书、隶书，尤好王羲之、王献之的书法，将书法的秘诀概括为："心能御手，手能御笔，则法在其中矣。"宋太宗评价钱惟治的书法："诸钱皆效浙僧亚栖之绩，故笔无骨，独惟治工耳。"晚年家财困乏，宋真宗担忧其贫困，特命其为右武卫上将军，月俸10万缗，累加左骁卫上将军、左神武统军。北宋大中祥符七年（1014）去世，时年66岁，赠太师，追封彭城郡王。

【钱易】（968—1026）字希白，钱弘倧之子。钱俶纳土归宋后，其他属僚随从都有授官，唯钱昆和钱易不在此列，两人遂发奋读书。17岁登进士第，但因北宋朝廷中有高官厌恶钱易年少即得进士，罢其进士功名。不久钱易又第二次考中进士，府试第一，有司以其所写《杇索之驭六马赋》有讥讽之意，宋真宗恶其无行，将其降为第二。钱易第二次中进士后，补濠州团练推官，后任光禄寺丞。当时钱惟演参劾宰相，实际上奏本为钱易草拟。不久，任知制诰，判登闻鼓院。去世时年59岁。钱易博学多识，数千字文章提笔即成，喜欢阅读佛家典籍。著有《金闺瀛洲西垣制集》150卷，《青云总录》《青云新录》《南部新书》《洞微志》合计130卷。

【钱昆】（约969—约1044）字裕之，钱弘倧之子。钱俶纳土归宋后，于北宋淳化二年（991）登进士第（一说淳化三年进士）。曾在7个州担任刺史，官至三司度支判官、右谏议大夫，为政平和，以秘书监致仕。去世时年76岁。钱昆善作诗赋，又精于草隶，著有《钱昆文集》10卷。以喜食蟹知名，常要求到外地为官，说："但得有蟹、无通判（宋代官职，为知州副手，又起到监督知州作用）处，足慰素愿也。"

【钱昭度】钱弘偓之子。生卒年不详，综合现有史料分析，约生于后汉乾祐二年（949）至北宋建隆元年（960）之间。《宋史》卷四百八十《吴越钱氏》记载："衢州刺史偓之子昭度，字九龄，至供奉官，俊敏工为诗，多警句，有集十卷，苏易简为序，行于世。"

【钱昭序】钱弘仰之子。生卒年不详，综合现有史料分析，约生于后汉乾祐三年（950）至北宋建隆元年（960）之间。《宋史》卷四百八十《吴越钱氏》记载："俶之群从，又有台州刺史仰之子昭序，字著明，好学喜聚书，书多亲写，知通利军，以勤干闻。"

【钱惟濬】（濬，jùn）（955—991）字禹川，钱弘俶嫡长子。出生时就被定为世子，授镇海、镇东两军节度副使、检校太保，钤辖两浙管内土客诸军事。北宋建隆年间（960—963），加检校太傅、建武军节度使。乾德（963—968）初，加检校太尉，两次入汴京朝觐，参加郊祀活动。开宝二年（969），充镇东等军节度使、浙江东西道观察处置、两浙制置营田发运等使。同年入汴京朝觐，宋太祖赐宴，让钱惟濬和北宋诸王同席而坐，赐玉带珠缀衣、水精勒御马。开宝四年（971），又朝觐宋太祖，受到礼遇。宋太祖灭南唐时，钱惟濬随钱俶占常州，因功加同平章事。宋太宗即位后，加兼侍中。太平兴国二年（977），在为母守丧期间起复为镇东大将军、右金吾卫大将军、员外置同正。钱俶纳土归宋后，北宋朝廷授钱惟濬淮南节度使，加检校太师。随宋太宗灭北汉、征幽云十六州。雍熙年间（984—987），镇守安州。端拱（988—989）初年，封萧国公。钱俶去世后，起复任中书令。钱惟濬和钱氏其他公子向宋太宗进献象牙、犀角、丁香、玛瑙、首饰等宝物以数十万计，进女乐 10 人，宋太宗不纳，各赐锦彩 30 段遣还。淳化（990—994）初年，杭州地方官献吴越国钱氏诸王受后唐、后梁以来累朝所赐玉册、竹册各 3 副，铁券 1 具，诏诰百余函，宋太宗特意下诏全部归还给钱惟濬。不久，钱惟濬因为纵酒去世，时年 37 岁。追封邠王，谥号"安僖"。

【钱惟溍】（溍，jìn）（969，一作 964—1042）字怀柔，钱弘俶第五子，在民间又被称为"怀柔明王"。北宋太平兴国三年（978），钱俶纳土归宋后随父、兄弟居汴京。端拱元年（988）八月二十四日，钱俶于六十大寿寿宴当晚服用宋太宗御赐果品后突然去世，原因不明。事情发生后，宋太宗在钱俶诸子中挑选王爵继承人，钱惟溍与钱惟治、钱惟濬等兄弟商议后，公推钱俶第七子钱惟演。民间传说，钱惟溍后回到临安县定居。临安乡民为纪念他的谦让之功，在大云乡（故地今属杭州市临安区）建有钱怀柔明王庙。不过，据《邓州古代史初探》《邓州古今名人传略》等部分河南地区文史出版物记载，钱惟溍为河南邓州钱氏始迁祖，故钱惟溍的最终去留为何，需待文物和文献的进一步考证。

【钱惟演】（977—1034）字希圣，钱弘俶第七子。钱俶纳土归宋后，宋真宗时历任右神武将军、翰林学士、工部侍郎、枢密副使、会灵观使兼太子宾客，执掌祥灵观，升工部尚书。宋仁宗时，任兵部尚书，不久任保大军节度使、河阳刺史。后又回京，加中书门下同平章事，任许州通判。钱惟演希望朝廷能让他在汴京供职，因而滞留京师而不去赴任，为言官所弹劾。北宋天圣（1023—1032）初年，任武胜军节度使。次年回朝，上奏“先茔在洛阳，愿守宫钥”，于是任河南府通判、泰宁军节度使。以博学闻名，工于诗词散文，和杨亿（974—1020）、刘筠（971—1031）不相上下。富于藏书，为“西昆体”代表性诗人，侔秘府。所作诗文富于优游的内容，传世诗作主要收于《西昆酬唱集》中，共54首。著有《家王贡奉录》1卷、《家王故事》1卷、《金坡遗事》3卷、《钱氏庆系谱》1卷等11种著作，共75卷。钱惟演曾自我总结：“吾平生不足者，惟不得于黄纸上押字尔。”即不曾担任中书令（宰相）。《宋史》卷三一七有《钱惟演传》。

【钱惟济】（978—1032）字岩夫，钱弘俶第八子。7岁时，因其父纳土归宋之功被授予本府元从指挥使，历诸卫将军，领恩州刺史，后改东染院使，拜封州刺史。成年后，又担任绛州、潞州知州。为官时有巧思，辖区有个盗贼想偷盗桑树而不得，遂自行割伤手臂，污蔑桑树主人想杀人，有司官员很久都无法判断事情的原委。钱惟济为此特意请这个盗贼吃饭，观察发现他以左手执筷，钱惟济说：“以右手创人者上重下轻，今汝创特下重，正用左手伤右臂，非尔自为之邪？”盗贼马上认罪。因政绩卓著，得到宋真宗的赏识。后又任永州团练使，改知成德军。宋仁宗时，加检校司空。累官吉州防御使、虔州观察使、定州知州，升武昌军节度观察留后。钱惟济喜欢交友，家无余财，去世前还欠款 700 余万缗。去世后，宋仁宗赐赙（fù）钱 300 万缗，绢千匹，赠平江军节度使，谥号“宣惠”。钱惟济的主要事迹在《续资治通鉴长编》卷一一一《起仁宗朝明道元年尽是年十二月》中有记载。著有《玉季集》20 卷。

【钱丕】生卒年不详，钱惟治之子。据《宋史》卷四八〇《吴越钱氏》记载：“（钱惟治）子丕，字简之，幼好学。雍熙中假上言欲求举进士，太宗以其世家子，特召试内署，授秘书丞，赐金紫，累迁驾部郎中。”曾任新淦县知县，又为衡州知州。钱惟治去世后，以将作少监起复，不久担任三司户部判官，任光禄少卿时去世。

【钱彦远】（994—1050）钱易之子，字子高。以父荫补太庙斋郎，累迁大理寺丞。据《宋史》卷三一七《钱彦远传》记载，他考中进士后，以殿中丞任御史台推直官。出任明州通判后，不久迁任太常博士。中贤良方正能直言极谏科，提拔为尚书祠部员外郎、润州知州。当时，旱灾、蝗灾并起，百姓缺少粮食，钱彦远就打开常平仓（国家为平抑粮价、保证粮食供应所设粮仓）救济百姓。有官员弹劾他为沽名钓誉而损害既有粮食价格，钱彦远并未屈服。不久，入朝任右司谏，就请求皇帝不要多次赦免罪犯，严格挑选州郡牧守，增加国家收入以培养廉洁官员，停止大兴土木以节约民力。又任起居舍人，在集贤院、知谏院值班。正逢各路（宋朝省一级行政区划单位）上奏发大水，钱彦远启奏皇帝称这是阴气太盛之故，在《五行传》中，这是“下有谋上之象”，请求加强皇宫警卫。不久，果然发生有人携刀入宫之事，于是钱彦远被特赐五品官服。钱彦远性格豪迈，任言官期间多有建树。北宋皇祐二年（1050），在任内去世。

【钱明逸】（1015—1071）钱易之子，字子飞，钱彦远之弟。据《宋史》卷三一七《钱明逸传》记载，他早年由殿中丞应策制科，转任太常博士。受当朝宰相吕夷简赏识，提任右正言。一将领和西夏作战败绩，朝廷原以为该将领已战死而对其褒奖，没想到其不久回朝，朝廷也并不追究。钱明逸作为言官就请求追究该将战败之责，朝廷于是将其外贬并夺去恩赐。不久，钱明逸进同修起居注、知制诰，提升知谏院，任翰林学士。他历任渭州知州、端明殿学士、秦州知州等职。北宋熙宁四年（1071），钱明逸去世，赠礼部尚书，谥号“修懿”。

【钱暄】（1018—1085）字载阳，钱惟演第三子，钱镠五世孙。受父荫入仕，先后任驾部郎中、抚州知州等职。北宋熙宁四年（1071），任台州知州，其间发动民工增修台州城墙以防洪。元丰七年（1084），官拜宝文阁待制。后进入少府监，任盐铁副使，追查地方所欠租税时，两浙转运使没有完成规定的数额，按律应当治罪，据《宋史》卷三一七《钱暄传》记载，钱暄为此向宋神宗进言：“浙部仍岁饥，故租赋不登籍，今使者获罪，必亟敛于民，民不堪矣。”宋神宗从其言。善于作诗，代表作为《题共乐堂》《游日山》。仁宗皇祐间尝著《后汉功臣年表》，藏于秘阁。

【钱藻】（1022—1082）字醇老，钱明逸之侄，钱镠六世孙。幼年丧父，进士及第后，又中贤良方正科，任秘书阁校理。宋英宗即位后，慈圣太后曹氏临朝听政，钱藻曾三次上疏请求太后还政于皇帝。不久，钱藻任同修起居注，知制诰，后又加枢密直学士、开封知府。钱藻平日为人随和不摆架子，为官正直，遵守规章制度，不趋附权贵。他多次要求退职，朝廷便安排其任翰林侍读学士、知审官东院。北宋元丰五年（1082），钱藻去世。宋神宗听闻钱藻家无余财，特赐赙钱 50 万用于办理丧事，赠太中大夫。

【钱乙】（1032—1113）北宋暨中国古代医学史上第一位儿科专家，字仲阳，东平郓（yùn）州（今山东东平）人，吴越国宗室后裔，曾祖时迁居郓州。钱乙父亲钱颖亦为名医，但嗜酒又好郊游，于钱乙幼时东游海上后不知所踪。钱乙随姑父学医，待之如父。认真钻研《黄帝内经》《伤寒杂病论》《神农本草经》等。据《宋史》卷四六二《钱乙传》记载：“尤邃《本草》诸书，辨正阙误。或得异药，问之，必为言生出本末、物色、名貌差别之详，退而考之皆合。”钱乙对《神农本草经》尤有心得，有人拿不同的药请教他，他总是能从“出生本末”到“名貌差别”都一一详尽解答，再查阅药书，全部吻合。钱乙曾为宋神宗长公主和一位患小儿惊风之症的皇子治病，因功被神宗授予太医丞，赐紫衣、金鱼袋。钱乙问诊不拘泥于古法，善于活用。通过 40 年的临床实践，摸索出对小儿施以辨证治疗的系统方法。北宋政和三年（1113），钱乙在家中去世，享年 82 岁。其门生根据钱乙生前医学理论、医案、经验方，于重和三年（1119）整理编成的《小儿药证直诀》3 卷，是我国现存最早一部儿科医学专著。钱乙生前另著有《伤寒指论微》5 卷，《婴孺论》百篇，已佚。

【钱勰】（1034—1097）字穆父，钱彦远子，钱易之孙，钱镠六世孙。据《宋史》卷三一七《钱勰传》记载，钱勰 5 岁时每天能背诵千字。13 岁时，完成制举学业。北宋熙宁三年（1070）应试，已中秘阁之选，后因当时主持变法的王安石因其他原因废除了钱勰所考科目，钱勰便没能登第。后以父荫任尉县知县，授流内铨主簿，因政绩卓著为宋神宗、王安石所倚重。王安石原本打算任命他为御史，钱勰辞谢："家贫母老，不能为万里行。"王安石于是奏请神宗推荐钱勰任盐铁判官，历任提点京西、河北、京东刑狱。曾奉命出使高丽，拒绝高丽王所赠金器财宝，还朝后官拜中书舍人。元祐（1084—1096）初年，钱勰任给事中，以龙图阁待制知开封府。因秉公执法办案，得罪京城权贵而被外贬任越州知州，后又调职瀛洲。召拜工部、户部侍郎，进尚书。复知开封府。元祐末年，为权相章惇（1035—1105）所忌，外放知池州，在任内去世，享年 64 岁。元符（1098—1100）年间，北宋朝廷追认钱勰为龙图阁学士。家藏书甚富，工行草书。

【钱龢】（龢，hé）字𠳐（jié）甫（一作𠳐仲），生卒年不详，钱勰之弟。《咸淳临安志》卷六五《钱龢传》记载：以孝义知名，居于钱塘门外九里松，尝建杰阁，藏书甚富。苏轼榜曰"钱氏书藏"。神宗熙宁年间知龙泉县，为政务简易，以便于民。仕至直秘阁，知荆南府。有文采，《全宋诗》卷七四七收录有钱龢的《次韵穆父兄见寄》和《浯溪》两诗。

【钱即】（1054—1124）字中道，吴越王族之后。神宗熙宁九年（1076）中进士后，任睦州推官。衢州地方官手头有案子难以解决，就向朝廷上疏推荐钱即前往处理，《宋史》卷三一七《钱明逸传》记载，钱即表示：“吾宁老冗选中，岂忍以数十人易一荐乎？”于是到衢州后，便将案子平反了。北宋崇宁（1102—1106）年间，宋军收复银川，论转运粮饷，钱即功劳最大。后供职于龙图阁、知庆州。到治所后，修筑安边城、归德堡，辟地万顷，在其中耕作，每年能收获粟几十万。调任延安府知府，加集贤殿修撰衔，又进徽猷阁待制、显谟阁直学士。在延安府任职5年，其间因得罪当朝权势太监童贯，被贬为永州团练副使。未几，还任待制、知兴仁府，调职太原。方腊起义发生后，任宣州知州，到任后全力配合军需转运，因功进龙图阁学士。后不愿从童贯征召，转任正奉大夫并辞官归家。去世后，赠金紫光禄大夫，谥号“忠定”。

【钱景谌】北宋大臣，生卒年不详，钱惟演之孙，钱暄之侄，钱景臻堂兄，钱镠六世孙。早年赴汴京开封解试，王安石得到他的文章后大加称赞，认为是有道之人，并在公卿间称赞他。王安石提点开封府界，钱景谌任其主簿。因此，早年钱景谌以弟子待师之礼对待王安石。后王安石任宰相，欲将钱景谌为己所用。据《宋史》卷三一七《钱景谌传》记载，钱景谌认为：“百事皆可为，所不知者新书、役法耳。”不认可王安石所主持的变法，并因政见不合，与王安石绝交。神宗熙宁末，从张景宪辟知瀛洲，大部分时间在外地为官，仕至朝请郎卒。有文采，《全宋诗》卷六七一收录其诗《洞霄宫》。

【钱景臻】（1055—1126）北宋大臣，字道遂，钱惟演之孙，钱景谌堂弟，钱镠六世孙。北宋熙宁七年（1074），赐金紫光禄大夫、检校司空、左领军卫大将军兼御史大夫、上柱国、驸马都尉。次年，娶宋仁宗第十女、秦鲁贤穆明懿大长公主，任光州团练使、防御使等职。大观三年（1109），拜开府仪同三司，授宝信军节度使。政和六年（1116），封唐国公。宣和六年（1124），以少师名义致仕。

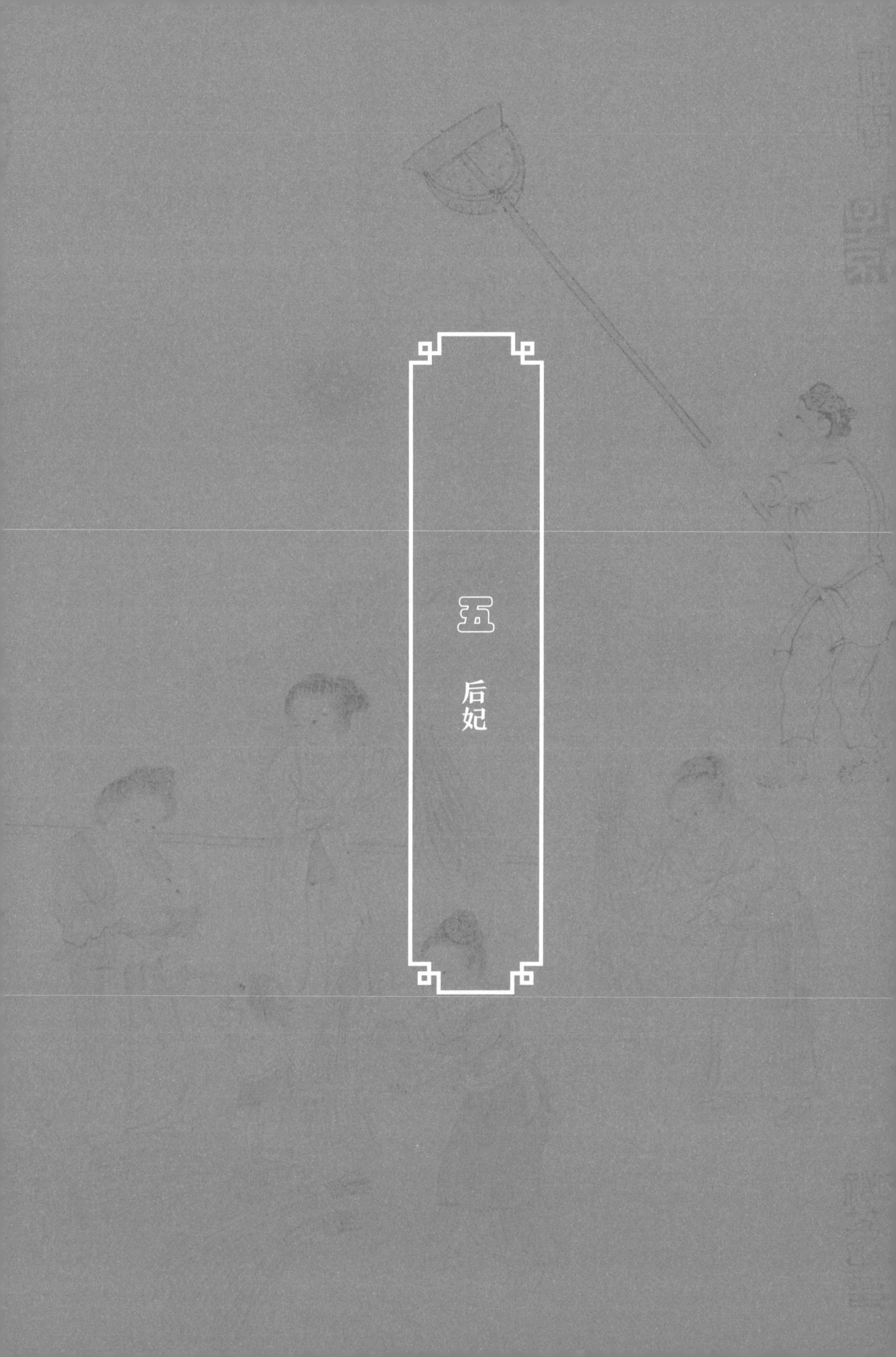

五 后妃

“后妃”不单指君主的妻妾，也指君主的母亲。古代历史上有的后妃凭借自己的身份，扰乱朝纲，干政不已。然而在史册中也有贤惠懿德、深明大义的贤后，如文穆王钱元瓘的恭穆马王后和钱弘俶的元妃孙太真等。家有良妻，犹国有良相。吴越国政局稳定，社会清明，贤后、贤妃辈出功不可没。

【赵国太元太夫人水丘氏】（约 834—901）钱镠生母，临安县（今杭州市临安区）人。钱镠富贵后，初封河南太君，又封吴兴郡太夫人，再封秦国太夫人。钱镠对母亲极尽孝道，经常背着母亲登高赏景，在临安民间有“钱王赤脚背母”的传说。唐天复元年（901）九月去世，葬于临安。钱镠为此还要求一直不愿归附于己、但却是唐朝进士出身的文人吴仁璧撰写墓志铭，被拒，遂暴怒，沉吴仁璧于江中，酿成“吴仁璧事件”。后梁开平（907—911）初，水丘氏被追封为赵国太元太夫人。其墓位于今杭州市临安区锦北街道西墅街明堂山，1980 年发掘，与钱宽合葬。根据《临安县唐水邱氏墓发掘报告》（载于陈元甫、姚桂芳著《浙江省文物考古所学刊》，文物出版社 1981 年版）考证，水丘氏去世时享年 68 岁。

【武肃王恭穆夫人戴氏】（？—912）临安县（今杭州市临安区）人。事迹主要见于清乾隆、宣统版《临安县志》和《钱氏家乘》，《十国春秋》《吴越备史》中未见记载。据清宣统二年（1910）版《临安县志》卷七《人物志一》记载，戴氏每年都要回家乡临安，某一次省亲用时较长，钱镠便写诗相赠：“陌上花开，可缓缓归矣。”时人便将这首诗改编成歌曲传唱。不过在《十国春秋》《吴越备史》和其他目前可见公开史料文献中，有关“陌上花开”的逸闻被归入庄穆夫人吴氏传记下。又据《钱氏家乘》卷五《武肃王年表》，钱镠于唐咸通五年（864）聘戴氏，时年钱镠 13 岁，戴氏年龄应与之相当。咸通十四年（873），钱镠正式迎娶戴氏。后梁乾化二年（912），戴氏去世，谥号恭穆。根据现有史料文献记载，戴氏或未生育子嗣。北宋熙宁（1068—1077）时，苏轼到杭州任职，游览临安九仙山后，听到钱镠和陌上花开的典故，便即兴创作《陌上花三首并引》。依《临安县志》卷一《舆地志一》，戴氏夫人墓在“保锦山后，今明堂山”。1970 年，在临安明堂山曾发掘一座古墓葬，疑似戴氏夫人墓，但仅出土小罐一件。由于当时临安专职文物部门尚未建立，故没有发掘档案留存。关于戴氏其人历史，还有待于文物考古发掘资料加以进一步实证。

【武肃王庄穆夫人吴氏】（858—919）临安县（今杭州市临安区）人，

一说其名为吴文华。父亲吴仲忻，唐末浙西观察判官，累官户部尚书，他认为钱镠虽然不事产业，但豁达大度，便将女儿下嫁给当时还默默无闻的钱镠。吴氏嫁入钱镠家后，对公婆恪尽孝道。钱镠性格严急，吴氏常和声劝慰，教育子女们也很得当。曾受封燕国夫人、晋国夫人，后又封吴越国正德夫人。吴氏常游历奉国寺，钱镠命随行人员携带布帛以备布施，吴氏回答："妾备尝机杼之劳，遽以游赏靡费，非恤民之道。"后梁贞明五年（919）去世，享年 62 岁，谥号"庄穆"。育有子女 13 人，其中儿子 6 人。

【武肃王昭懿夫人陈氏】钱元瓘生母，生卒年、籍贯不详，约于后唐清泰年间（934—936）去世。赠晋国太夫人，谥号"昭懿"。钱元瓘对母亲极尽孝道，对母亲一族赏赐颇丰，却不授官委以重任，故吴越国时期并无陈姓高官。

【武肃王妃郑氏】生卒年、籍贯、徽号不详。史载钱镠执法严谨，对家人管教甚严。《吴越备史》卷一《武肃王》记载："后庭有郑氏，其父尝以罪当死，左右冀其获宥，且言斯人有息女预侍，王命出其女而后斩之。顾左右曰：'刑者公柄，岂可以一妇而乱我法耶！'"钱镠将郑氏赶出宫外，并斩其父。

【文穆王恭穆夫人马氏】（890—939）临安县（今杭州市临安区）人（一说余杭人）。父亲马绰为雄武军节度使，娶钱镠之妹。后钱镠亦为钱元瓘娶马绰之女，是为马氏夫人。钱镠禁止宫内外蓄养歌姬，由于马氏未有生育，便请钱镠为钱元瓘纳妾，钱镠高兴地说："我家宗祀，幸汝得主之矣！"钱镠于是破例让钱元瓘纳妾。遂有鄜氏生钱弘僔、钱弘倧，许氏生钱弘佐，吴汉月生钱弘俶，其他妾生有钱弘偡、钱弘偓、钱弘仰、钱弘信等。马氏夫人作为元妃，将这些孩子视如己出。初封越国夫人，后加封吴越国庄睦夫人。后晋天福四年（939）去世，享年 50 岁，谥号"恭穆"。次年窆葬，其墓位于今杭州市临安区玲珑街道祥里村，1996 年发掘，陵号"康陵"。

【文穆王鲁国夫人鄜氏】（鄜，fū）生卒年、籍贯不详，生钱元瓘长子钱弘僔。因钱元瓘年过四十方得子，故鄜氏深得宠幸，曾受封鲁国夫人。后晋天福五年（940），钱弘僔夭亡，年仅14岁，鄜氏遂不知所终。

【文穆王恭懿夫人吴氏】（913—952，一说898—937）名吴汉月，钱弘俶生母。钱塘（今浙江杭州）人，父吴珂官至中直指挥使。自幼为恭穆夫人马氏所喜爱，善于鼓琴，性慈惠而节俭，崇尚黄老之学，常着道士服饰。钱元瓘即位后，每次听说议决重刑，吴汉月都恳劝宽恕减刑。每次听说娘家人有授官的，都出面阻止，对已担任官职的，当面看到表情也都很严厉，所以族人在她有生之年并不显赫。后汉乾祐二年（949），封吴汉月为吴越国顺德太夫人。后周广顺二年（952），吴汉月去世，时年40岁，谥号“恭懿”。去世后，钱弘俶将其葬于慈云岭西原，后又建报恩元教寺以祈福，铸铜质大象两头，入奉国、金地两座尼姑庵供养，以明孝志。

【文穆王仁惠夫人许氏】（902—945）名许新月，钱弘佐生母，台州（今浙江台州）人。擅长音律，钱元瓘命其掌管王府演奏乐部。当鲁国夫人鄜氏生孝献世子钱弘僔时，王府上下都争相庆贺，但有女僧告诉许新月：“彼鄜夫人远不能及也，夫人宜自爱。”果然，钱弘僔少年时就病亡。钱元瓘即位后，封许氏为吴越国夫人。后晋开运二年（945）去世，谥号“仁惠”。

【忠献王元妃仰氏】（？—约944）吴越国名将仰仁诠之女，湖州人。父亲仰仁诠随钱元瓘征战有功，官至宁国军节度使。后晋天福八年（943）冬，钱弘佐纳仰氏为元妃，但仰氏不久便去世。

【忠懿王贤德夫人孙氏】（？—976）名孙太真，钱弘俶元妃，钱塘（今浙江杭州）人，泰宁节度使孙承祐的姐姐。自幼喜欢读书，通晓《毛诗》《鲁论》。生活节俭，除重要宴会外，皆不粉饰盛装。北宋诏吴越国伐南唐期间，钱俶亲自带兵出征攻南唐常州，留守杭州的孙氏经常派人慰问出征将帅、士卒家属，杭州人把她的话当作吴越国君本人的旨意来看待。后周敕封孙氏为吴越国贤德夫人，北宋开宝五年（972），北宋朝廷又加封其为贤德顺睦夫人。开宝九年（976）正月，与钱俶、世子钱惟濬从杭州出发，前往汴京朝觐宋太祖，受封吴越国王妃。宋廷宰相说：“异姓无封妃故事。”宋太祖回答：“行自我朝，表特恩也。”同年去世。

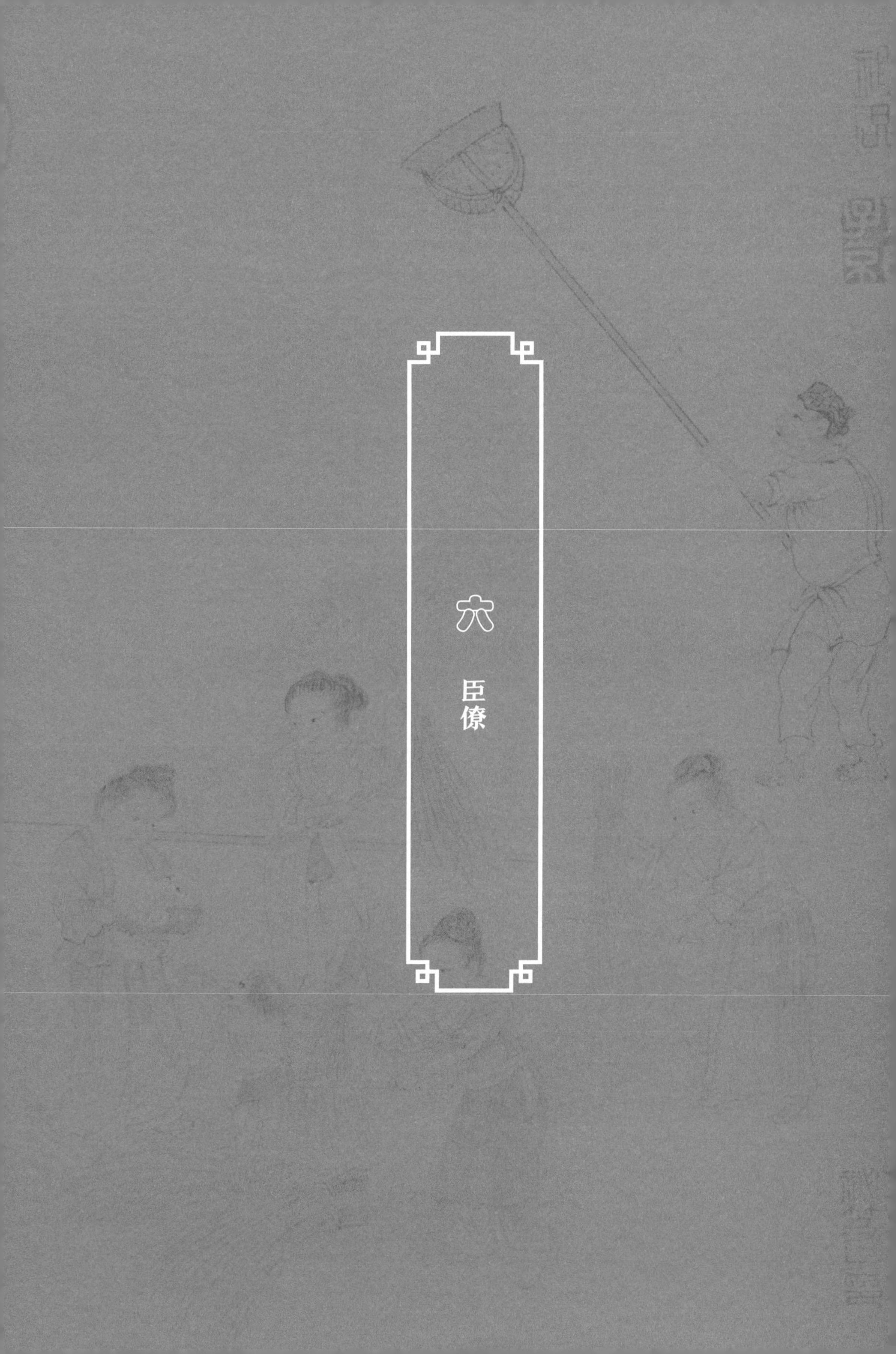

六 臣僚

有国必有臣。吴越国能成为五代十国时期立国最久者，证明文武百官和国君能上下同心、勠力为国。

【吴公约】（约 830—897）唐末两浙地区名将。字处仁，余杭（今属浙江杭州）人。八都兵建立，后又分为“十三都”时，吴公约为其中某都都将。为人有胆有识。唐乾符五年（878）的朱直、孙端之乱中，因功被授予西桂镇遏使。随即和钱镠在浙西抵御黄巢，战后加御史中丞。钱镠灭董昌后，吴公约官拜千牛卫将军，不久积功又擢升散骑常侍。第二次杭越战争期间，淮南将领徐约攻占苏州。钱镠任吴公约为北面诸军行营招讨使前往收复。他率军重新占有苏州后，却让功与他人，钱镠钦佩其忠心，又授义和镇遏使兼本军水陆都游奕使等职，后累官工部、刑部、户部尚书。吴公约不好财货，每次获战利品或赏赐，皆分部下。为将数十年，家无长物，有“贤将”之称。去世后，罗隐为其撰写《吴公约神道碑》，清人收于《全唐文》卷八百九十七中。

【罗隐】（833—909）唐末、五代初著名文学家。字昭谏，号江东生，新登（今属浙江杭州）人。本名为横，因多次科举考试落第，遂改名为隐。曾投诗唐朝廷宰相郑畋（tián，825—883），其女读到罗隐之诗“张华谩出如丹语，不及刘侯一纸书”一句后，顿时心生爱慕，但见到罗隐丑陋相貌后遂了结此念。唐广明年间（880—881），因战乱躲避乡里。至光启三年（887），即钱镠就任杭州刺史当年，罗隐成为钱镠的幕僚。起初对钱镠不了解，故投诗试探：“一个祢衡容不得，思量黄祖漫英雄。”钱镠见诗大喜，回复：“仲宣远托刘荆州，盖因乱世；夫子乐为鲁司寇，只为故乡。”罗隐于是决定投钱镠，被任为掌书记。罗隐文采斐然，且所著文章多能切中要害。钱镠任镇海军节度使之初，上表朝廷谢恩，奏章描写浙西富饶，罗隐认为这会带来朝廷的苛捐杂税，就把奏章改为：“天寒而麋鹿常游，日暮而牛羊不下。”罗隐因恃才傲物，向来不为唐朝廷和各路诸侯所喜，但钱镠爱其才，赏赐无数。钱镠曾让罗隐担任钱塘令、节度判官、盐铁发运副使、著作郎、给事中等重要官职。著述颇丰，有《江东甲乙集》《谗书》《谗本》《淮海预言》《外集》《启事》等，《全唐诗》收有其诗歌。《吴越备史》《唐才子传》《旧五代史》等皆有传记。吴越国著名画家罗塞翁为其子。

【阮结】（843—888，一作 844—889）字韬文，钱塘（今属浙江杭州）人。唐末杭州地区各县组建八都兵时，阮结和钱镠同为董昌的副手。阮结一直出入、侍奉钱镠左右，为其亲校。唐中和二年（882），以征讨刘汉宏之功，被钱镠奏请唐朝廷任命为散骑常侍。光启三年（887），平常州、润州（今江苏镇江），官户部尚书。次年，任润州制置使，加刑部尚书。原苏州刺史徐约死后，其部众 3000 余人来降，但由于阮结安抚失当，被哗变降兵投入江中。阮结因此患病，不久去世。

【杜雄】（？—902）唐末台州临海人。初为草莽豪强，唐中和元年（881）趁浙东观察使刘汉宏之乱，据台州自立。中和三年（883）获朝廷授台州刺史，自此执掌州政二十载。光启三年（887）钱镠平定刘汉宏后，杜雄审时度势，归附钱镠。任内，保境安民，劝课农桑，修葺罗城，使台州免遭战火荼毒。时值天下板荡，其治下独能维系秩序，商旅通行，百姓稍得喘息。唐天复二年（902）卒于任。史载其“虽起自绿林，然治郡有方，非寻常盗酋可比”，为吴越国初期的稳定两浙作出重要铺垫。

【许再思】（？—903）唐末武将，原为军阀孙儒部将。孙儒败亡后，与徐绾率残部归附钱镠，编入精锐“武勇都”。唐天复二年（902），因钱镠欲裁撤外籍兵将，许再思与徐绾趁钱镠征伐婺州之际，在杭州发动叛乱，是为“武勇都之变”。其间焚毁城坊，围攻牙城。钱镠连夜潜回据守内城，遣顾全武赴淮南求援，并以子钱元璙为质，换取杨行密援军。次年，杨行密部将秦裴、台濛与钱镠内外夹击，许再思兵败被斩。史载其“骁勇善战，然性桀骜”，叛乱虽震动吴越腹地，反促成钱镠与杨行密短暂结盟。此乱平定后，钱镠强化兵制改革，加速“武勇都”本土化进程。《吴越备史》评其叛“险覆根本，亦警王业”，折射五代藩镇收编骄兵之困。

【成及】（847—913）吴越国名将。字弘济，钱塘（今属浙江杭州）人。性忠厚，为乡里所重。唐光启（885—888）初，在乡里招兵自保，号“静江都”。刘汉宏之乱时，以其所统帅的乡兵归附钱镠。灭刘汉宏后，钱镠设宴犒赏诸军。席间北关镇镇将孟安拔剑欲行刺钱镠，在诸将惊愕时，成及举起所坐“胡床”

（即后世的坐具马扎）砸向孟安，孟安倒地后遂被众将扑杀，钱镠由是脱险。钱镠于是奏请朝廷命成及为散骑常侍、静江军都指挥使。薛朗之乱爆发后，钱镠命成及带兵征讨。成及败薛朗军于阳羡（今江苏宜兴），再败跟随叛乱的常州刺史丁从实于毗陵，因功授越州（今浙江绍兴）防御使、润州刺史，后又任苏州刺史。乾宁三年（896），淮南杨行密攻苏州，常熟镇将亦以为内应，成及自知不能敌，弃城（一说暂时投降杨行密）出奔杭州。但钱镠并不怪罪于他，而是命其为镇海军节度副使。武勇都之变时，因护卫有功被钱镠奏请命为保大军节度使，不久改彰义军节度使，加开府仪同三司衔。《九国志》《十国春秋》有传。

【屠瑰智】（851—902）唐末两浙地区名将。字宝光，先祖为河东（今山西）人，春秋时期晋国将军屠击的后代。祖父时避乱于澉（gǎn）川，屠瑰智生于海盐。少富谋略，善于著文，多次参加科举不中。黄巢起义军进击浙西时，成为钱镠幕僚。董昌称帝时，力请讨伐。钱镠灭董昌后，屠瑰智因功被授予指挥使。唐乾宁四年（897），与顾全武等从海道攻嘉兴，因功遥领常州刺史（此时常州不为钱镠实际控制）。次年任越州指挥使。光化元年（898），衢州刺史陈岌发动叛乱，屠瑰智与顾全武率军征讨平定。光化三年（900），钱镠命其镇守湖州。天复二年（902）武勇都之变时，湖州刺史高彦命长子高渭随其驰援杭州。高渭说："今日不利。"高彦说："赴君父之难，何以吉辰为？"屠瑰智拍案而起："违主命不忠，畏缩不前无勇，死忠死勇，丈夫分也。"后于杭州灵隐山和叛军力战不敌身亡。钱镠感念其忠，为其举行招魂葬。后又追赠忠义军匡国功臣、武康军节度使、银青光禄大夫、检校尚书右仆射、上柱国等职。屠瑰智有明志诗："轻身都是义，殉主始为忠。"《五代诗话》有其传。

【马绰】（852—922）吴越国名将。临安（今杭州市临安区，一说余杭）人。性情淳厚耿直，有忠义之心。早年与钱镠一同为董昌部将，董昌经常派钱镠阵前点兵，有一次当名册丢失后，钱镠一一报出将士姓名，无一遗漏。马绰既佩服又担心，就悄悄告诉钱镠说："老子（指董昌）素猜忌，骇公强记，当必相图。”就拿给钱镠一摞白纸权作花名册，钱镠非常感激，就将妹妹嫁给马绰。唐乾宁二年（895），董昌在越州称帝以后，马绰举家前来投奔钱镠，钱镠上表朝廷命其为诸城都指挥使。天复二年（902）武勇都之变中，马绰有守卫都城之功，钱镠命钱元瓘娶马绰之女为妻，号恭穆夫人。马绰累官镇东军节度副使、两浙行军司马、睦州刺史、雄武军节度使、检校太傅、同平章事等职。后梁末帝贞明三年，加检校太尉。《九国志》有传。

【朱行先】（854—924）字蕴之，海盐（今属浙江）人。善射，时人把他比作春秋时期以百步穿杨闻名的楚国大夫养由基，称为“小由基”。初为建宁都将，追随湖州刺史高彦，屡立战功。后归吴越，钱镠升任其为节度左押牙亲卫第三都指挥使。高澧发动叛乱后，朱行先率众归附钱镠，赐号协力觐王功臣、佐正匡国功臣，晋升检校尚书右仆射、御史。不久又任静海镇遏使，在任15年，其间恩威并施，声誉卓著。去世后追赠银青光禄大夫、上柱国。

【胡进思】（约858—955）吴越国衙军将领、权臣。湖州人。早年以屠牛为业，17岁时因进士不第弃笔从戎，认为镇海军节度使钱镠能成大事，便投其帐下。钱镠很赏识胡进思，在平刘汉宏之乱、平董昌僭越、平苏州、平武勇都之变等大小战役中，胡进思均有战功，累官马步都虞候、武功大夫、武都指挥使、越州兵马使等，深得钱镠信任。钱元瓘在淮南做人质时，胡进思与戴恽随侍左右，历经各种危险与冲击。钱元瓘即位后，为报旧恩，封胡进思为大将，后又任右统军使。忠献王钱弘佐即位后，由于年少，胡进思统领内外大事，操权弄柄，威震朝野。嗣位的忠逊王钱弘倧性格刚毅，早就对胡进思擅权不满，和胡进思之间多有口角。钱弘倧大阅水军，对于军士的赏赐是以往的几倍，胡进思力谏不可，钱弘倧将笔扔于水中道：“以物与军士，奚多少之限耶！”90岁高龄的胡进思含恨告退。平时有事禀告，常遭到钱弘倧的当面训斥。又因钱弘倧常问胡进思牛肉价格等事，以为讥讽自己早年职业。当年年底，画师呈《钟馗击鬼图》献于钱弘倧，胡进思忧钱弘倧杀己，遂决心发动政变。是时，钱弘倧与水丘昭券、内衙指挥使何承训密谈驱逐胡进思，但何承训将此事密告胡进思。胡进思遂于当年十二月三十日趁钱弘倧在宫中夜宴之机，着戎服率内牙亲兵入宫，软禁钱弘倧，迎钱弘倧之异母弟钱弘俶于私第，将其策立为王，是为忠懿王。后周显德二年（955），胡进思死于杭州，时年约98岁。

【杜稜】（？—897）唐末两浙地区名将。字腾云，新城（今属浙江杭州富阳）人。初为东安都将，在组建“八都兵”的过程中推董昌为首，钱镠为副。曾和他的儿子们说：“吾每责人，不过十罚，则为之伤心。观钱公，每有斩决，皆谈笑自若。成大事者，必此人也。”唐光启三年（887）薛朗之乱时，钱镠命杜稜、成及、阮结等领兵征讨，攻取常州，钱镠上奏朝廷命其为常州制置使。孙儒之乱发生后，杨行密派遣宣州军阀田頵、李宥攻常州，俘虏杜稜，但杜稜不久被放还。大顺二年（891），奉钱镠之命加固东安城。景福二年（893），钱镠被唐朝廷任命为镇海军节度使的同时，杜稜为副使。乾宁二年（895）董昌称帝，并引田頵、安仁义军队攻东安，不克。次年，钱镠灭董昌，唐昭宗拜钱镠镇东、镇海军节度使，以杜稜为两浙诸军都指挥使、行军司马。后累官润州刺史。杜稜富有政治远见，早在设武勇都时，曾言：“（武勇都）狼子野心，他日必为患，请以士人代之。”钱镠没有听从，后来果然发生以武勇都士卒为核心的武勇都之变，钱镠本人都险些遇害。叛乱平定后，钱镠专门派人祭祀杜稜。

【杜建徽】（863—950）吴越国名将。杜稜之子，字延光，新城人。初随杜稜，有“虎子”之称。杜稜任常州刺史期间，淮南田頵、李宥攻常州，杜建徽带兵前往常州救父。兵马未到，常州城破，杜稜被俘，杜建徽遂回新城以自保。不久杜稜自淮南放回，见东安都军队秩序井然，不禁对建徽大加褒奖。征讨董昌时，左肩中箭，毫无退志。唐天复二年（902）武勇都之变时，任武安都指挥使，率军从新城前往杭州勤王。有人建议钱镠放弃杭州退保越州，据《十国春秋》卷八四《杜建徽传》记载，杜建徽表示：“事苟不济，同死于此。岂可复东渡售命于贼乎？”钱镠赞叹其气魄。次年，睦州刺史陈询叛钱镠。由于杜建徽为陈询姻亲，钱镠一度怀疑杜建徽有他志，秘密派遣马绰去试探杜建徽。杜建徽说：“陈氏负恩背义，自贻覆败，建徽既为姻娅，谊当见疑。然累书敦谕，皇天后土实鉴临之，惟拔城获书，庶明此心耳。”不久陈询的属吏持书前来投奔，钱镠赐杜建徽钱100万缗，又任为浙东营田副使、常州刺史、行军司马。后梁龙德三年（923），钱镠被封为吴越国王，命杜建徽为左丞相，兼中书令，封郧国公。去世后赠太师，谥号“威烈”。清人编撰的《全五代诗》收录其诗《自叙》。

【沈崧】（863—938）吴越国著名政治家。字吉甫，一作文甫。福建人。唐乾宁二年（895），登进士第。唐昭宗举行复试，又高中。回福建时，经过淮南杨行密统治地区，被征召不就，于是转道杭州，钱镠拜其为镇海军掌书记，授浙西营田副使，又奏请朝廷命其为秘书监、检校兵部尚书、右仆射，凡吴越国的公文、奏章、上表等，大多出自沈崧之笔。后唐庄宗李存勖即位后，改元“同光”。钱镠问沈崧该年号能持续多久，沈崧回答：“观此号，为国不成，止一口耳。”果不其然，开国皇帝李存勖使用该年号仅3年便死于内乱。钱元瓘即位后，雅好儒学，设择能院，命沈崧掌管，选用越地文士以备录用。后晋天福二年（937），官拜丞相。去世后，谥号“文献”。著有《沈崧集》20卷、《钱金集》8卷、《沈崧诗集》2卷，全部佚失。

【鲍君福】（864—940）吴越国名将。字庆臣，余姚（今属浙江）人。初随刘汉宏，后于刘汉宏之乱时率兵归钱镠，所部号“归明都”。武艺绝伦，沉默寡欲，在军中有“鲍不闹”之称，累积战功至衢州应援指挥使。衢州刺史陈璋叛乱时，勾结的淮南大将陶雅以郡职为诱饵，强迫鲍君福投降。钱镠担心鲍君福遇害，秘密送去帛书让鲍君福暂且接受伪职以保命，为其所拒绝。一日，伺机杀掉看管自己的淮南将领后逃奔杭州，被钱镠授予衢州刺史。鲍君福任职衢州12年，淮南多次兴兵进犯都不能得逞。当他即将告老之时，钱镠称赞：“公在郡数年，战斗而已，岂为优贤邪？”后来钱元瓘任清海军节度使时，由鲍君福任副使、同平章事，兼侍中。去世后，赠开府仪同三司，谥号“忠壮”。

【鲍修让】（？—约960）吴越国名将。鲍君福之子。越州余姚人。善于治军，以威猛著称。累官至上直指挥使，迁衢州刺史。后汉天福十二年

（947），吴越国派兵入福建击败南唐军队，占领福州，钱弘佐命鲍修让与原割据福州的军阀李仁达一同镇守。同年底，李仁达叛乱，鲍修让先发制人杀之，传首杭州。后周显德三年（956），后周诏吴越国配合伐南唐，吴越国命鲍修让随吴程攻占常州。北宋建隆元年（960），授福州彰武军节度使，后又任上直诸军都钤（qián）辖使、同参丞相府事，不久去世。

【顾全武】（864—931）吴越国名将。余姚（今浙江余姚）人。少时出家为僧，博学多识，机警而有才略，得到钱镠赏识后成为裨将，常侍奉左右，军中称其为“顾和尚”。因战功，被任命为孙儒之乱中由蔡州兵改组而来的武勇都知兵马使。唐乾宁二年（895），董昌僭越称帝，派军进击浙西。顾全武领兵击退，杀董昌多员大将，迫使董昌去帝号，复称节度使。当时，淮南应董昌之邀夹击钱镠攻苏州，俘虏苏州刺史成及，钱镠一度要求顾全武救苏州，但为其所拒，认为攻越州才是根本。终攻破越州，俘董昌。钱镠由是上奏朝廷命其为检校太保、明州刺史。乾宁四年（897），淮南为夺回苏州，从海道攻下嘉兴、淞江、无锡、常熟、华亭（大致为今上海市松江区）等地，最后重新占领苏州，同时又占昆山。昆山守将秦裴（856—914）送佛经一卷以示讥讽，顾全武大怒，攻城愈急，以水灌城终致城破。天复元年（901），因轻敌,顾全武在临安之战中败于淮南名将李神福(？—904),钱镠为此惊叹:“丧我良将！”后被放归。次年，钱镠统治集团内部发生武勇都之变，钱镠一度打算退守越州，后采顾全武联合杨行密之计，以钱元璙娶杨行密女为妻方才解围。《十国春秋》《九国志》等皆有传。

【黄晟】（？—909）明州鄞县（今属浙江宁波）人。字明远。初在望海镇（今属宁波）应募从军，因身材矮小未被录用，于是就回到家乡开始招兵买马，占有平家埭（dài），后被明州知州任命为平嘉浦将，士卒千余人。刘汉宏之乱期间，击败刘汉宏部将。后来，余姚镇将相嘉攻越州，当时的越州观察使董昌无法抵御，明州刺史钟季文命黄晟带兵救越州，黄晟击败相嘉并杀之。董昌因此奏请朝廷命黄晟为左散骑常侍、浙东道东西副指挥使。钟季文去世后，黄晟任明州刺史。黄晟礼贤下士，对于繁荣浙东地区儒学有一定贡献。董昌僭越称帝时，亦投书劝其反正，钱镠攻董昌后，黄晟率兵协助。黄晟任明州刺史18年，去世前要求死后职位不得由子孙继承。《九国志》有传。

【曹圭】生卒年不详，祖籍歙州（今安徽歙县），父亲曹信迁往杭州，后为临平镇将。曹圭少时就随钱镠征战，任嘉兴都将。淮南军队围嘉兴时，他与族人据城自守，淮南军中有人占卜说："此虽孤城，中有贵人，未可图也。"当时嘉兴日夜戒严，曹圭在枪林箭雨中登城楼宴乐，处之泰然。不久嘉兴之围解，曹圭因功授苏州置制使，后又任浙西营田副使、检校太尉。卒于苏州。

【曹仲达】（882—943）吴越国著名政治家，曹圭之子。本名弘达，因避吴越国宗室讳，改仲达。早年任镇东军押牙。曾请求与后来发动叛乱的睦州刺史陈询结为姻亲，后占卜称："陈非偶也，当聘他族，以致荣显。"途经杭州时，钱镠惊叹于曹仲达的外貌，便把自己的妹妹嫁给他。累官台州、处州刺史。钱元瓘即位后，命曹仲达任权知政事，后与沈崧、皮光业同日官拜丞相。曹仲达为人仁厚好施，深得钱元瓘赏识，每逢见到他都称丞相而不呼其名。钱弘佐即位后，因年少，军中将领有不服者，伺机以赏赐不均为由发动哗变，曹仲达亲自出面做工作。卒年六十二，谥号"安成"。

【陈长官】生卒年、籍贯不详，一说"长官"即"长（zhǎng）官"之意，非其原名。据《十国春秋》卷八五《陈长官传》记载，陈长官在钱镠时期任宁海县令。因吴越国与敌对政权、内部叛乱势力战事频繁，军需浩大，钱镠便在两浙范围内增加百姓赋税。陈长官谏言增税不可，触怒钱镠，被逮捕入狱。他以死抗争，终于让钱镠对宁海网开一面而不予加税。《全唐诗续补遗》和《全五代诗》均收有陈长官的《下狱有作》一诗，是同时代为数不多的反映百姓生活艰难的现实主义诗歌作品。

【高彦】（？—906）海盐（今属浙江）人。原为八都部将，与同县人沈夏诛杀不服钱镠的本县镇将徐及，将徐及首级献于钱镠，因功授海昌镇将。后来湖州刺史李继徽弃城逃奔淮南，钱镠有意让高彦任湖州刺史，并题诗："须将一片地，付与有心人。"奏请朝廷任命高彦为湖州刺史，加检校司空、渤海公。高彦性情淳厚，主政湖州 11 年期间，轻徭薄赋、劝课农桑，深得百姓信赖。

【高渭】（？—902）高彦长子，随父守湖州。武勇都之变发生后，高彦派其随屠瑰智驰援杭州，在灵隐山力战不敌身亡。约于叛乱平定次年，淮南方面将事变主谋徐绾送交，钱镠命剖徐绾心祭高渭。《十国春秋》有传。

【高澧】（澧，lǐ）（？—919）高彦次子。其父死后，继任湖州刺史。后梁开平四年（910），湖州之战后携家眷 200 余口、士卒 5000 余人投奔淮南，被授予淮南节度副使。性极度凶残好杀，以“夜叉”自喻，属僚每日到湖州官衙办公，必先诀别妻子儿女。据《吴越备史》卷一“高澧传”等史料记载，高澧曾召集部下说：“我欲尽杀百姓，可乎？”吏对曰：“百姓租赋所出，杀之无可取供给，愿求他可杀者。”后为吴国权臣徐温所杀。

【徐绾】（绾，wǎn）（？—903）籍贯不详，北方蔡州军阀孙儒故将。唐景福元年（892），孙儒之乱平定，徐绾率余部投奔钱镠。钱镠爱蔡州兵骁勇，在此基础上建立武勇都作为亲兵，命其为武勇都右指挥使。行军司马杜稜在世时，常劝谏钱镠以土著将领替代徐绾，未被准许。天复二年（902），钱镠命徐绾所部在临安整治沟洫，成及对武勇都士卒多有怨言已有所觉察，禀钱镠希望能停止工程，又不被准许。工程即将结束时，钱镠设宴招待有关将士，宴上徐绾和钱镠发生冲突，不欢而散。事后，钱镠命徐绾率武勇都先行回杭，自己和成及稍后再回。但武勇都刚到杭州外城，徐绾就指挥发动叛乱，在城内的左都指挥使许再思亦响应，武勇都两部遂合兵进击内城。钱元瑛、马绰、潘长等在内城奋力抵抗。钱镠回杭后，起初不得入，后成及率军在外城与叛军激战稳定局势，钱镠才得以入内城。钱镠一方面派马绰、杜建徽等继续抵抗，又利用叛军勾结的宣州军阀田頵与名义上的上司杨行密的矛盾，以第六子钱元璙娶杨行密之女为条件，促使杨行密向田頵施压，同时发动和平攻势，以第七子钱元瓘娶田頵之女为妻，又出 100 万犒军钱方使田頵退兵。徐绾、许再思随田頵前往宣州。不久田頵为杨行密所灭，杨行密将徐绾送交钱镠，钱镠命剖其心，以祭祀在叛乱中遇难的湖州刺史高彦长子高渭。

【陈询】生卒年不详，余杭人，睦州刺史陈晟之弟。陈晟任睦州刺史18年后去世，初由其子陈绍权嗣位。陈询废陈绍权自立，但又担心不是钱镠所任命，心有不安，见徐绾、许再思发动叛乱，亦勾结宣州军阀田頵。田頵败亡后，更加恐惧，但仍不愿听命于钱镠。唐天祐二年（905），陈询逃奔淮南。

【陈璋】生卒年、籍贯不详，为北方蔡州军阀孙儒故将。孙儒之乱平定后，率军降钱镠。在灭董昌的第一次杭越战争中立有战功，战后升任衢州制置使。唐天复（901—904）初年，田頵入侵两浙，钱镠以重金招募能攻城略地之士，并许以州作为奖赏。陈璋率军击败田頵，钱镠奏请朝廷授予其衢州刺史。武勇都之变爆发后，温州、睦州、处州等地相继发生变乱，多以宣州田頵为外援，因陈璋对叛军在衢州地区借道听之任之，钱镠对陈璋遂生恶感，密令衢州罗城指挥使叶让杀陈璋，但消息泄露，陈璋杀叶让后举兵反叛，引淮南陶雅军队攻婺州。至天祐二年（905）九月，婺州城陷。陈璋自封衢州、婺州刺史。不久攻暨阳（今浙江诸暨），为钱镠所败。同年十一月，杨行密去世。次年正月，睦州刺史陈询弃城而逃，陶雅亦回淮南。陈璋被迫放弃婺州，退保衢州。随即衢州又被钱镠所围，再逃奔淮南。陈璋在淮南历任右龙武统军，加平章事，死于淮南。

【司马福】吴越国名将。生卒年不详，苏州（今属江苏）人。初投钱镠水军，任游奕都虞候。后梁开平三年（909）第二次苏州之战时，钱镠派司马福随钱镖、杜建徽、何逢等率军解苏州之围。吴军在通往苏州城内的水道上布网，并系以铃铛，企图完全隔绝苏州和外界联系。司马福故意用竹竿触网，待吴军拉网时，便乘虚而入，史书记载其潜行水中达3日。抵达城内了解情况后，又以同样方法出城，城内外得以根据司马福所获情报夹击吴国军队。司马福在此战中的表现获得后世史家的极高评价，明人于慎行（1545—1607）撰的《读史漫录》第十卷《五季》就认为司马福“兵法之变，妙入无方，固非《三略》《六韬》所能尽载”。解苏州之围由此获得成功，大败吴军，俘虏吴军将领、士卒3000余人。司马福因功授都指挥使。钱镠在吴江置军镇，命其镇守，后在吴江任内去世。

【孙琰】生卒年不详，临海（今属浙江）人。有勇有谋，时人称之为“孙百计”。积功至牙将，镇守苏州。后梁开平三年（909）第二次苏州之战时，吴国将领周本、吕师造为减少伤亡，以帡幪（píng méng，古代一种帐幕）为掩护攻城，孙琰则在竹竿顶端置滑轮，系以尖锥，以戳破吴国军队的帡幪。吴国军队发送石炮时，孙琰以巨网将其接住。孙琰在战争中的巧思为人所称道。

【吴敬忠】生卒年不详，於潜（今属杭州市临安区）人。杭州八都兵初创时，为於潜都都将。早年随钱镠征讨刘汉宏，又被钱镠派往淮南协助杨行密攻灭宣州军阀田頵，身先士卒，屡立战功。后梁开平元年（907），钱镠被后梁太祖封为吴越王，吴敬忠亦因功被授予“正国功臣”、浙西营田副使，加太师。

【滕彦休】吴越国著名外交家。生卒年、籍贯不详，有辩才。后梁贞明元年（915），钱镠派其出使契丹，谈吐得当，甚合契丹国君臣心意。次年又出使契丹，恰逢契丹攻后梁的蔚州，攻下后又邀请滕彦休在蔚州城绕城参观一周，并赐名“述吕”（《辽史·太祖本纪》中作“逑吕”）。后梁贞明六年（920），钱镠又命滕彦休出使契丹，并携带珊瑚、犀角等宝物，契丹皇帝、辽太祖耶律阿保机大悦，欲授滕彦休官职，被婉拒，遂放归。滕彦休往返契丹数次，对于加强吴越国和契丹的两国、族际交往作出一定贡献。

【饶景】生卒年不详，青州淄水（今山东青州）人。杭州各县组建八都兵时，为唐山（今属杭州市临安区）都将。吴越建国以后，被钱镠授予镇海军紫溪镇遏使，屡有防御之功。在任 14 年后去世，后梁朝廷追赠太保。

【谢鹗】生卒年不详，南康（今属江西赣州）人。善作诗，以文采知名。后唐同光二年（924），朱行先去世后，谢鹗为其撰写墓志铭，文章雅致，一时被众人推许。铭曰：“挺生英特，邈尔奇形。素蕴豹略，能精武经。戈鋋（chán）再举，氛祲（jìn）廓清。从兹勇冠，大播家声。盛绩即彰，威名遂振。静守谦静，动知逆顺。惟此侯王，赏其忠信。不有殊功，畴迁剧镇。

匡吴志大，佐越功全。一人注意，百辟推贤。方务剖竹，宜分重权，孰谓梁木，俄随逝川。生作忠臣，没留遗策，眷彼令嗣，恭承帝泽。丹旐（zhào）斯引，元宫已辟，万岁千秋，芳尘永隔。”

【钟匡范】生卒年不详，割据江西的镇南节度使钟传（？—906）第20子。唐天祐三年（906），钟传去世，镇南节度使一职短暂地由钟匡范之兄钟匡时嗣位，但随即被杨行密之子、淮南节度使杨渥（886—908）所败并被俘。钟匡范约在此时携母投奔钱镠，为钱镠所礼遇。有一次，钟匡范献给钱镠云鹤通天离水犀带和玉盂各一件。玉盂器内表面覆有五只雏雀，若置火炭于其中，雏雀就会消失不见。钱镠收下玉盂而退还了犀带，赏钟匡范钱2万缗。水犀玉带因传为唐玄宗的珍玩，在安史之乱时避祸四川遗留，故不为钱镠所受。

【杨岩】生卒年不详，祖籍弘农（今河南西部、陕西东南部）人。父亲杨承休，官至唐刑部员外郎。唐天祐元年（904），唐朝廷封钱镠为吴王，派杨岩之父前往杭州宣读圣谕，杨岩亦随行，后因故无法北还，遂留杭州。杨岩在钱镠、钱元瓘时期在朝为官，官至丞相。其子杨郾（yǎn），以“任子”（汉代以后一种高级官员子弟凭借父兄做官的制度）进入仕途，累官尚书职方员外郎。北宋太平兴国三年（978），钱俶纳土归宋时，携家族和钱氏王族同行，后侨居宋州。

【许俊】（？—928）籍贯不详，18岁随钱镠征战，以骁勇著称，屡立战功，官至节度使都押牙兼御史中丞。后唐天成三年（928）去世。

【沈夏】（？—约905）海盐人。董昌、钱镠讨伐浙东刘汉宏时，盐官都都将徐及派沈夏与高彦率军会师。因徐及在八都镇将中素与钱镠不和，故钱镠在两军会师后将沈夏、高彦请到内室，将两人策反，后徐及果为沈夏所杀。沈夏性情残暴，在纠集徐及所部士卒后，杀老弱病残者，剩3000余人投奔钱镠跟随征战，因功被授予武胜军都指挥使，遥领彝州刺史，加检校司空，但仍好杀无度，渐为钱镠所恶。他在杭州城北建宅邸，规模逾制。其子有过失，亦为其亲手所杀。钱镠厌其残暴，遂外放任婺州刺史。唐天祐二年（905）

四月，衢州刺史陈璋勾结淮南大将陶雅的军队攻婺州，钱镠有意不派援军相救，至当年九月，婺州城陷，沈夏被俘，旋即被杀。

【沈行思】生卒年、籍贯不详。早年积战功为湖州巡校将。后梁开平三年（909）湖州刺史高澧叛乱时，他和湖州另一名都将盛师友有护城之功。后钱镠巡视湖州，命盛师友随行。沈行思很想担任湖州刺史，就和同僚陈环说："盛君来，岂不佩印绶归耶！不然我后安处，君为我裁之。"当时，陈环已经得到钱镠的密令，就怂恿沈行思到杭州去，说："二人功本无优劣，且王情尚未可测，宜亟诣府城面较功绩，以决其可否。"于是沈行思就到杭州，虽受到钱镠的优待，但钱镠并未提及湖州刺史人选一事，沈行思遂对陈环怀恨在心。后来钱镠因故离开杭州，即将返回，沈行思趁与陈环一同在城北郊迎接之际，杀陈环，并奔钱镠坐船陈述他的功劳，报告盛师友和陈环两人诋毁离间之事。当时盛师友亦在钱镠身边，立即据理力争，沈行思企图夺刀杀盛师友，被左右拦下。钱镠命令将沈行思斩杀于龙丘山，但允许其家人收殓，最后命盛师友为婺州刺史。

【钭滔】生卒年、籍贯不详，事迹主要见于《吴越备史》《十国春秋》。初为内衙军指挥使，为胡进思部将，参与后汉天福十二年（947）除夕夜胡进思发动的废黜忠逊王钱弘倧、迎立钱弘俶的军事政变。钱弘俶即位后不久，有人告发钭滔密谋叛乱，指其为胡进思党羽，并牵连到钱元瓘第十子钱弘亿，但钱弘俶并未深究，只是将钱弘亿贬为明州刺史，钭滔为处州刺史。钭滔在处州为官期间，有善政，得到百姓爱戴。

【皮光业】（877—943）吴越国著名文学家。字文通，祖籍襄阳竟陵（今属湖北天门），生于苏州，晚唐著名诗人皮日休（834，一作 839—902）之子。10 岁能著文，成年后文采为钱镠所知，与沈崧、林鼎同时进入钱镠幕府，累官至浙西节度推官，赐绯衣。后梁贞明二年（916），钱镠派遣皮光业从陆路辗转江西、湖南、湖北进贡后梁，后梁末帝朱友贞大喜，封钱镠天下兵马大元帅，从法律上准许开府置官署，又赐皮光业进士及第、秘书郎，授右补阙内供奉，吴国赐金鱼袋、紫衣。不久，吴国又遣使与吴越通好，钱镠命皮光业回访。当访问结束时，赐皮光业钱300万缗，但后又禁止其回国，要求将这笔钱在吴国境内花销。皮光业回答："我使介也，岂贾竖也。"便丢下钱离开，吴国又急忙派专人押运这笔巨款跟着他前往吴越国。不久，任两浙观察使。钱元瓘即位后，命皮光业任知东府事。后晋天福二年（937），与沈崧、曹仲达同日官拜丞相，凡典章、律令多由其考订。喜欢饮茶，在其诗中将茶叶称作"苦口师"，这一说辞在吴越国一度流传甚广。去世后，谥号"贞敬"。著有《妖怪录》5卷、《皮氏见闻录》13卷、《启颜录》6卷、《三余外志》3卷，全部佚失。子皮璨，亦为著名文人，在吴越国累官至元帅府判官。著有《鹿门家钞诗咏》50卷。

【吴蜕】（约890—950），字化龙，杭州钱塘人，吴越国著名政治家。出身寒门，少时以文才著称，唐乾宁年间（894—898）举进士，为钱镠幕府所重，历任掌书记、节度判官。其政绩主要体现在三方面：一是协助钱镠制定"保境安民"国策，主张"纳贡中原，不兴兵革"，促成吴越与中原王朝的稳定藩属关系；二是主持修订《吴越律令》，创立"田赋三等制"，按土地肥瘠分级征税，促进农业恢复；三是推动海塘修筑工程，在杭州候潮门至通江门段主持石塘建设，奠定钱塘江水利基础架构。后晋天福年间（936—947），官至检校司空，晚年编撰《武肃王治要》12卷，系统总结钱镠治国方略。其施政理念深刻影响着吴越国"保境安民、善事中原"的国策延续，为当时东南地区社会稳定作出重要贡献。

【林鼎】（891—944）吴越国著名政治家。字涣文，祖籍福建侯官（今属福建福州），生于明州。父亲林无隐以诗文著称，从福建流落明州，见时任明州刺史黄晟礼贤下士，就投奔于他。林鼎初在钱元瓘幕府，钱元瓘爱慕其才多次向钱镠举荐，但都不任用。一次又向钱镠举荐，钱镠说："鼎骨法非常，真辅相器。然我不骤贵者，欲汝贵之，庶尽心于汝也。"钱元瓘即位后，任命林鼎为镇海军掌书记、节度判官。林鼎博闻强记，书法有唐初著名书法家欧阳询、虞世南之风。中年以后嗜好读书，并善于编校书籍。后官拜丞相，但凡国家政事运作有不妥之处，都挺身建言而毫无忌讳。后晋天福五年（940）

的建州之战，林鼎强烈反对出兵闽国，钱元瓘不听其言，果损兵折将。著有《吴江应用集》20卷，已佚。

【仰仁诠】（？—941）吴越国名将。湖州人。初在钱元瓘部下任牙将，以干练著称。钱元瓘之弟钱元珦行不法之事，钱元瓘命仰仁诠到明州召其回杭州。左右担心钱元珦权大难制，劝仰仁诠衣内穿铠甲前往，但他依然穿便服，和钱元珦回杭州时气定神闲，一时传为佳话。后晋天福五年（940），闽国建州刺史王延政（？—951）向吴越国请求援兵，吴越国内部经过一番争论后，钱元瓘不顾丞相林鼎反对出兵，并以仰仁诠为统帅，后反为王延政所败，仰仁诠仅以身免。天福八年（943），钱弘佐纳仰仁诠之女为元妃。仰仁诠累官至宁国军节度使、同参相府事。

【陆仁章】（？—939）睦州人。少贫贱但有大志，到钱镠花园中做园丁，不为人所知晓。因其所修剪花木极为精致，始引起钱镠注意。后梁开平三年（909），吴国军队里外三层围困吴越国孙琰所部军队于苏州，企图断绝苏州和外界联系，陆仁章用计潜入城内，探得到孙琰的战报，获得钱镠的进一步赏识。钱镠时期，官至两府军粮都监使、内牙指挥使。钱镠去世后，即位的钱元瓘和其他公子在同一帐下为钱镠治丧。陆仁章为明礼制，告诉钱元瓘："令公嗣先王霸业，将吏旦暮趋谒，当与诸公子异处。"就命负责此事的官员另外安排帐幔，请钱元瓘入内，并告示外界："自今惟谒令公，禁诸公子从者，无得妄入。"为此昼夜担任警卫工作。钱镠在位晚年，左右之人皆对钱元瓘逢迎拍马，只有陆仁章经常冲撞他。钱元瓘即位后，陆仁章说："先王在位，仁章不知事令公，今日尽节，犹事先王也。"钱元瓘对陆仁章的忠义深表赞赏。当时，陆仁章和都指挥使刘仁杞主管军事。陆仁章秉性刚直，刘仁杞喜欢议论他人长短，皆为众将所怨恨。有一天，将军们到王府中要求诛杀陆仁章、刘仁杞，钱元瓘派人回话："二将事先王久，吾方图其功，汝曹乃欲逞私憾杀之，可乎？吾为若主，若当禀吾命，不然当归安国以避贤路！"众将畏惧而退。陆仁章后被任为衢州刺史，累官至保大军节度使、同参府相事。

【章德安】（？—约943）处州人。累官至内牙军督监使，钱元瓘临终时服侍于榻前。钱元瓘认为章德安忠厚果断，就说："弘佐尚少，当择宗人长者立之。"章德安回答："弘佐虽少，群下服其英敏，愿王勿以为念。"钱元瓘去世后，内牙指挥使戴恽谋求立钱元瓘养子（本姓孙）钱弘侑。章德安得报后秘不发丧，并以钱元瓘名义召戴恽入王宫议事，埋伏甲士将其扑杀，并奏请废钱弘侑为庶人，恢复其原姓。不久，上统军使阚璠又骄横不法，钱弘佐不能制，章德安多次与阚璠争执，章德安遂被贬处州，后在处州去世。

【郭师从】生卒年不详，合肥（今安徽合肥）人。据《十国春秋》卷八六《郭师从传》记载，郭师从卒于钱弘俶时期（948—978），享年84岁，为宣州军阀田頵之妻弟。早年在田頵军中任都虞候。唐天复二年（902）吴越国武勇都之变时，钱镠以钱元瓘为质并迎娶田頵之女为代价，田頵方才退兵。钱元瓘在宣州做人质时，田頵凡有战事失利便想杀钱元瓘泄愤，经郭师从和田頵母亲多方保护才幸免。田頵败亡后，郭师从随钱元瓘回杭州。钱镠为表彰其德行，授镇东都虞候。后随钱元瓘破广德、攻无锡，屡有战功，累官浙西营田副使。钱弘俶时，官拜同参相府事。卒年八十四。

【水丘昭券】（？—947）安国县（今杭州市临安区）人，钱镠之母水丘氏族人。性忠厚，能著文。钱弘佐时，任内都监使。后唐开运三年（946），闽国灭亡后仅名义上臣服于南唐的福州军阀李仁达，无法抵挡南唐军的猛烈攻势，求救于吴越国，吴越国众将认为往福建道路险远难以救援，水丘昭券力陈出师理由，为钱弘佐所采纳。钱弘佐杀程昭悦时，命水丘昭券夜率甲士千人包围其宅第，水丘昭券回答："昭悦家臣也，有罪当显戮，不宜夜兴兵。"钱弘佐由此认为他识大体。钱弘倧即位后，痛恨老将胡进思骄横不法，密召水丘昭券和内衙指挥使何承训商议驱逐胡进思。水丘昭券认为胡进思势力盘根错节，应暂时容纳，日后再找机会清除。但由于钱弘倧的犹豫不决，另一当事者何承训害怕事败株连到自己，便告密于胡进思。不久，胡进思发动政变废钱弘倧王位，拥立钱弘俶，水丘昭券在政变中被杀。

【薛温】（？—约965）钱塘（今浙江杭州）人。以武勇任亲军都头。

后汉天福十二年（947），胡进思废钱弘倧、立钱弘俶后，统领内牙军。次年，钱弘俶将钱弘倧迁于安国县宅第，胡进思屡要求杀钱弘倧。钱弘俶担心事态生变，便派薛温护卫钱弘倧的宅第，并要求："是行也，委尔保全废王，若有非常处分，皆非吾意，当以死捍之。"之后，胡进思果然私下找薛温试图杀钱弘倧，被拒。又派遣刺客翻墙越入钱弘倧宅第，薛温领兵往救，杀刺客。钱弘倧得以善终，很大程度上有赖于薛温的全力保全。薛温累官镇国都指挥使、睦州刺史。北宋乾德三年（965），薛温舍地为吉祥律寺，不久去世，谥"正显"。

【元德昭】（891—968，一作890—967）吴越国著名政治家。本姓危，字明远，抚州南城（今江西南城）人。父危仔昌为信州刺史，因辖地被淮南军队占据，遂投奔钱镠。钱镠以礼相待，授淮南节度副使，但厌恶"危"姓，改姓为"元"。元德昭在钱镠时期任镇东节度巡官、钱塘县令，累授睦州军事判官、知台州新亭监。钱元瓘即位后，一时找不到能够胜任考订典章制度和负责律令草拟的官员，林鼎推荐元德昭。钱元瓘和元德昭长谈后，和林鼎说："德昭有辅弼才，吾子孙无忧矣。"于是命其掌管文书机密等事。钱弘佐时期，吴越国对福建地区用兵，军事要务都由元德昭负责，不久官拜丞相。钱弘俶即位后，对元德昭恩宠有加。显德六年（959），代表吴越国进贡后周，受到礼遇。元德昭性淳厚，多智谋，临事犹能果断。但凡有争议国事之时，他到场后争论必然停息。军中凡有不循法度者，元德昭晓之以理、动之以情，无不顺服。胡进思政变后立钱弘俶于宅第，元德昭站立不拜，说："俟见新君。"等胡进思回避之后，方才下拜。元德昭好酒，但不耽误政事，钱弘俶为此曾担心："吾向见德昭容色衰倦，一旦不讳，人谁辅我？"去世后，谥号"贞正"。

【吴程】（893—965）吴越国著名政治家。字正臣，越州山阴（今浙江绍兴）人。祖父吴可信，唐末任定州虞唐县令。父亲吴蜕，唐大顺二年（891）进士，授镇东军掌书记、左拾遗，累官礼部尚书，著有《一字至七字诗》2卷、《文场应用》3卷。钱镠时期，吴程因父荫任校书郎、检校户部员外郎，赐绯衣，但不喜读书，有人告诉他："观子骨法，与群儒类，但恨他日登将相不长谈论耳。"自此吴程便刻苦自学。钱镠晚年时在士族中选婚，选中吴程。后任金部郎中，赐金鱼袋、紫衣。钱元瓘即位后，授职方郎中、观察支使、节度判官。后晋天福年间（936—944），公子钱弘儇领睦州，以吴程实际知州事。钱弘倧时，任吴程为判西府院事，不久官拜丞相、威武军节度使。后汉乾祐三年（950）第二次福州之战中，出奇计俘虏南唐建州留后查文徽。归与元德昭同为丞相。后周显德三年（956），吴越国出兵配合后周伐南唐，丞相元德昭反对："唐大国，未可轻。若我入唐境，而周兵未至，谁与并力，能无危乎？"但吴程力主出兵，钱弘俶遂听从吴程的意见。吴程率军先攻下常州，但随即为南唐名将柴克宏所败。弘俶怒，车程官。去世后，谥号"忠烈"。

【滕携】（约 895—955）字子安，越州余姚（今浙江余姚）人。出身寒门，少时精研《水经注》，受钱元瓘拔擢，历任都水监丞、明州司马。后唐长兴年间（930—933），主持疏浚姚江故道，改筑"滕公塘"水利工程，使慈溪平原新增良田三千余顷；后晋天福六年（941）制定《海盐榷税新规》，规范浙东盐场产销体系，岁增盐利三十万缗；后晋开运二年（945），任内牙军粮料使期间，创立"军屯轮作制"，令驻防士卒参与明州、台州荒地开垦，实现军粮自给。后周显德元年（954），奉钱弘俶之命出使南唐，促成两国联合整治太湖水利的协议。次年，病逝于杭州，赠工部侍郎。其治水理政之策深刻体现吴越国"农商并济"的治国理念，为东南地区经济稳定奠定基础。

【裴坚】（897—952）字廷实，湖州（今属浙江）人。父亲裴光廷任中书令，有术士能断祸福，为其写一"怠"字，不久裴光廷果然被贬台州刺史，但政绩卓著。裴坚少时聪敏，善著文，成年后有知人之鉴。在钱元瓘、钱弘佐、钱弘倧、钱弘俶时期为官，多有善政，教化有方。曾任礼部尚书、中书令，累官吴越国丞相。卒谥"文宪"。

【沈虎子】又名沈伦，生卒年、籍贯不详。在钱俶执政末期，始任丞相。北宋开宝七年（974），北宋诏吴越配合灭南唐，沈虎子说："江南，国之藩蔽，今大王自撤其藩蔽，将何以卫社稷乎？"钱俶没有听从，带兵攻占南唐的常州。罢丞相。纳土归宋后，被北宋朝廷授予官职，在任内去世。

【曹杲】（？—约978）真定（今河北正定）人。钱元瓘时任金华县令，婺州兵发生哗变时，曹杲用计平定，后升任婺州刺史。北宋开宝九年（976），钱俶第一次赴北宋都城汴京朝觐，以曹杲管理都城杭州。曹杲在城中新开三池，引西湖水入内，可通舟船。钱俶回杭后对其加以嘉奖，赐新开三池为“涌金池”。纳土归宋后，北宋朝廷授曹杲为威远军节度使，不久去世。杭州百姓在涌金池上立祠。

【沈韬文】生卒年不详，湖州（今属浙江）人。少时好学能著文，钱镠时为元帅府典谒，参与军务谋划。累官左卫上将军、湖州刺史。行介洁，好读书，为政有清名。清人编纂的《全唐诗》收有其《游西湖》残诗一首。《五代诗话》有传。

【杜叔詹】生卒年不详，秦（今属陕西）人。北宋开宝年间（968—976），接替孙承祐为平江军节度使，多有善政，重建孔子庙以兴儒学。后又任静海军节度使。纳土归宋后，被北宋朝廷授户部尚书。

【刘彦琛】生卒年不详，安国县（今杭州市临安区）人，为钱弘俶时期将领。多有战功，官至衢州刺史，在任内去世，葬于衢州。其子刘仁祚以忠义著称，纳土归宋后，北宋朝廷为之前有功于吴越国之人授官，想录用刘仁祚时，他以有病推辞，不在宋朝为官。

【林克己】生卒年不详，钱塘（今浙江杭州）人。钱弘俶时官至通儒院学士，善著文。北宋初年，以“梅妻鹤子”闻名的隐士林逋（bū，967，一作968—1028）即为其孙。

【翁元轲】（约905—约960）字德舆，越州剡县（今浙江嵊州）人，吴越国中后期名臣。出身寒门，少时以通晓《禹贡》《水经》闻名，受钱元瓘赏识，任都水监丞。后晋天福年间（936—947），主持疏浚钱塘江支流浦阳江，改筑“翁氏堰”水利工程，使诸暨盆地新增良田三千余顷；后晋开运元年（944），制定《海塘巡防条例》，建立潮汛预警体系，保障浙东沿海盐田生产；后周广顺年间（951—953），任明州司马，首创“盐铁联运”政策，通过浙东运河将明州海盐与越州铁矿互通，促进区域经济发展。后周显德六年（959），奉钱弘俶命出使后周，献《东南舆地全图》于世宗，详载吴越州县山川形胜，为宋初平定江南提供地理参考。次年，病逝于杭州，赠工部尚书。其治水理政方略深刻体现吴越国“以水利兴农，以商贸富民”的重要治国思想。

【方密】（约915—970）字仲晦，湖州乌程（今湖州）人，吴越国著名政治家。出身将门，少通兵法，后晋天福年间（936—947）入钱元瓘幕府，历任牙门都指挥使、明州刺史。主要功绩有三：一是后晋天福八年（943）率水师击退闽国北上海寇，巩固浙东沿海防务；二是主持疏浚余姚江，改造“方氏堰”水利工程，使慈溪平原新增良田四千余顷；三是后汉乾祐元年（948），协助钱弘俶平定内牙军变乱，受封检校司空。后周显德年间（954—960）推行“军屯互济”政策，令驻军参与运河疏浚与屯田，缓解军粮供给压力。北宋开宝三年（970）以左卫将军致仕，卒赠光禄大夫。其军政实践体现吴越国“武备与民生并”的治国理念，为东南地区稳定发展作出贡献。

【沈承礼】（917—983）湖州乌程（今浙江湖州）人。钱元瓘纳沈承礼之女为妃，授沈承礼府中右职，后又担任台州刺史。钱弘佐时，以沈承礼掌管亲兵。钱弘俶时，任威武军节度使。北宋开宝七年（974），北宋诏吴越配合伐南唐。钱俶率军攻占常州，再攻润州。攻润州时，润州城内南唐军夜出劫营，沈承礼以坚壁清野之术，使南唐军未能得逞。克润州后，与北宋军队会师攻南唐都城金陵。当时正值冬至日，沈承礼佯装全军休整饮酒过节，却秘密招募敢死队千人奇袭金陵，城破，南唐灭亡。战后，沈承礼因功授宁海军节度使。纳土归宋后，命沈承礼守密州。太平兴国八年（983）去世，时年67岁，宋太宗特废朝两日，赠太子太师。

【黄彝简】（935—1011）字明举，福州（今属福建）人。父亲黄延枢在闽国太祖王审知时就在朝为官。后晋开运二年（945），闽国为南唐所灭，两年后福州为吴越国领有，黄延枢被授予光禄卿。黄彝简少时好学，后随钱惟治前往担任明州判官，有美名。北宋开宝（968—976）初年，宋太祖赐钱俶忠臣号，钱俶派遣黄彝简出使北宋表示感谢，将要返国时，宋太祖对黄彝简说："归与元帅言，朕已于薰风馆外建礼贤宅，以待李煜与元帅。今煜倔强不朝，吾将讨之。元帅助我乎，无为他谋所惑，俟江南平，可暂来见，保无他阻。朕执圭币，三见于天，岂敢自诬？"黄彝简回国后据实相告。纳土归宋后，被任命为钱俶掌书记。后来钱俶又被封为淮海国王、许王，命黄彝简为钱俶王府判官，加仓部员外郎，累官检校秘书监、平江节度副使。黄彝简善于著文，尤工于作诗，年老时仍然笔耕不辍。著有《黄夷简歌诗》1 编。

【孙承祐】（936—985）钱塘（今浙江杭州）人。钱弘俶纳孙承祐姐姐为妃，因此开始担任要职，累官浙江东道盐铁副使、镇海镇东两军节度副使、知镇海军节度事。北宋开宝（968—976）初年，官镇东镇海等军行军司马，随世子钱惟濬入贡北宋，被北宋朝廷授予光禄大夫、检校太保，不久又被钱俶任命为中吴军节度使。开宝七年（974），钱俶命孙承祐入贡北宋，被宋太祖赐紫衣玉带、鞍勒马、黄金 500 两、银器 30 两、彩缎 5000 匹，并传谕钱俶，北宋即将对南唐开战。在吴越国攻占常州之役中，立有战功。纳土归宋后，北宋朝廷授孙承祐泰宁军节度使。雍熙二年（985），任滑州知州，不久去世，享年 50 岁，赠太子太师。史载孙承祐为官时，仰仗钱俶信任和赏赐，生活奢靡，每次宴会要杀数千只活物，每顿饭需数十道菜方能下箸。宴请客人时，常如此作介绍："今日，南之蝤蛑（móu yóu，指梭子蟹），北之红羊，东之虾鱼，西之嘉粟，无不毕备，可云富有小四海矣。"颇有西晋王恺、石崇"斗富"遗风。入宋后，随宋太宗北征北汉、辽国，途中为满足口腹之欲，还专门携带大斛以养鱼。孙承祐在军中饮食之奢华，连身为富豪的北宋将领石守信等人都为之惊诧。

【崔仁冀】吴越国著名政治家。生卒年不详，字子迁，钱塘（今浙江杭州）人。少勤奋，有才学，初为钱弘俶通儒院学士。沈虎子罢相后，拜崔仁冀为相。宋太祖命钱俶入汴京朝觐，崔仁冀对钱俶说："主上天资英武，所向无敌。保族全名，上策也。"钱俶赞同。北宋太平兴国三年（978），割据福建泉州、漳州的陈洪进纳土。钱俶上奏宋太宗，请求解除自己的吴越国王和天下兵马大元帅衔，被拒。崔仁冀对钱俶说："朝廷意可知，大王不速纳土，祸且至。”钱俶左右强烈反对纳土，崔仁冀厉声说：“今已在人掌握中，去国千里，惟有羽翼，乃能飞去耳！”钱俶遂决心纳土归宋，将1军、13州、86县版图献于北宋朝廷。入宋后，宋太宗授崔仁冀淮南节度使，累官卫尉卿、判大理寺，在抚州知州任内去世。

【余万顷】生卒年不详，字九畴，睦州（今浙江省建德市梅城镇）人。钱弘俶时期任武林检校，主管亲军，深为部卒所畏服。纳土归宋后，迁侍御史，以耿直著称，被称为“殿上虎”。后又任户部尚书、荣禄大夫，不久去世。

【江景防】（“景防”一作“景房”）字汉臣，生卒年不详，衢州常山（今浙江常山）人。钱弘俶时期任侍御史。吴越国地狭人稠，为维持对中原朝廷的例行贡赋和供养一支规模庞大的常备军，两浙境内赋税较重。纳土归宋后，北宋朝廷在两浙地区征税标准仍按吴越国旧制。江景防说：“民苦苛敛久矣，使有司仍其籍，民困无已时也。吾宁以身任之！”遂将吴越国户籍赋税资料全部沉入水中，并在面见宋太宗时主动坦承，宋太宗大怒，初欲杀之，后钱俶求情，才被贬为沁水尉，不久去世。事后，宋太宗下诏减免两浙赋税，将吴越国原规定的亩税五斗改为一斗。宋太宗减税，百姓都认为是江景防沉籍的功劳。

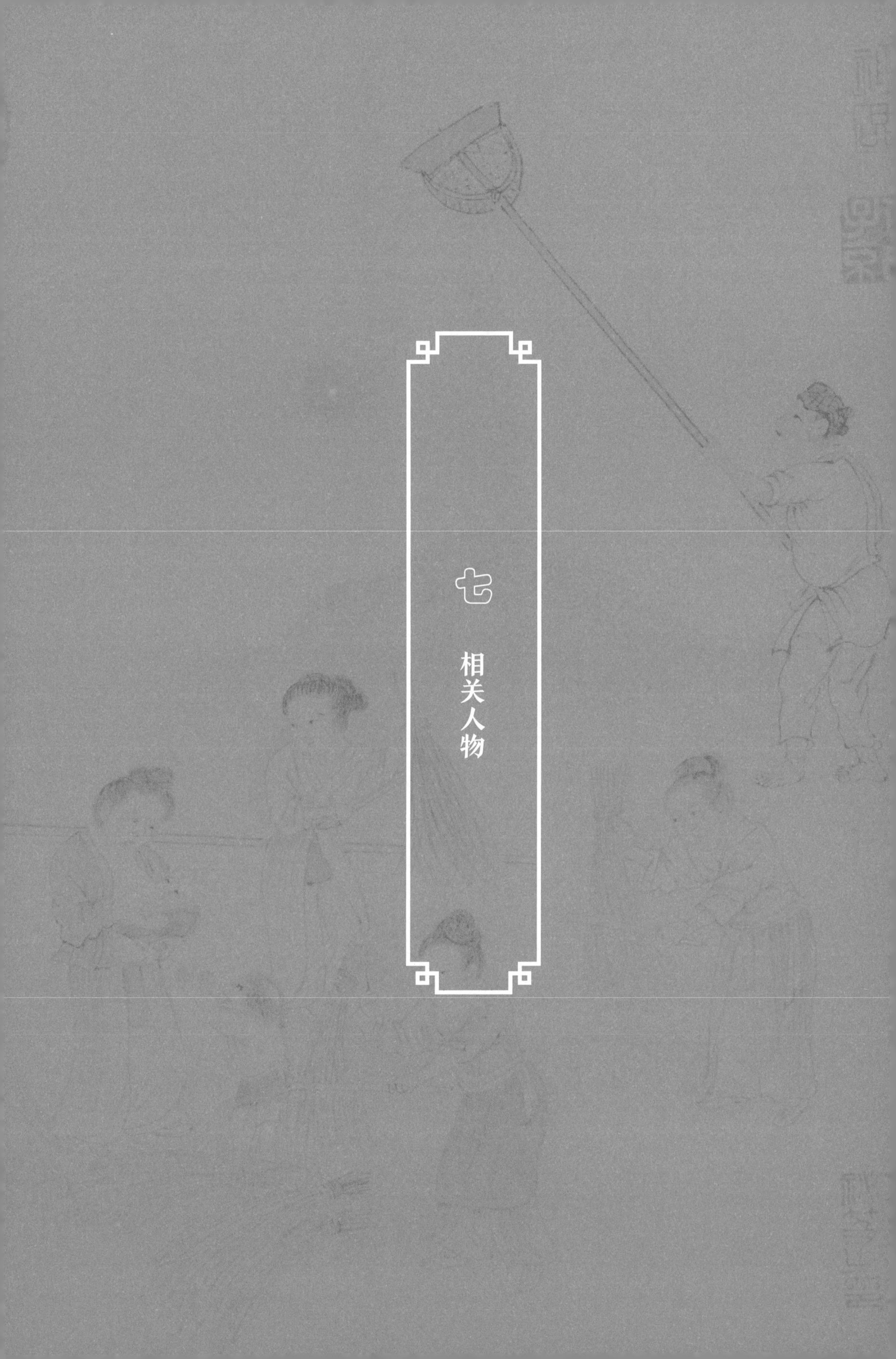

七

相关人物

历史是普遍联系的。吴越国有敌国、友邦，有外交、内政，有开始、终结。钱镠从布衣崛起、称雄两浙，吴越国能善始善终、保境安民，都离不开有关政治人物的影响。

【唐僖宗】（862—888）即李儇（xuān），唐朝皇帝，唐懿宗（859—873 年在位）第五子，873—888 年在位。初名俨，后改现名。唐咸通十四年（873）由宦官拥立，时年 12 岁，是唐代继位年龄最小的皇帝。在位期间政事全部交由宦官田令孜（？—893）打理，自己沉溺游乐，喜欢斗鸡、骑射、围棋、音乐等，尤其擅长马球，《资治通鉴》二五三卷《唐纪六十九》记载："（僖宗）尤善击球，尝谓优人石野猪曰：'朕若应击球进士举，须为状元。'"由王仙芝、黄巢发动的唐末农民战争（874—884）即爆发于他统治时期。为此，他于广明元年（880）至中和五年（885）逃离长安。广明二年（881），因高骈表奏钱镠计退黄巢，钱镠又让功与董昌，唐僖宗授董昌杭州刺史，都知兵马使、太子宾客。经过十年农民起义冲击，刘汉宏、周宝、高骈等地方实力派纷纷割据自立，唐朝在全国的统治濒临瓦解。光启元年（885）冬十月，刚回到长安的唐僖宗授钱镠检校散骑常侍、右武卫将军。同年十二月至光启四年（888），唐僖宗再一次因战乱被田令孜挟持至凤翔。其间，钱镠因灭刘汉宏被任为杭州刺史，名义上亦由唐僖宗下诏任命。文德元年（888），唐僖宗去世，成为唐朝最后一位善终的皇帝。前后在位 15 年。

【唐昭宗】（867—904）即李晔（yè），唐朝皇帝，唐懿宗（859—873 年在位）第七子、唐僖宗（873—888 年在位）之弟，888—904 年在位。初名杰，改名敏，又改为现名。唐文德元年（888），由宦官杨复恭（？—894）拥立。在位时期，依靠镇压农民起义起家并壮大的各藩镇势力已恶性膨胀。唐昭宗试图增强朝廷的实力，即位初期即着手招募数万军队。兴兵讨伐西川节度使陈敬瑄（？—893）、河东节度使李克用（856—908），但为李克用所败。委宗室诸王领兵，引发凤翔节度使李茂贞（856—924）叛乱，被迫出逃长安。乾宁四年（897）为表彰钱镠击败浙东称帝的董昌，赐"金书铁券"，授予钱镠"恕卿九死，子孙三死"的殊荣。天复元年（901）为宦官韩全诲（？—903）胁迫出奔凤翔。天祐元年（904），在朱温挟持下迁都洛阳。同年八月十一日，为朱温所派的左龙武统军朱友恭、右龙武统军氏叔琮、枢密使蒋玄晖所弑。自此，唐朝中央政权完全为朱温所控制。在位 16 年。

【唐哀帝】（892—908）即李柷（zhù）。唐朝末代皇帝，唐昭宗第九子，904—907年在位。初名祚，后改现名。唐天祐元年（904），唐昭宗为朱温所弑，迎立李柷即位。唐哀帝在位后，完全是朱温等藩镇军阀手中的傀儡。次年，朱温制造“白马之变”，杀朝臣30多人，唐哀帝朝堂几乎为之一空，朱温独揽大权。天祐四年（907），被迫禅位于朱温，降为济阴王。至此，立国290年的李唐王朝灭亡。后梁开平二年（908）二月二十一日，在迁居地曹州（今山东菏泽）为朱温所鸩杀，谥号“哀皇帝”，以王礼葬于济阴县（今山东曹县）定陶乡。唐哀帝曾于退位当年（907）选钱镠第十五子钱元璟为驸马，又以其女寿昌公主许配给钱镠第三子钱元瑛（因公主早殇未成）。

【后梁太祖】（852—912）朱温（又名朱全忠），五代十国后梁王朝的建立者，907—912年在位，宋州砀山（今安徽砀山）人。小名朱三。唐乾符四年（877），参加黄巢起义军，中和二年（882）叛变降唐，被唐僖宗赐名“全忠”。次年，授以宣武节度使。龙纪元年（889），封东平王。天复元年（901），封梁王。天祐元年（904），朱温迫使昭宗迁都洛阳，同年八月弑昭宗，立昭宗子李柷为帝，是为唐哀帝。次年于滑州白马驿（今河南滑县）大杀朝官，史称“白马之变”。开平元年（907），代唐称帝，建都开封，国号“梁”，同年封钱镠为吴越王。晚年生活荒淫，在位6年。乾化二年（912）为其子朱友珪（884—913）所杀。

【后唐明宗】（867—933）李嗣源，五代十国后唐皇帝，926—933年在位，沙陀部人。因战功官至藩汉内外马步军总管。后唐同光四年（926），后唐庄宗李存勖（xù，885—926）为伶人所杀，他被群臣拥戴监国，同年称帝。李嗣源不识字，但在位时能革除庄宗弊政，励精图治，治下被后人誉为“言语五代，粗为小康”。任内和吴越国之间发生“安重诲事件”，以不行臣礼为由剥夺钱镠官爵，后唐、吴越关系由此一度剑拔弩张。长兴三年（932），钱镠去世，他废朝七日，下诏：“故天下兵马大元帅、尚父、吴越国王钱镠，累朝元老，当代勋贤，位已极于人臣，名素高于简册，赠典既无其官爵，易名宜示其优崇，宜令所司定谥，以王礼葬，仍赐神道碑。”

【后晋高祖】（892—942）石敬瑭，五代十国后晋王朝的建立者。936—942 年在位，沙陀部人。后唐时为河东节度使，镇守太原。后唐清泰三年（936），引入契丹贵族灭后唐，建都汴京（今河南开封），国号“晋”，史称“后晋”。割燕云十六州予契丹，年献帛三十万匹，并称契丹皇帝为“父皇帝”，自称“儿皇帝”。后晋时期，一改中原王朝与吴越国的紧张关系，双方关系趋于缓和。后晋天福六年（941），石敬瑭授钱弘佐为镇国大将军、右金吾卫上将军、镇海镇东等军节度使等职，敕封吴越国王，进检校太师兼中书令，食邑 1 万户，实封 1000 户。次年，又赐钱弘佐保邦宣化忠正翊戴功臣，加食邑 7000 户。

【后汉高祖】（895—948）刘知远，五代十国后汉王朝的建立者。947—948 年在位，沙陀部人。后晋时，刘知远为河东节度使，累封至北平王。后晋开运四年（947），契丹灭后晋，刘知远乘机在太原称帝，建都汴京（今河南开封），国号“汉”，史称“后汉”。因刘知远创立的后汉仅传二帝三年，相较于后晋时期，其政权和吴越国关系未发生明显变化。如后汉乾祐二年（949），后汉隐帝刘承祐敕封钱弘俶为匡圣广运同德保定功臣、东南面兵马都元帅、镇海镇东等军节度使、浙江东西等道管内观察处置使兼两浙盐铁制置发运营田等使、开府仪同三司、检校太师、兼中书令、杭州越州大都督、上柱国、吴越国王，食邑一万户，实封 1000 户。

【后周世宗】（921—959）柴荣，一称柴世宗，五代十国后周皇帝，954—959 年在位，邢州龙冈（今河北邢台）人，郭威（904—954）养子。统治期间，改革政治，整顿军事，奖励生产，曾攻取后蜀的秦、成、凤、阶四州。后周显德三年（956）亲征南唐，下诏吴越国出兵接应。吴越王钱弘俶派战船 400 艘、水军 1.7 万人参战。在后周、吴越联军的合力打击下，此战以南唐战败结束，南唐割让江北、淮南地区十四州，南唐中主李璟去帝号、年号，改称“江南国主”，行后周年号，成为中原王朝的附庸。柴荣的以上措施为北宋的统一奠定了基础，他由此成为结束晚唐以来分裂动荡局面的关键人物之一。

【杨行密】（852—905）五代十国吴国的实际建立者，902—905年在位，吴国建国后被追尊为武皇帝，庙号太祖，庐州合肥（今安徽合肥）人。唐中和三年（883），任庐州刺史。景福元年（892），任淮南节度使，据有淮河以南、长江以东大片土地。乾宁二年（895），进封同中书门下平章事、弘农郡王。天复二年（902），封中书令、吴王。在位期间，多次和钱镠发生战争，互有胜负，但偶尔亦有联合，如历时5年的孙儒之乱。吴越国制定对外政策基本以吴国（包括后继的南唐）为主要依据。杨行密深为钱镠所恶，后梁开平四年（910），因"阳"和"杨"谐音，钱镠改境内多个县名，如改富阳县为富春县，改暨阳县为诸暨县，改浦阳县为浦江县，改松阳县为长松县，并下令每年砍斫杨树枝头，名曰"砍杨头"。

【台濛】（858—903）字顶云，合肥人。五代十国时期淮南名将。少时以骁勇闻名，早年追随杨行密平定庐州，授衙内虞候。唐景福元年（892）参与剿灭孙儒之役，以功迁都知兵马使。第二次杭越战争期间，应董昌之请，杨行密派台濛围钱镠所据苏州，攻陷并俘虏钱镠的苏州刺史成及。天复三年（903），宣州观察使田頵叛，台濛率军破敌，在广德设伏大败田頵主力，乘胜克复宣州，迫使田頵自刎。此役后升任检校太保、宣州观察使。台濛治军严整，用兵善察地势，常以少胜多。他为人清廉自守，所得赏赐尽分士卒。同年秋七月病逝于宣州任所，时年46岁，谥"忠定"。吴主杨行密闻讣，为之辍朝三日，赞其"临机制变，有古名将风"。

【徐温】（862—927）字敦美。南唐建立者徐知诰的养父，南唐建国后被追尊为武皇帝，庙号义祖，海州朐（qú）山（今江苏东海）人。原为杨行密帐下右衙指挥使。唐天祐二年（905），杨行密去世，长子杨渥立。天祐四年（907），徐温发动政变夺取权力。次年立杨行密次子杨隆演，遂独揽朝中大权，并逐步剪除杨氏势力。后梁贞明五年（919），受封大丞相、都督中外诸军事、诸道都统等职，成为事实上的吴国最高统治者。徐温不愿以亲子取代养子徐知诰管理政事，和吴越屡有战事，有较强的军事指挥才能，是后梁乾化二年（913）千秋岭之战、贞明四年（918）狼山江水战的吴军指挥官。后唐天成二年（927），徐温去世，被追封为齐王，谥忠武王。后晋天福二年（937，南吴天祚三年），已经被封为齐王的徐知诰正式在金陵建立齐国（后改国号“唐”，史称“南唐”），立宗庙、社稷，追尊徐温为太祖武王。是年十月，又追尊徐温为太祖武皇帝，称其墓为定陵。

【王郢】（？—877） 唐末浙东叛乱将领。原为狼山镇遏使，唐乾符二年（875）因朝廷削减军饷，联合朱直、王敖等68人于浙西起兵，聚众至万人，活动范围遍及浙东、福建沿海。其部以水师为主，善用突袭战术，曾攻陷明州、台州，焚掠苏州、常州商船，阻断大运河漕运，导致东南财赋断绝，成为唐廷心腹大患。乾符四年（877）遭诸道行营招讨使宋皓围剿，联合镇海节度使裴璩实施分化诱降，王郢部将朱实、张匡先后降唐，余部退守舟山群岛。同年七月，王郢在明州象山港遭镇海军将刘巨容伏击，中流矢身亡，叛乱遂平。王郢之乱虽未载于《吴越备史》正传，但据《资治通鉴》卷二五二及《新唐书·僖宗本纪》可知，此次叛乱对浙东地区造成严重破坏，客观上加速了钱镠军事集团的崛起。钱镠早期曾参与镇压王郢余党，亦为其日后掌控镇海军奠定基础。

【黄巢】（？—884） 唐末农民起义领袖。曹州冤句（今山东菏泽）人。贩私盐出身。唐乾符二年（875）率众响应王仙芝七一。次年，因反对王仙芝接受唐朝招安，与王仙芝分兵，独立作战。乾符五年（878）王仙芝展示后，被推为领袖，称“冲天大将军”，年号“王霸”。起义军随即南下，经江西、浙西、浙东，进入福建。王霸二年（879，唐乾符六年）进入岭南，攻克广州，众至百万。是年十月回军北伐，进入湖南，延湘江而下，经鄂州（今湖北武汉）东行，渡长江、淮河，进军淮北，称“率土大将军”，旋改称“天补大将军”。王霸三年（880，唐广明元年），黄巢起义军某偏师2000余人曾进入临安，钱镠受命率20骑设伏成功，又赶赴临安“八百里”（地名），佯称“临安兵屯驻八百里”，史称“八百里之役”。钱镠因此功被时任镇海军节度使周宝（一说为淮南节度使高骈）上表奏请任杭州都知兵马使，是役成为钱镠早期著名军事活动之一。同年十一月，黄巢起义军攻占唐朝东都洛阳。是年年底（881年初），起义军进入长安，黄巢即皇帝位，国号“大齐”，年号“金统”。但因流动作战，未建立较为稳固的根据地，长安旋即被唐军包围，黄巢政权陷入粮食短缺之境。中和三年（883），黄巢退出长安。次年，黄巢再退至泰山狼虎谷，兵败自杀。黄巢在农民起义中提出并实践了“均平”的口号，在中国封建社会农民战争史上占有承前启后的重要地位。

【薛朗】（？—887）唐末镇海军叛将。原为镇海军牙将，光启三年（887）三月，因士卒待遇问题发动兵变，驱逐节度使周宝，自称留后。其割据范围包括润州（今江苏镇江）、常州、苏州等地，阻断大运河漕运，导致唐廷东南财赋断绝。钱镠时为杭州刺史，以替周宝报仇为名兴兵讨伐薛朗，并于同年十月在阳羡（今江苏宜兴）大破薛朗军。薛朗败退润州，被部将丁从实执送钱镠，次年正月斩于杭州，并剖其心祭祀周宝。

【李昪】（889—943）五代十国南唐的建立者，937—943年在位，徐州人，一说海州（今江苏连云港）人。徐温养子，原姓徐，名知诰，字正伦。吴国天祚三年（937）即皇帝位，国号大齐。南唐升元三年（939），又改国号为唐，尊唐宪宗第八子李恪（？—821）为先祖，史称南唐。他信奉道教，南唐升元七年（943），死于丹药中毒，谥号“烈祖”。在位期间，勤于政事，又与吴越国和解，据宋人修撰的《钓矶立谈》记载，徐知诰认为“钱氏父子，动以奉事中国为辞，卒然犯之，其名不祥”。南唐升元五年（941），吴越国发生水灾，又称“奈何利人之灾”，反对向吴越国用兵。

【陈洪进】（914—985）字济川，福建仙游（今属福建莆田）人。出身州兵，因战功升任泉州副兵马使。五代十国时期辅佐留从效建立清源军政权，任统军使。北宋建隆三年（962），留从效去世，他废黜其子留绍镃，先拥立张汉思为留后，次年又取而代之，成为清源军节度使。在宋初时局中，他采取“南北两属”策略，既受南唐册封，又向北宋称臣，受封平海军节度使。太平兴国二年（977），主动入朝汴京，次年四月二十五日，陈洪进献泉、漳二州土地户籍于北宋，促成闽南地区和平归附，受封武宁军节度使、同平章事，历封杞国公、岐国公。这一举动，或对当时同在汴京的钱俶君臣带来重大影响。陈洪进献土五、六日后的当年五月初一，钱俶上表宋太宗，以“所部州十三，县八十六，户五十五万七百，兵一十一万五千，暨民籍、仓库，尽献于朝”，史称“纳土归宋”。陈洪进晚年留居汴京，病逝后追赠中书令，谥号“忠顺”。后世史家评价其政治智慧体现在乱世中维持闽南二十余年相对安定，最终实现政权和平交接。

【李煜】（937—978）南唐末代国君。又称李后主，原名从嘉，字重光，号钟隐。961—975 年在位，中国历史上最负盛名的词人之一。北宋建隆二年（961），南唐中主李璟迁都南昌，命其留守金陵监国，数月后李璟死，他在金陵即位。李煜笃信佛教，政治上建树不多。开宝六年（973），宋太祖赵匡胤令其进京朝觐，称病不往。第二年，赵匡胤派曹彬率军进攻南唐，并诏命吴越国出兵接应。在此之前，他曾写信给钱俶：“今日无我，明日岂有君？一旦明天子易地酬勋，王亦大梁一布衣耳。”最终，开宝八年（975）年底，南唐都城金陵被宋、吴越联军攻克，南唐灭亡。太平兴国三年（978），李煜因作词《虞美人》被指怀念故国，宋太宗赵光义将其鸩杀。

【宋太祖】（927—976）即赵匡胤。宋王朝建立者，960—976 年在位，涿州（今河北涿州）人。后周时任殿前都点检，掌握兵权。北宋建隆元年（960）发动陈桥兵变，代周建宋，即皇帝位。称帝后，致力于统一全国，采用宰相赵普（922—992）“先南后北”战略，先后消灭后蜀、南汉、南唐等割据政权。在建隆二年（961）和开宝二年（969）两次“杯酒释兵权”，解除禁军将领和藩镇兵权，同时派出文官代替军人掌握地方行政，改变了唐朝以来藩镇割据局面。他在称帝当年，即授钱俶“天下兵马大元帅”称号，开宝元年（968），封钱俶吴越国王。开宝七年（974），诏命吴越国出兵配合宋朝灭南唐，钱俶亲率 5 万余人应命。平南唐后，赐钱俶“剑履上殿，书诏不名”殊荣。

【宋太宗】（939—997）即赵炅，初名匡义，后改名光义，即位后又改名炅。北宋皇帝，976—997 年在位，宋太祖之弟。北宋太平兴国三年（978）四月，割据漳、泉二州的陈洪进纳土。五月，扣留吴越国国王钱俶，后者随即将两浙地区一军十三州之地纳土归宋。次年，灭北汉，但在试图收复燕云十六州（今北京、天津全境及山西、河北北部）对辽国发动的高梁河之战惨败，身中箭伤，乘驴车逃回。宋太宗在政治上继续加强中央集权，又大量增加科举取士名额，加强重文风气，对繁荣两宋文化有较大贡献，但宋朝对外政策也由此进入守成时期。

【周宝】（814—888）唐末将领。平州卢龙（今河北卢龙）人。字上珪。早年凭祖荫步入仕途，性格刚毅，不曲意逢迎他人。后因善于打马球获得唐武宗赏识，擢金吾将军、检校工部尚书、泾源节度使。任泾源节度使20余年，注重农耕生产，《新唐书》卷一八六《周宝传》记载：“务耕力，聚粮二十万斛，号良将。”唐乾符六年（879），周宝任镇海军节度使兼南面招讨使。在任期间，杭州各县为抵御农民军组建八都兵。因计退黄巢有功，周宝（一说为淮南节度使高骈）保举董昌任杭州刺史，钱镠为都知兵马使。周宝忠于朝廷，勤王心切，组建新军“后楼都”，军饷比旧部镇海军多，遂于唐光启三年（887）三月，引发镇海军士卒因待遇问题在周宝部将、润州刺史薛朗唆使下发起的兵变，是为“薛朗之乱”，周宝逃往常州。名义上的周宝下属、时任杭州刺史的钱镠以替周宝报仇为名，于同年五月命东安都将杜稜、浙江都将阮结、靖江都将成及率军讨伐薛朗。六月，钱镠军队击败叛军。十月，攻占常州，周宝为钱镠解救，被安置于樟亭（今属浙江杭州）。当年年底（公历888年初），周宝去世，时年74岁，追赠太保。同时，钱镠挥师北上攻克润州，《新唐书·周宝传》载“（钱镠）执（薛）朗，剖其心祭宝”。

【高骈】（821—887）唐末将领。幽州（今北京市）人。字千里。年轻时熟习马上刀法，精通箭术，力大过人。据《唐才子传》卷九《高骈传》记载，高骈曾看到两只雕并翼齐飞，称：“我后大富贵，当贯之。”果然一箭射中两雕，因当时高骈任侍御史，故有“落雕御史”之称，成语“一箭双雕”即由此而来。后喜好文学，和文人雅士多有来往。唐咸通五年（864），任安南都护经略招讨使，到安南（今越南）地区和南诏作战。咸通七年（866），为静海军节度使，镇守安南（今越南北部地区）。咸通九年（868）后到长安，先后担任右金吾卫大将军、同中书门下平章事等。乾符二年（875）任西川节度使，为政严苛，多有滥杀无辜之举，但亦有才干，大力加强武备，辅以修筑成都城墙 40 里，挡住南诏入侵。不过此举被朝廷怀疑有异心，高骈赋诗以明志："依稀似曲才堪听，又被风吹别调中。"随即被调离四川，任荆南节度使，时人谓高骈此诗为"诗谶"。乾符六年（879），任淮南节度使、江淮盐铁转运使和诸道行营都统等职，奉命阻击黄巢起义军。他命人写《讨黄巢书》，初期和黄巢军队作战有胜绩，后因和唐朝廷掌握实权的宦官田令孜（？—893）矛盾加剧，又畏惧起义军声势，唐僖宗命高骈勤王时拒不从命，而是坐镇广陵拥兵 10 余万企图割据，导致长安陷落，故他对唐朝的灭亡负有较大责任。当时钱镠、董昌在临安以奇计智走黄巢偏师成功，高骈特意召见 2 人，并指着钱镠说："此人他日爵禄，必远过于我。"并希望他们能留在自己身边，但钱镠洞察高骈无讨伐黄巢之志，便劝董昌婉拒。高骈晚年信神仙之术，听信方士谗言猜忌部将，后为部将所杀。《新唐书》《旧唐书》《唐才子传》皆有传。

【刘汉宏】（？—886）唐末地方军阀，兖州（今山东兖州）人。本为兖州低级官员，随唐军征讨王仙芝时，劫夺辎重叛离。唐乾符（874—879）末年，刘汉宏率军攻略江陵，烧杀抢掠无恶不作。后被唐朝廷招安，先后被授予宿州刺史、浙东观察使。唐广明元年（880），黄巢起义军攻占长安，唐僖宗出奔四川避难。刘汉宏不断地往蜀地运贡赋，唐僖宗便将浙东升格为义胜军，并命刘汉宏任节度使。拥越州、明州、台州、温州、处州、婺州、衢州 7 州之地后，野心急剧膨胀，据《新唐书》卷一九〇《刘汉宏传》记载，刘汉宏常说："天下方乱，卯金刀非吾尚谁哉？"唐中和二年（882）七月，刘汉宏派遣其弟刘汉宥等率兵进攻杭州，钱镠率八都兵乘夜渡江大破之，刘汉宥等逃走。次年，刘汉宏兵屯黄岭再攻浙西，钱镠从富阳出击刘汉宏各处营垒。刘汉宏出动其全部兵力 10 万余人在西陵排列战舰，企图乘夜渡江袭击董昌、钱镠，但又为钱镠所败，刘汉宏化装成厨师仅以身免。中和四年（884），唐朝廷曾派人来要求两方议和，不成。光启二年（886），钱镠向董昌提出：

“除恶务去根本，不尔当为后患，愿以全师讨汉宏。”率军开通山路进击越州，大破刘汉宏军队。刘汉宏逃往台州，为台州刺史杜雄诱捕献予钱镠。董昌命斩之于市，刘汉宏说：“廉察也，非汝辈可杀。吾尝梦手捧金钱，杀吾者钱公也。”遂为钱镠亲手所杀。

【孙儒】（830—892）唐末地方军阀，蔡州（今河南汝南）人。早年便以勇捷性急横行乡里，从军后又以残暴著称。初随军阀秦宗权（？—889）征战，多有劫掠屠城恶举。据《新唐书》卷一八八《孙儒传》记载，孙儒常说：“丈夫不能苦战万里，赏罚繇己，奈何居人下，生不能富贵，死得庙食乎？”后与秦宗权决裂，拥众数万人，号称“土团白条军”。唐文德元年（888），孙儒攻占原杨行密统治中心扬州，自任淮南节度使。不久，受掌握唐朝廷实权的朱温招安，唐昭宗授孙儒检校司空，朱温又任其为招讨副使。龙纪元年（889）以后，就扬州、润州、常州、苏州归属和杨行密不断发生战争，钱镠亦被迫卷入其中，三方互有胜负，是为“孙儒之乱”。战争给钱镠带来深刻的政治影响，孙儒最盛一度占有钱镠的润、苏、常三州。战后，钱镠夺回苏州，但润、常二州为杨行密所有，这一局面终唐末、五代近百年历史未能改变。至景福元年（892），因孙儒患疟疾病重，军队被杨行密部将田頵击败，部将全部降于杨行密，孙儒被斩于市，传首长安，时年63岁。数年后，孙儒部将马殷（852—930）在今湖南建立楚国（史称“马楚”），上表中原朝廷追赠孙儒为司徒、乐安郡王，并建庙祭祀。

【谭全播】（834—918）唐末、五代之际地方军阀，虔州南康（今属江西赣州）人。唐末趁乱据有虔州、韶州、潮州三州，名义上依附于朱温。后梁乾化二年（912），谭全播任虔州、韶州节度使。贞明四年（918），吴国攻虔州，他向吴越、楚、闽三国求救。吴越国派钱元球、鲍君福领兵2万攻信州（今属江西上饶），斩吴国名将吕师造，信州刺史周本仅以身免。因楚军随即败于吴军，吴越故未能保持既有战果。不久，虔州为吴军所克，吴越国和中原陆上交通被切断。谭全播被俘，吴国封其为右威卫将军，同年在吴国都城江都去世。卒年85岁。

【董昌】（847—896）唐末地方军阀，临安县（今杭州市临安区）人。唐乾符二年（875），在临安组织地方武装以自保。乾符六年（879），与钱镠率军抵御黄巢起义军，因功被镇海军节度使周宝（一说为淮南节度使高骈）推荐为杭州刺史。光启二年（886），部将钱镠击溃义胜军节度使刘汉宏，他将杭州刺史职位和杭州一并让与钱镠，自任越州观察使。董昌向唐政府进贡甚勤，曾受封同中书门下平章事、陇西郡王等官爵。乾宁二年（895），因唐廷不同意授其越王，遂在越州称帝，国号“大越罗平”，年号顺天。钱镠劝其：“与其闭门作天子，与九族百姓俱陷涂炭，岂若开门作节度使，终身富贵。”唐廷命钱镠领兵讨伐之，乾宁三年（896）五月，钱镠遣董昌旧将骆团向董昌传旨曰：“奉诏，令大王致仕归临安。”董昌于是放弃抵抗，送上牌印，出居清道坊。后顾全武遣武勇都监使吴璋以舟载董其昌到杭州，至小江南斩之。钱镠因功，次年受唐昭宗亲赐“金书铁券”一具，凭券获得本人免九死、子孙三死的政治待遇。

【王景仁】原名茂章，生卒年不详，庐州合肥（今安徽合肥）人。本为淮南杨行密部将，作战骁勇刚烈。历任润州团练使、宁国军节度使等职。杨行密死后，因不为其子杨渥所容，王景仁于唐天祐三年（906）投奔钱镠。据《新五代史》卷二三《王景仁传》记载，钱镠表奏任命王景仁领宣州节度使（《吴越备史》中记作“镇东军节度副使”）。但不久又归附后梁朱温，仍然任宁国军节度使，加授同中书门下平章事。后梁末帝年间（913—923），王景仁去世，官终淮南招讨使，赠官太尉。

【徐约】生卒年不详，曹州（今山东菏泽）人。事高骈为将。第二次杭越战争期间，杨行密派其攻占钱镠的苏州，后命其任苏州刺史。钱镠派堂弟钱铩攻打徐约，徐约强迫百姓在脸上刺字“愿战南都”。据《新唐书》卷一九〇《徐约传》记载，此时身边有人说：“都者，国称，杭终有国乎？”徐约后来逐渐陷入困境，他与部将告别后，死于海上。

【田頵】（頵，jūn，858—903）唐末将领。字德臣，庐州合肥（今安徽合肥）人。与杨行密是同乡，结为兄弟。唐中和三年（883），杨行密占领庐州，便是出自田頵的谋划。孙儒之乱时，奉杨行密之命率军夺钱镠常州，俘虏刺史杜稜。当时孙儒南下攻城略地，田頵驻守丹阳，孙儒火烧扬州后兵屯广德，田頵率军破之。几经交战，他与杨行密另一员大将安仁义生擒孙儒。田頵因功升宁国军节度使、检校太保、同中书门下平章事。天复二年（902）武勇都之变时，徐绾屯驻杭州灵隐山迎接田頵。田頵进攻杭州北门，钱镠登上城墙与他交谈。田頵军队修筑防御工事阻断往来道路，钱镠便以州为酬劳招募能夺田頵阵地的人。陈璋率敢死队 300 人强攻，败田頵，因功被授予衢州刺史。钱镠为摆脱危局，以钱元璙迎娶杨行密之女为条件，请杨行密令田頵撤军。田頵拒不从命。钱镠送 200 万犒军钱与田頵，又以钱元瓘为人质迎娶田頵之女，田頵方才率军返回淮南。后田頵每当与敌军交战不能胜，便总想杀钱元瓘泄愤。幸有田頵之母和妻弟郭师从多方保护，钱元瓘才得以幸免。天复三年（903），因叛乱为杨行密部将台濛所败，死于阵中。

【杨凝式】（873—954）五代十国时期著名书法家。字景度，号虚白，华州华阴（今陕西华阴）人。唐天祐年间登进士第，历仕后梁、后唐、后晋、后汉、后周五朝，官至太子少保，世称“杨少师”。为避免政治迫害，不得不装疯卖傻以求自保，因此又有“杨疯子”之称。杨凝式被认为是五代时期最著名的书法家，亦是书法界承唐启宋的重要人物，书法创作以笔力稳健、遒劲豪迈著称。北宋时期苏轼、黄庭坚、米芾、蔡襄书法创作都深受杨凝式影响。苏轼在《东坡志林》中评价杨凝式：“自颜、柳氏没，笔法衰绝。加以唐末丧乱，人物凋落，文采风流扫地尽矣。独杨公凝式笔迹雄杰，有二王、颜、柳之余，此真可谓书之豪杰，不为时世所汩没者。”代表作品有《韭花帖》《卢鸿草堂十志图跋》《神仙起居法》等。后唐长兴三年（932），钱镠去世，后唐诏命由杨凝式为钱镠墓撰写神道碑。

【安重诲】（？—931）一作安重晦。五代十国后唐大臣，应州（今山西应县）人。早年追随李嗣源（即后唐明宗）征战，成为亲信。李嗣源即皇帝位后，因拥立之功历任左领军卫大将军、枢密使，山南东道节度使等职，权倾朝野，遂渐为李嗣源所猜忌。安重诲处事刚愎自用，不能容人，但又有宽容一面。据《新五代史》唐臣传第十二《安重诲传》记载，马牧军使田令方因养马不当导致马匹多有死亡，论罪当斩，安重诲劝谏李嗣源："使天下闻以马故，杀一军使，是谓贵畜而贱人。"后唐天成四年（929），矫诏剥夺吴越国国王钱镠官爵，勒令其以太师名义致仕，两国间由此爆发一场长达两年的外交争端，是为"安重诲事件"。后唐长兴二年（931），李嗣源以其断绝钱镠朝贡，同时导致孟知祥、董璋反叛为由，派人杖死安重诲夫妇，同时又下诏恢复钱镠官爵、名誉。

【吴仁璧】（？—901）字廷宝，苏州人，一说关中（今陕西）人。通星象，有文采。唐大顺二年（891）中进士，但没有在唐朝廷谋得职位，亦未得到授官，同年来到杭州后又无以谋生。钱镠闻其名，曾经两次主动联系他，首先是请教天象，其次是请入幕府任职，均遭拒绝。最后则因拒绝为钱镠之母、秦国太夫人水丘氏撰写墓志铭而被钱镠沉入东小江（今浙江省曹娥江），是为"吴仁璧事件"。早年吴仁璧曾学道，表露自己求取功名的心志，但道士说："一第犹拾芥耳，但他年勿干英雄。"至此遂应验。著有诗作1卷，已佚。《全唐诗》卷六九〇收录有他的《投谢钱武肃》《客路》《南徐题友人郊居》《读度人经寄郑仁表》等12首诗作。《五代诗话》中有传。

【李仁达】（？—947）五代十国闽国将领，光州（今河南潢川）人。后晋开运二年（945），南唐军灭闽国时，他割据福州，亦表示臣服，但仍有很大的独立性，南唐在福州仅维持名义上的统治。次年，南唐枢密使陈觉召其入金陵朝觐，不听，遂擅自发兵进攻福州。他遣使吴越奉表称臣，请求援兵。后汉天福十二年（947），吴越国国王钱弘佐派军从海路救福州，同年击败南唐军，吴越国遂占有福州。钱弘佐命吴越国开国功臣鲍君福之子鲍修让守福州。他和鲍修让矛盾激化。同年年底，他密谋再投南唐，鲍修让先发制人将其杀死，并传首杭州。

八 宗教

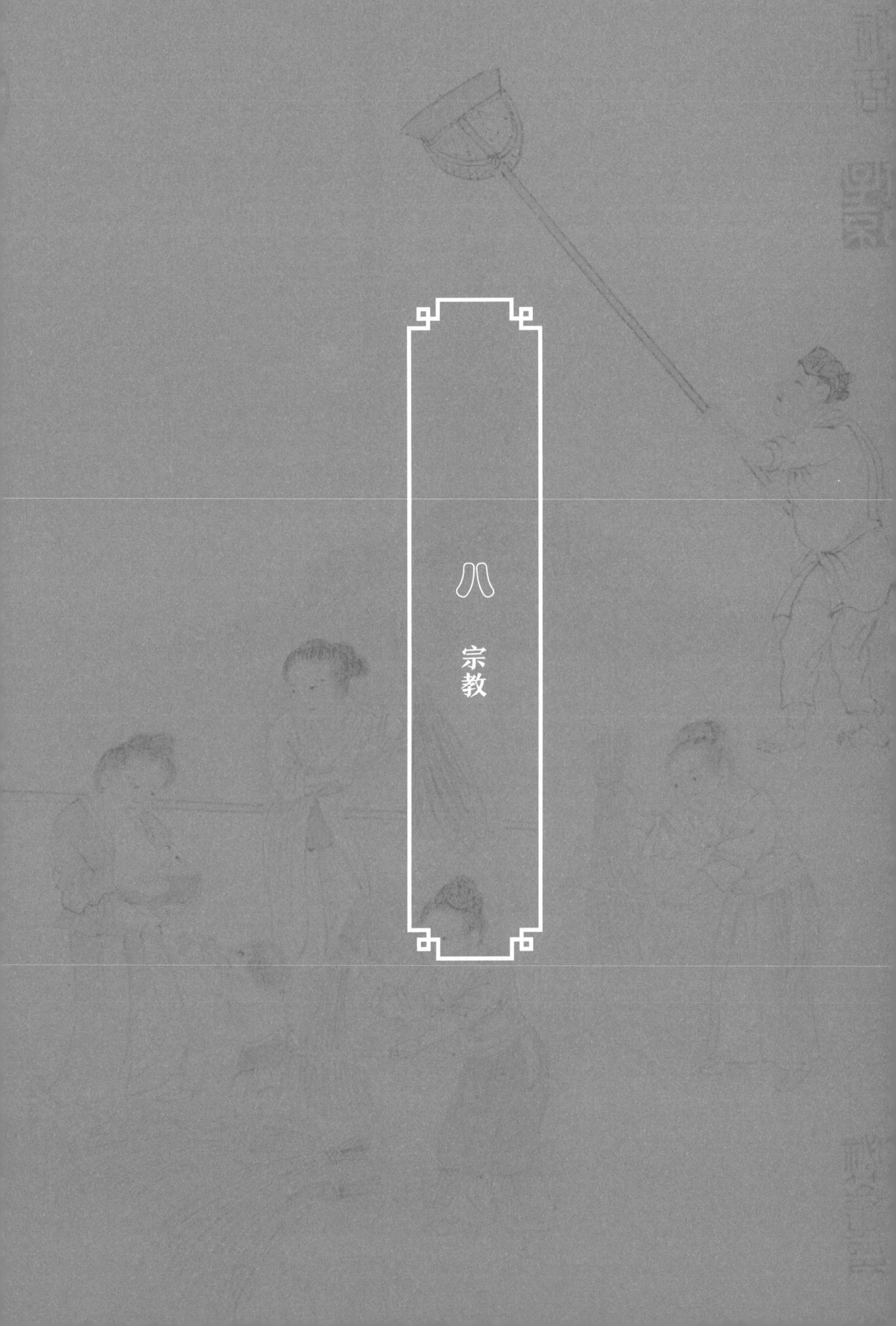

古代国家统治者对于宗教人士和活动的扶持，应视作一种重建社会价值观的努力。吴越国的宗教政策总体来说是极力弘扬佛教，另外对道教也有较大力度支持。吴越国历代钱氏国君都热心奉佛护法，广度僧尼，当时都城杭州有“东南佛国”之称。吴越国崇佛重道不仅有利于维护社会稳定，而且还影响到朝鲜、日本，促进了中外文化交流和人民友好往来。

大德高僧

【慧恭】（820—903）俗姓罗，福州（今属福建）人。家传儒学，17岁进士及第。22岁时，恰逢新建安国寺，受具足戒。到武陵德山后，拜宣鉴禅师，对佛理领悟极快。在信州西禅院住持1年多，弟子几百人。在福州马冠山和泉州富阳山期间，施主和门徒云集，于是禅院就建造起来，可见其名声之大。唐景福二年（893），随弟子到天台山，台州刺史杜雄在紫凝山创立瑞龙院请留慧恭，希望他能在这里创法席。之后各地信众僧侣纷至沓来。《宋高僧传》卷一二《唐天台紫凝山慧恭传》记载："天复三年癸亥十二月午时，命众声钟，顾瞻左右，促言云去，加趺瞑目俨然而化。"享年84岁。慧恭圆寂后死不更名，不求封号。

【文喜】（821—900）俗姓朱，《宋高僧传》卷一二《杭州龙泉院文喜传》记载其为嘉禾御儿（今属浙江嘉兴）人。出生后不吃荤腥，7岁出家，沙弥时已会讲经。唐武宗"会昌灭佛"期间，改穿俗衣，但胸中依然秘藏佛经。唐咸通七年（866），到浙西千顷山筑室为居。咸通十年（869），又到余杭县龙泉古城院。乾符六年（879），因避黄巢战乱到湖州仁王院。光启三年（887），钱镠任杭州刺史后又请他到慈光院。大顺元年（890），受董昌、钱镠同时上表推荐，两度被唐昭宗赐紫袈裟。乾宁四年（897），钱镠上奏唐朝廷请求赐号"无著大师"。光化三年（900），在杭州圆寂，同年葬于灵隐山西坞。天复二年（902）武勇都之变发生，徐绾、许再思的叛军和宣州田颙的军队扒开文喜墓塔。事后，钱镠派人祭奠，又重新加以安葬。

【贯休】（832—912）唐末五代时期著名诗僧。俗姓姜，7岁出家，婺州兰溪（今浙江兰溪）人。善作诗，亦工于绘画。钱镠平定董昌，被唐朝廷任命为镇东、镇海军节度使后，曾献诗祝贺，诗中有一联是"满堂花醉三千客，一剑霜寒十四州”。钱镠大喜，但要求贯休把“十四州”改为“四十州”，方才同意接见。据《唐才子传》卷一〇《贯休传》记载，贯休表示：“州亦难添，诗亦难改。余孤云野鹤，何天不可飞？”后至荆南，荆南节度使成汭（ruì）仰慕贯休的书法盛名，想请他教自己书法，贯休又说：“此事须登坛可授，安得草草而言！”被恼羞成怒的成汭逐出荆州。唐天复三年（903），入蜀，受到蜀主王建礼遇，赐号“禅月大师”。贯休在蜀地圆寂后，王建又为其修建灵塔。《全唐诗》《全唐诗续补遗》均收有贯休诗歌。

【洪諲】（諲，yīn）（？—901，一作813—895）俗姓吴，吴兴（今属浙江湖州）人。19岁剃度出家，22岁被派往嵩山会善寺受具足戒。“会昌灭佛”期间，被强制还俗，但和其他僧人悲观绝望不同，据《宋高僧传》卷一二《唐长沙石霜山庆诸传（洪諲令达）》记载，他说：“大丈夫钟此厄会，岂非命也，夫何作儿女之情乎？”在长沙一位信士家中当了两年宾客。唐宣宗即位后，废除灭佛的法令，洪諲又重新为僧回到家乡的西峰院。唐咸通六年（865），到余杭径山朝见本师鉴宗。次年，无上大师圆寂，众僧推举洪諲继承他的法位。开始只有百余位僧侣，后增加到千人。景福二年（893），钱镠上奏朝廷赐洪諲“法济大师”封号。天复元年（901）圆寂，钱镠为其撰真赞并操办葬礼。史载洪諲有先见之明，钱镠刚从军时，洪諲就对他说：“好自爱，他日贵极，当与佛法为主。”后来钱镠发迹，对洪諲的赏赐和其他僧人不同。洪諲曾住持临安西天目山。

【契此】（？—916，一说901—904年间）即所谓“布袋和尚”。俗姓不详，明州奉化（今浙江宁波）人。号长汀子，笑脸圆肚，常背一布袋入市，见物就乞，但从不见有物从布袋倒出，世传为弥勒菩萨化身。《宋高僧传》卷二一《唐明州奉化县契此传》记载：“有偈云‘弥勒真弥勒，时人皆不识’等句。人言慈氏（即弥勒菩萨）垂迹也。”常到店铺化缘，那么这家店生意就兴隆，因此后世商家经常将契此视作财神予以供奉。《宋高僧传》记载契此“以天复中终于奉川（今浙江奉化）”，即公元901—904年。但《景德传灯录》卷十七《明州布袋和尚传》记载：“梁贞明三年丙子三月，师将示灭。”据此，则契此圆寂于后梁贞明三年（916）。

【幼璋】（？—约929）俗姓夏侯，籍贯不详，为唐宣宗、唐懿宗时期宰相夏侯孜之侄。7岁时随伯父夏侯孜到广陵（今江苏扬州），游慧照寺时，听闻诵读《法华经》后就要求出家。天祐三年（906），钱镠派人送来衣服香料，请到杭州住持寺院，住于功臣堂，号“志德大师”。钱镠每天亲自登门问法。幼璋请求每年在天台山建金光明道场，大会诸郡高僧大德。钱镠建造瑞龙院，留幼璋开法。后唐天成四年（929），求钱镠为其造灵塔，钱镠命陆仁章在西关选胜地。塔完成后不久，幼璋圆寂，享年80余岁。

【无作】生卒年不详，《宋高僧传》卷三〇《梁四明山无作传》记载：“以梁开平（907—911）中卒于四明，春秋五十六。”俗姓司马，姑苏（今江苏苏州）人。父亲为宛丘县尉，母亲怀孕时梦见徐姓沙门住持流水寺，想寄身安居，并结跏趺坐，说：“如生儿放于流水寺出家。”12岁时受具足戒，对于一性五性宗教，精益求精地努力钻研。钱镠听说无作的名声后召见，他借口有病推脱，并献诗于钱镠表明心迹。诗曰：“云鹤性孤单，争堪名利关。衔恩虽入国，辞病却归山。”如此，则钱镠亦不强留。无作善写草隶，笔力遒劲。无作不拜谒官府，不准备名片（《宋高僧传》称“名刺”），自号“逍遥子”。

【辩光】生卒年不详，俗姓吴，永嘉（今属浙江）人。幼年于陶山寺出家剃度，不与常人交往，看不起一般的僧侣，写诗喜欢写古调诗，常用生僻字眼，善于写草隶。几经周折，拜大书法家陆希声为师，得到“擫、押、钩、格、抵”五字拨镫真传。辩光书法于是日益精进，且不是一般人所能看明白的。唐昭宗听说辩光的盛名后，便下诏接见，请他在御榻前书写，并赐紫方袍。回到浙江后，辩光拜见钱镠，因其个性孤傲，不为钱镠所喜，于是回到明州地区寿终。圆寂后，由明州地方官仰仁诠为其举办葬礼，开始时采用棺葬。3年后，约在后唐长兴年间（930—933），改为火葬，并建塔封存其舍利。

【自新】生卒年不详，俗姓孙，临淄（今属山东）人。早年从道膺禅师，后于淮南广德隐居。当时淮南和钱镠不断发生战争，有一次碰到钱元瓘带兵进入山寺，其他僧人都四处逃窜，只有自新安然留守。据《宋高僧传》卷三〇《晋宣州自新传》记载，钱元瓘和自新间有一段对话：“（钱元瓘）问曰：何不避乎？（自新）对曰：东西俱是贼，令老僧去何处逃避？”钱元瓘欣赏自新的耿直，就带他回到杭州。钱氏父子称赞他品德高尚，赐号“广现大师”，并建造瑞应院让其居住。后来，自新在浙江中部任宝塔寺住持。后晋天福年间（936—944），在寺中圆寂，享年 80 余岁。

【道怤】（怤，fū）（868—937）俗姓陈，永嘉（今属浙江）人。幼年时性情就与常人不同，厌恶腥血之气。在开元寺出家，受具足戒后，游历福建，又到湖南地区，后住持越州鉴清院。皮日休之子皮光业学识渊博，《宋高僧传》卷一三《后唐杭州龙册寺道怤传》记载，皮光业在寺中提出高深的问题考问他，“退而谓人曰：怤公之道崇论闳（hóng）议莫臻其极”。钱镠慕其盛名，请他住持天龙寺，赐号“顺德大师”。钱元瓘建造龙册寺，供他居住，吴越国的禅学至此兴盛。后晋天福二年（937）圆寂，享年 70 岁。

【宗季】（？—948）俗姓俞，杭州临安（今杭州市临安区）人。据《宋高僧传》卷七《汉杭州龙兴寺宗季传》记载，宗季幼年魁伟俊美，刚强正直。赴衢州出家后学习名数论，文义详博，以善辩知名。回到杭州后，在龙兴寺宣讲。在 40 年中，培养弟子七八百人。后汉乾祐元年（948）圆寂。宗季性格孤僻、格调高古，绝少进入平常人家。即便临安父老恳请，也是如此。著《永新钞》解释《般若波罗蜜多心经》，著《晖理钞》解释《观弥勒菩萨上生兜率天经》，另撰有《弥勒成佛经疏钞》《补猷钞阙》数十卷。

【仪晏】（876—990）俗姓许，湖州人。唐光启年间（885—888），其父镇守信安时，强行为仪晏娶妻，仪晏不从，后云游四方。之后回家省亲，却也不愿和父母住在一起，而是另寻地址建造精舍，以便静悟修持。钱弘俶在梦中见一老僧，后来得到一副仪晏的画像，正是梦中老僧形象，于是将画像供奉起来。因恰逢钱弘俶患眼病，供奉未多久眼睛就康复了，于是赐仪晏“开明禅师”。宋太宗听说仪晏的事后，就下旨召见他，在便殿咨询了有关禅定修身、生前后世等法俗之事，又恭敬地送他回去。北宋淳化元年（990），仪晏圆寂，享年115岁。

【全付】（882—947）俗姓不详，吴郡昆山（今江苏昆山）人。幼年时跟随经商的父亲四处辗转，听了参禅入定之说后，要求出家。父亲惊讶于他的虔诚专注，表示同意。据《宋高僧传》卷一三《晋会稽清化院全付传》记载，有个同乡僧侣对全付说："父母之乡胡可弃也，任缘徇世愿师归欤。"于是他就回到故乡。当时钱元瓘给他晋阶，赐予衣衾钵器，格外恩宠礼遇。后来吴越国又在云峰山造清化禅院，请全付住持。钱弘佐时，赐全付紫袈裟，他上表多次谦让，再一次赐予后，再一次谦让，于是就改为赐衲衣。全付回答："吾非荣其赐而饰让也，恐后人之仿吾而逞欲矣。"赐号"纯一禅师"，又坚决辞让。全付不以此情忘彼情，故情真；不以此道求彼道，故道直。

【文益】（885—958）俗姓鲁，余杭（今属浙江杭州）人。号无相，中国禅宗"法眼宗"的创始人。7岁出家淳安智通院，20岁受戒绍兴开元寺，后至育王寺从希觉学律。文益通大乘佛教各宗派，且涉儒家经籍，希觉视之为佛门的子游、子夏。时南方兴禅，文益便南下福州长庆院向慧稜禅师学习。后唐清泰二年（935），文益应抚州府州牧的邀请，在临州崇寿院弘扬佛法。晚年深受南唐烈祖李昪的敬重，先后在金陵（今江苏南京）报恩禅院、清凉寺开堂接众。由于金陵在五代宋初战乱较少，百姓文化水准较高，其思想得到较大范围传播。文益在金陵三坐道场，四方僧俗竞向归之。后周世宗显德五年（958），文益圆寂，享年74岁。葬江宁县无相塔。谥号"大法眼禅师"。文益禅师的法嗣有德韶（吴越国师）、文遂、慧炬（高丽国师）等13人，各化一方。文益有《金陵清凉院文益禅师语录》1卷及文益自撰《宗门十规论》等存世。

【皓端】（890—961）俗姓张，嘉禾（今浙江嘉兴）人。9岁在灵光寺出家，20岁受形俱无表戒。钱镠召其入王府罗汉寺讲训，又命其在真身塔寺宣导。钱弘佐赐其紫衣，称大德，赐号"崇法"。皓端于是决定不出寺门，以追慕慧远大师送客不过虎溪的亮节。他品行高洁，20多年里没有多余的衣服，也不享用美食。居不闭户，除一榻外没有其他家具。北宋建隆二年（961）在寺内圆寂。著有《金光明经随文释》10卷、《著述传录记赞》70余卷。钱弘佐之子钱昱任秀州刺史期间，崇敬皓端的德行，曾为其著有《行录》。

【德韶】（891—972）俗姓陈，缙云（今属浙江）人。幼年在本地出家，登坛受戒。后唐同光年间（923—926），他遍访名山，参见多位大德高僧。后进入天台山，寻访高僧智𫖮（yǐ）的遗迹，建立寺院道场，大力弘扬玄沙师备的禅法，皈依者很多。当时，钱弘俶出任台州刺史，听闻德韶禅师的盛名，就请他来讲法，并以师者之礼侍奉他。据《十国春秋》卷八九《僧德韶传》记载，德韶告诉钱弘俶："他日为霸主，无忘佛恩。"又称："此地非君治所，当速归国城，否则不利矣！"果然，后汉天福十二年（947）年底，内牙统军使胡进思发动政变，废黜忠逊王钱弘倧，迎立钱弘俶，德韶被尊为国师。善作预言，且事后都一一应验。钱仁奉患病，派人到德韶处问签，签上写着"令公八十一"。钱仁奉以为自己得寿八十一，而实际是他在当年八月十一日去世。德韶讲法简明扼要，摒弃旁支。他奏请钱弘俶派遣使者前往高丽誊写智𫖮遗著并带回国内，使天台宗得以中兴，在佛教史上有里程碑意义。北宋开宝五年（972）圆寂。

【行瑫】（895—956）俗姓陈，湖州人。唐天祐二年（905）出家，12岁时已能背诵《妙法莲华经》。在余杭龙兴寺受具足戒，后前往金华双林寺听智新法师传授南山道宣《四分律删繁补阙行事钞》，为时人所推崇。佛理研究精进，曾说："所好甚者，不见他物之可好。吾之好也，乐且无荒也。"后唐天成年间（926—930），行瑫居吴越国越州，在寺中营建楼宇供养四方僧人，从无匮乏。后周显德三年（956）圆寂。行瑫性情正直，不当面夸人，也不背后诋人，更不趋附权贵，不储余财。著有《大藏经音疏》500余卷。

【道潜】（？—961）俗姓武，蒲津（今属山西永济）人。身材健壮，容貌端雅，成年后身高7尺。早年入中条山栖岩大通禅院，后又入雁门五台山。到杭州后朝拜阿育王塔，据《宋高僧传》卷一三《周庐山佛手岩行因传

（道潜）》记载，他问管塔僧人："舍利人不目击还实有否。僧曰：按传记云，藏在内角中，望若悬钟焉。"吴越王钱弘俶请他入王府授菩萨戒，新建寺院请他居住，名"慧日永明寺"，同时赐号"慈化定慧禅师"，每月另外支给薪俸。北宋建隆二年（961）圆寂。

【师彦】生卒年不详。据《宋高僧传》卷一三《梁台州瑞岩院师彦传》记载，俗姓许，闽越（今福建）人。很早悟到世俗羁绊，有意出家。后受邀住持台州瑞岩山院。僧尼二众同院而居，师彦的威严和德行冷若冰霜。督察僧尼行为，不容违法乱纪。所以在江南地区从事管理僧尼的高僧中，以师彦最为有名。钱镠多次召见他，他才肯入朝，但终究要求回去。曾经有位老妪来参拜他，师彦说："汝休拜跪，不如疾归家救取数十百物命大有利益。"老妪回到家后，发现媳妇刚提着一篮田螺回家，就赶紧将这一篮田螺放生。

【僧昭】生卒年、俗姓、籍贯不详，其事迹主要见于《十国春秋》卷八九《僧昭传》和《五代史补·僧昭说踏钱》等文献。僧昭通谶（chèn）纬之学，为钱镠所倚重，被誉为"国师"。有一天去面见钱镠，有孩子在身旁嬉戏，忽然这些孩子掉了数十文铜钱。钱镠说："速收，恐人踏破汝钱。"僧昭笑着说："汝钱欲踏破，须是牛方可。"后来钱俶纳土归宋，吴越国灭亡。钱弘俶生于后唐天成四年（929），这一年为己丑年，正是牛年。

【绍岩】（899—971）俗姓刘，雍州（今陕西）人。7岁出家，18岁受具足戒。游历四方名胜，曾住于天台山、四明山，与德绍禅师一同向临川文益禅师求教。北宋建隆二年（961），发誓要效仿药王菩萨为供养法华而自焚，由于钱俶的苦苦挽留才作罢。他又暗中跳进曹娥江试图葬身鱼腹，又因渔民救起而未成。水、火殉道失败，绍岩经常为此叹息。钱俶于是把他安置在法华山，接着又在杭州建造上方净院供其居住。北宋开宝四年（971），绍岩患病而不求医，对弟子说："吾诵经二万部，决以安养为期。"后结跏趺坐圆寂，享年73岁，丧葬费用由官府拨付。

【延寿】（904—975，一作976）俗姓王，钱塘（今属浙江杭州）人。曾在吴越国担任官职，负责监督筹集军饷，性情耿直。能诵读《妙法莲华经》，后舍弃妻子儿女，削发染衣受戒出家。钱弘俶听说延寿的名声，购买活物请他放生。延寿心存慈爱，即便有人冒犯，也不生气。诵读《妙法莲华经》总计 1.3 万多部，鼓励信士建塔造佛。没有积蓄，著有《万善同归录》《宗镜录》《注心赋》等 14 种著作共 113 卷。高丽王读过他写的文字以后，派使者送来金线织成的袈裟、金澡罐等。北宋开宝八年（975）圆寂，享年约 72 岁，葬于西湖边的大慈山。史载其圆寂前，劝诫吴越王钱俶“重民轻土，舍别归总”，此成为钱俶最终下决心纳土归宋的思想源头之一。

【志逢】（909—985）俗姓不详，余杭县（今属浙江杭州）人，贯通三学，了达性相。出家于临安东天目山，曾在功臣寺中驻锡。后周显德三年（956），在杭州五云山结庐。北宋乾德（963—968）初年，钱俶赐志逢紫衣，并建造云栖寺供其居住。云栖坞饲养有不少老虎，志逢就经常带着一把大扇子请求施舍，以此来买肉喂虎。老虎看到志逢非常恭顺，所以他被称为“伏虎禅师”，又号“大扇和尚”。圆寂后，谥号“普觉”。

【惠明】生卒年不详，俗姓蒋，钱塘人。对戒、定、佛三学有深入研究。在临川（今属江西抚州）拜见文益禅师后，认识到之前所领悟的还不足以消弭世俗之情。惠明口才卓著，隐居天台山白沙时，前去和他辩论佛理的人无一不失败而回，因而被誉为“魔说”。不久，钱弘俶营建报恩寺，请他任住持，号“圆通普照禅师”。《宋高僧传》卷二三《周钱塘报恩寺惠明传》认为“然行玄沙正眼，非明曷能致此”，意为：弘扬玄沙师备正法眼宗，除了惠明无人能担此重任。后周显德年间（954—960）圆寂。

【彦求】生卒年不详，俗姓叶，缙云人。后梁贞明年间（915—921）受戒。早年云游闽南地区，回到两浙地区后，住持六通院。钱弘俶钦佩彦求的德行，让他住持功臣院。后又回到杭州龙华寺，聚众讲经。喜欢做善事，把有利于别人放在第一位，接受的布施亦上交。彦求住寺有道，常主持度戒仪式，每天要供应四面八方来的千位僧侣饮食，却也不见寺中食材的缺乏。北宋建隆年间（960—963），在龙华寺住持任内圆寂。

【晤恩】（912—986）俗姓路，姑苏常熟（今江苏常熟）人。13 岁时听僧人诵《阿弥陀经》后要求出家。后唐长兴年间（930—933），受具足戒，入昆山慧聚寺学南山律。悟性极高，同辈人很难和他比较，精通《妙法莲华经》《金光明最胜五经》和《摩诃止观》。平日严格遵守一日一餐的规定，离不开袈裟、食钵，不积蓄钱财，睡觉时必然是枕着右臂侧身入睡，坐时必是结跏趺坐。他所订立的僧堂制度严格，每天必须要天亮才能分粥。据《宋高僧传》卷七《大宋杭州慈光院晤恩传》记载，晤恩著有《法华经玄义》《法华经文句》《摩诃止观》《金光明最胜王经》《金刚錍（pī）》共35部刊行于世。北宋雍熙三年（986），晤恩圆寂，享年75岁。

【赞宁】（919—1001）俗姓高，湖州德清（今属浙江）人。后唐天成年间（926—930），在杭州祥符寺出家，后入天台山受具足戒。先学四分律，精研三藏。又入灵隐寺，学南山律。辩才学识卓著，纵横捭阖，人称“律虎”。钱镠时，曾任监坛和两浙僧统，赐号“明义”。宋太祖曾赐赞宁紫衣。北宋太平兴国三年（978），随钱俶纳土归宋入汴京，赐号“通慧大师”。宋太宗听说赞宁的名声，在慈福殿召对，问：“朕见佛当拜乎？”赞宁回答：“现在佛不拜过去佛。”太宗大喜，赐紫方袍。奉召编修《大宋僧史略》3卷，又著《宋高僧传》30卷，为南北朝至五代、宋初600多位高僧立传。另有《内典集》152卷、《外学集》49卷、《通论》10卷、《笋谱》1卷等12种著作共466卷。历任左街讲经首座、史馆编修、翰林馆编修、掌洛京教门事等职。

【希辨】（921—997）俗姓不详，苏州常熟人。幼年出家，佛业精进与德韶齐名。北宋乾德（963—968）初年，钱俶请其住持东府清泰院，号“慧智禅师”。太平兴国三年（978），随钱俶纳土归宋。宋太宗在慈福殿赐希辨紫衣，号“慧明”。端拱年间（988—989），请求回常熟，宋太宗赐御制诗、“急就章”、《逍遥咏》《迷藏铨太平圣方》130卷以示恩宠。在常熟山院造塔，7级，高200尺。

【灵照】（870—947），高丽国（今朝鲜半岛）人。唐末来到中国学习佛法，到闽越后，在义存大师处悟得心印。不辞辛苦陪大师参禅，节俭地主持众僧事务，口语中还夹杂着他的母语，大家都很畏服他，时称“照布衲”。

先住在婺州齐云山，世称齐云和尚。后来又在越州鉴清院。曾与皮光业论法，但话不投机。钱元瓘任湖州刺史期间，营造杭州报慈院，请灵照住持，于是信徒很快聚集到他的门下。钱弘佐营造龙华寺，迎取金华梁传翕（xī）大士灵骨道具，安放于龙华寺所建的塔内，命其主持龙华寺。灵照在龙华寺期间圆寂，寺中有为他建造的灵塔。

【契盈】生卒年、俗姓不详，闽（今福建）人。通内外学，性敏速。曾经修炼仙教，以断绝“三彭”在人体内的作祟。所谓“三彭”，又称“三尸”，道教名词，指在人体内作乱、影响修炼的三种神。后周广顺年间（951—953），来到杭州龙华寺，钱弘俶赐号“广辨周智禅师”。契盈思维敏捷，有一天陪钱弘俶游览碧波亭，当时潮水刚刚涨满，一眼看过去，水面船只见首不见尾，钱弘俶高兴地说：“吴越国去京师三千里，谁知一水之利如此耶！”契盈回答：“可谓三千里外一条水，十二时中两度潮。”时人把这一对子称为“骈切”。当时吴越国和中原之间隔着南唐，运往中原的贡赋都需走海路到达山东青州，所以契盈出此言。

【清耸】生卒年不详，福州福清（今福建福州）人。嗣法眼文益。在明州（今浙江宁波）四明山卓庵讲经布道，钱弘俶之弟钱弘亿以师者之礼侍奉他。北宋建立后，钱俶曾命其在衣锦军（今杭州市临安区）开法，后又迁居杭州灵隐寺，号“了悟禅师”。北宋开宝四年（971），钱俶阅读《华严经》，因为想了解天冠菩萨住处，召开高僧大会，但没有人知道答案。清耸熟悉这一地点，于是派弟子到福建支提山得到82本《华严经》，仿佛看到了天冠菩萨真身，奏请钱俶建金建寺。

【弥洪】生卒年、俗姓、籍贯不详。据《十国春秋》卷八九《僧弥洪传》记载，后晋开运元年（944），弥洪在杭州烟霞洞口结庐，有人告诉他：“山后有胜迹，何不显之？”弥洪在洞内发现有6尊罗汉像，就虔诚地供奉着。弥洪圆寂后，佛教典籍记载钱弘俶一天睡觉做梦，梦到有僧侣（即弥洪）告诉他：“吾兄弟一十八人，今方有六，王盍为我聚焉？”钱弘俶梦醒后，就按照梦中人所说的那样，命人到烟霞洞补刻了其余12位罗汉。

【羲寂】生卒年不详，俗姓胡，永嘉人。居天台国清寺，善于弘扬佛法。钱弘俶曾经阅读《永嘉集》，读到“同除四住，此处为齐若伏无明三藏”一句，不明白意思，派人骑快马去问德韶禅师。德韶回答：“羲寂必解此语。”钱弘俶于是召见羲寂来解答问题。据《十国春秋》卷八九《僧羲寂传》记载，羲寂的回答是：“此智者大师妙元中文。时遭安史兵残，近则会昌焚毁，中朝教藏残阙殆尽，今惟海东高丽阐教方盛，全书在彼。”钱弘俶于是派人携带国书、财礼前往高丽，希望能求得一套经书。高丽国王命国师谛观回访，将天台教部送还。谛观抵吴越国后，依然受学于羲寂。钱弘俶为羲寂建造定慧院，赐号“净光大师”。羲寂圆寂后，被追谥“九祖”。

【德伦】生卒年、俗姓不详，永嘉人，事迹主要见于《十国春秋》卷八九《僧德伦传》。随身带着锥刀，有人问德伦讨要锥刀，德伦回答：“锥刀从我觅耶？此刀坠地，则天下太平。”不久以后，吴越归宋，为和平实现国家统一写下光辉一页。当时的人们都认为，德伦的话应验了。相传杭州城池的西河，就是德伦开凿的。

仙道方士

【厉归真】（约 870—940）唐末五代著名道士画家，籍贯无确考。少时出家为道士，游历江淮，以画虎、牛闻名于世。《太平广记》卷二一三《画四》载，其画虎常入深山观真虎动态，曾披虎皮混迹林莽，险遭猎人射杀，终得虎之雄姿精髓。所绘虎目含威，筋肉虬结，时人赞其“得虎之性灵”。南唐先主李昇曾召其入金陵，为宫廷作画。兼擅泼墨山水，尤以《牧牛图》《出林虎》著称，笔下禽鸟亦传神，尝绘鹞鹰惊散鸽群，观者以为真。晚年隐于洪州西山，作品多散佚，今存《虎啸图》摹本藏于台北故宫博物院。其“师造化”之艺术理念，对包括吴越国在内的五代时期画坛影响深远。

【闾丘方远】（？—902）复姓闾丘，字大方，号“玄同先生”，相传为春秋时期齐国国相晏婴的后代，舒州宿松（今安徽宿松）人，一云青州人。道教南岳天台宗的重要人物，精通黄老之术，又喜欢儒学，博学多闻。年二十九，师香林左元泽、庐山陈元悟。34岁受法箓（lù）于天台山玉霄宫叶藏质，通晓大义，得到真传。著有诠释《太平经》文章13篇。唐龙纪元年（889），唐朝廷多次征召入朝皆不从。景福年间，游遍全国名山，到余杭天柱山停了下来。钱镠对其倍加礼遇，经常一起讨论洞霄宫的形势，改天柱观为南向，钱镠于是奏请朝廷赐闾丘方远紫衣，重建太极宫供其居住，赐号“洞云先生”，又云“妙有大师”。天复中卒。清代以后，因避康熙帝“玄烨”讳，清人遂将其称为“元同先生”。今杭州市临安区青山湖街道洞霄宫遗址尚存一杭州市级文物保护单位“元同桥”，传系钱镠为闾丘方远所建。

【钱朗】生卒年不详，据《续仙传》卷中《钱朗传》载，字内光，洪州南光（今属江西南昌）人。据《十国春秋》卷八九《钱朗传》记载，钱朗羽化时，达170余岁。少年时五经登科，在唐朝官至光禄卿。唐文宗时，归隐庐山，学到补脑还化之术。史载钱镠请他到杭州，并以待师之礼侍奉他，此时钱朗已经150余岁。当时钱镠玄孙都有数辈，但钱朗依然貌若童子，人们对此都感到十分惊奇。

【郑冲素】生卒年不详，事迹主要见于《洞霄图志》卷四《郑冲素先生》。字博文，自幼就有“神童”之称。15岁学道。唐景福二年（893），与闾丘方远居天柱山精思院。被钱镠召入开元宫，启建坛箓，门下受度弟子130余人。钱镠上奏朝廷，称：“启建日，有彩云临坛，仙鹤五百余只旋绕空中。”唐昭宗赐郑冲素紫衣，号“正一大师”。后请求钱镠让他回去，钱镠亲自驾车送到郊外。68岁时羽化，钱镠命令地方官将其安葬。

【朱霄外】生卒年不详，吴越国道士，台州人，事迹主要见于《十国春秋》卷八三《朱霄外传》。道术一向精湛，钱弘俶听说他的名声后，命改建台州的白云庵为栖霞宫，由朱霄外主持。

【暨齐物】生卒年不详，字子虚，钱塘（今浙江杭州）人。拜玉清观朱君绪受法箓神符秘方，救济天下苍生毫不懈怠。后入大涤山中，以岩洞为修行之所。建造垂象楼，藏有道教著作几千册，日夜探析研究，达到触类旁通、登峰造极的境界，听众无不忘记疲倦所在。钱弘俶想成为他的弟子，据《十国春秋》卷八九《暨齐物传》记载，暨齐物的回答是："乐静已久，不愿有也。"所居住的石室东西各有一条缝隙，用以采集日月之光。他在和弟子说完"吾将复往罗浮石楼间矣"后，不知所终。

【张契真】（？—1006）字齐一，钱塘人。早年随上清宫胡法师游历江浙。不久遇到朱天师，据《十国春秋》卷八九《张契真传》记载，朱天师见到张契真后就大加赞誉："子骨法应得仙也。"所以就把道教要诀传授给他。后至天台，由朱霄外将其度为道士。后周显德五年（958），受正一盟威、灵宝法箓于大元樊，号小灵宝。钱俶命其主掌三箓斋事。北宋太平兴国三年（978）吴越归宋后，宋太宗安排张契真居住于太乙宫，赐紫衣，封"元静大师"。著有《上清灵宝大法》66 卷。

【叶简】生卒年、籍贯不详，事迹主要见于《十国春秋》卷八八《叶简传》。方士，为钱镠所征召。唐天复二年（902），武勇都之变爆发，钱镠命叶简占卜，叶简说："贼无如我何。"钱镠问："淮人将同恶乎？"叶简回答："淮人不来，宣城当济贼耳，然宣城亦当败于明年，今不足虑。"此处"宣城"，即指宣州军阀田頵。叶简之言后来果然一一应验。后梁开平二年（908），钱镠望见一阵怪风，又召叶简问："此何祥也？"叶简回答："法应杨渥死，速遣吊祭使往，彼当自不爽。"果然，就在使者到达吴国都城江都（今江苏扬州）的前一天，吴国皇帝杨渥为权臣徐温所杀，吴国上下对吴越吊丧使者的到来皆感诧异。清人编撰的《全五代诗》收录有其诗作《射覆橘子》和《射覆二鸡子》。

【李咸】生卒年、籍贯不详，事迹主要见于《十国春秋》卷八八《李咸传》。方士，为钱镠所征召。武勇都之变爆发前，钱镠命李咸占卜今后吉凶。李咸说："大王霸业方永，但分野小灾耳！请弗虑，不然大王当有疾！"

钱镠说："宁我有疾，岂宜害百姓耶？"后来叛乱爆发，果如李咸所言。后梁龙德三年（923），后梁封钱镠为吴越国王。钱镠拟在杭州举行庆祝仪式，让李咸选一吉日。李咸选中某一天，但此前一天都雨雪交加，钱镠让他另择日期，李咸回答："大王双受封册，惟天所相，雨雪必霁，固可卜社稷之延永矣。"钱镠同意，当天晚上果然就星斗明丽，次日礼成。

【朱景环】生卒年、籍贯不详，事迹主要见于《十国春秋》卷八八《朱景环传》。方士，擅长算术。后梁开平年间（907—911），钱镠第六子钱元璙任中吴军节度使，朱景环向他投书："莅任后法当三十年安宁。"钱元璙不解其意，且认为所说之事甚远，命人将投书付之一炬。后来，镇守苏州的钱元璙忽然想起此事，又问朱景环30年前投书之意，朱景环回答："算数定矣命，愿大王计后事。"不久，钱元璙于天福七年（942）去世。

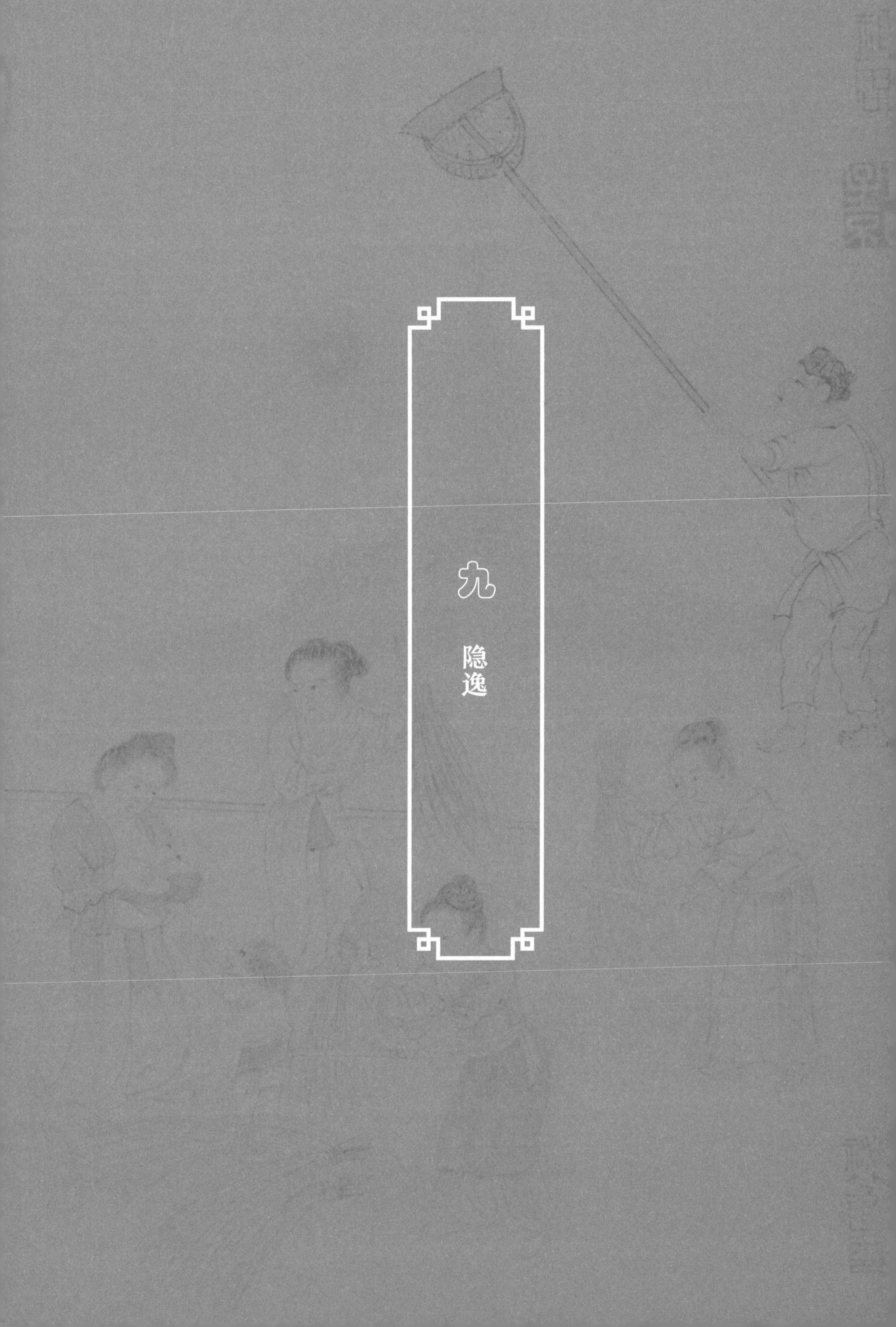

九

隐逸

历朝历代，无不都有大量在野文人活动于民间，也许他们当中有的人能幸运入朝，在某一领域的独特造诣，成就了他们的历史地位。

【八友】吴越国不仅尊佛，也崇道。吴越国建立前后和政权初期，钱镠得到道士闾丘方远等人的大力帮助。钱镠主政后，又修有大涤山天柱观、越州上清宫等著名道观。不仅如此，吴越国部分大臣也与道教、道士有密切联系，据《十国春秋》卷八九《韩必吴崧传》记载："韩必、吴崧者，唐末与吴珙、吴顼（xū）、皮光业、林昇、罗隐、何肃同居长城八座山，号曰'八友'。"因"林昇（升）"为南宋时人，代表诗作即为"山外青山楼外楼，西湖歌舞几时休"的《题临安邸》，故此处"林昇"疑为"林鼎"之误，皮光业、罗隐皆为吴越国大臣。

【罗虬】（？—约881）唐末两浙地区著名文人，台州（今属浙江）人。以诗才闻名，和同时代的罗隐、罗邺号称"三罗"。事迹主要见于《唐才子传·罗虬传》中。史载罗虬为人狂放，不检点约束自己。曾相中高官门下一名为"杜红儿"的歌姬，并馈赠礼物，未被接受，遂杀该女子获罪。不久遇大赦，他选取了一批古代姿色艳丽、富有才情的美女作为题材写绝句百首以求赦免。作品流传至今的主要是《比红儿诗》1卷。

【罗邺】（825—约900）唐末两浙地区著名文人，一说吴（今江苏苏州）人。余杭（今浙江杭州）人，罗隐族弟，擅长写律诗，《唐才子传·罗邺传》载："时宗人隐、虬，俱以声格著称，遂齐名，号'三罗'。"即罗邺和罗隐、罗虬二人文采齐名。唐咸通年间（860—874），罗邺屡试不第，作诗"故乡依旧空归去，帝里如同不到来。"曾有官员慕其诗名欲招徕任职，因旁人反对未成。罗邺遂前往北方戈壁大漠的少数民族首领帐下，不久抑郁而终。《唐才子传》对其评价很高，称："邺素有英资，笔端超绝，其气宇亦不在诸人下。"作品现流传有《罗邺诗》1卷。

【章鲁封】生卒年不详，事迹主要见于《北梦琐言》。史载其为晚唐进士，桐庐人。文采斐然，与罗隐齐名。钱镠闻其名，欲征召章鲁封为孔目官（掌管图集、档案的官员），不料被拒。钱镠怒，下令笞之，后章鲁封勉强为官，累官苏州刺史。著有《章子》3卷行世。

【丘光庭】生卒年不详，唐末、五代之际两浙地区文人，吴兴乌程（今浙江湖州）人。吴越国时官任国子博士。有集3卷，今存诗7首，有《兼明书》《唐教论》等。他在对隋唐时期潮汐，特别是钱塘江海潮成因认识的基础上，“辄以管见自立一家之言”，写成《潮汐十论》，名曰《潮汐论》。在《潮汐论》一书中，丘光庭列有40个问答，分为10篇，他借助“东海渔翁”与“西山隐者”一问一答的形式阐述自己的观点，并在前人的基础上提出了自己的潮汐理论，广泛地阐述了潮汐成因及其变化规律。丘光庭在《论浙潮》中指出“浙江之潮特大”的原因，是“诸江淮河，发源皆远，其水多。江水既多，则海入水少。水入既少，其潮皆小也。而浙江发源独近，其水少。江水既少，则海水入多。水入既多，故其潮特大也”。

【喻皓】（？—989）一作俞皓、喻浩、预浩、预皓。五代十国时吴越国至北宋初的著名建筑家，钱塘（今属浙江杭州）人，一作浙东人，曾任杭州都料匠，故有“喻都料”之谓。长期从事营造工作，尤其善于建塔。欧阳修在《归田录》中称赞他：“国朝以来，木工一人而已。”《归田录》和沈括《梦溪笔谈》对他均有记载。吴越国时期，杭州建造梵天寺木塔，喻皓帮助工匠解决了塔的稳定性问题，实现了当时建筑学上“六幕相持法”在高层木塔建筑中的应用，为世人所折服。入宋后，在建造北宋都城汴京（今河南开封）的开宝寺塔时，喻皓考虑到汴京地处平原，冬季尤其多西北风，故在设计时将开宝寺塔塔身向西北方向略作倾斜。原著有《木经》3卷，为我国古代重要的建筑书籍，已佚，仅沈括《梦溪笔谈》中有所节录。宋代的《营造法式》即以《木经》为基础编纂，此亦可见《木经》影响之大。

【苌凤】（苌，cháng）生卒年、籍贯不详，唐末、五代十国时期吴越国著名制笔工匠。事迹主要见于《唐才子传·罗隐传》中，称：“隐精法书，喜笔工苌凤，谓曰：‘笔，文章货也。今助子取高价。’即以雁头笺百幅为赠，士大夫踵门问价，一致千金。”意为：文人雅士喜欢苌凤制的毛笔。罗隐精通书法，对苌凤说：“笔，是文章的本钱，今天就帮你卖个好价钱。”送给苌凤百幅雁头笺纸，结果士大夫们一个接一个上门问价格，或以彩罗大组换之，苌凤由此获得巨利。

【日华子】生卒年不详，史载其为明州人。精通医学，撰有《大明本草》20卷，以药物寒温、性味、华实、虫兽为分类，自成一家，并撰有眼科医书《鸿飞集七十二问》。

【钟隐】生卒年不详，约为唐末、五代时期吴越国、南唐画家。其事迹主要见于《宣和画谱·花鸟二·钟隐传》。天台人，字晦叔。以其隐居钟山，遂为姓名。善于画猛禽榛棘，注重阴阳向背，能以墨色的深浅分出物体的正面与背面。起初想拜南唐著名画家郭乾晖为师，但又怕遭拒，便改名换姓住在郭乾晖家。直到有一天，钟隐画了一只鹞鹰在墙上，郭乾晖急忙去看，问："子得非钟隐乎？"于是对其刮目相看，钟隐由此闻名。其画作深得南唐后主李煜的喜爱，李煜常在钟隐画作上钤印题词并加以珍藏。

【罗塞翁】生卒年不详，五代十国时期吴越国画家，罗隐之子。其事迹主要见于《宣和画谱·畜兽二·罗塞翁传》。钱镠时为从事。善于画羊，称"精妙卓绝，世罕见其笔"。其父以诗闻名于世的时候，他工于绘画。

【方昊】生卒年不详，字太初，青溪县（今浙江淳安）人。生于唐末，唐朝灭亡后，隐居岩洞。钱镠曾征召，不就。在上贵精舍收徒讲学，时人称之为"静乐先生"。据《方氏家乘·世系》，方昊为唐末浙西方姓一世祖。

【孙郃】（郃，hé）生卒年不详，约唐亡前后在世，明州奉化（今属浙江宁波）人。唐乾宁四年（897）登进士第，任校书郎、河南府文学、累迁左拾遗。朱温代唐后，著文《春秋无贤人论》以寄愤，脱去官服，着布衣，归隐奉化。著述纪年皆用甲子表示，以示不臣服于后梁王朝。曾著有《孙子文纂》40卷、《孙氏小集》3卷、《孙郃集》40卷、《孙郃文格》2卷，全部佚失。

【宋荣】生卒年不详，婺州义乌（今浙江义乌）人。在婺州覆釜山中隐居，精通《尚书》《春秋》。后周广顺年间（951—953），钱弘俶多次征召，坚辞不就。宋荣去世后，学者门生为其加谥"文通先生"。

【范赞时】生卒年不详，苏州人，北宋名臣范仲淹的先祖。父亲范梦龄，官中吴节度推官。范赞时博学多识，编纂有《资谈》60卷，为当时文人士大夫争相收藏。其子范墉，在钱弘俶时期为官。纳土归宋后，被北宋朝廷授予武宁军掌书记。

【毛胜】生卒年不详，字公敌，晋陵（今江苏常州）人。钱弘俶时期任功德判官。性诙谐，喜雅谑。因出身水乡，特喜美食，自号“天馋居士”。又以吴越盛产鱼虾，毛胜便以龙王口吻撰写《水族加恩簿》。该文以数段“令”文开始，对“虾兵蟹将”发号施令，细细读之，饶有趣味。

【林逋】（967—1028）字君复，杭州钱塘人，吴越国末年至北宋初年著名隐士。幼孤力学，通经史百家，尤擅诗文。吴越纳土归宋后，拒科举入仕，结庐西湖孤山二十载，以植梅养鹤自娱，世称“梅妻鹤子”。其诗风清峭澄淡，尤工咏梅，《山园小梅》中的“疏影横斜水清浅，暗香浮动月黄昏”为千古绝唱。真宗闻其名，诏赐粟帛，命州县存问，逋皆婉辞不受。晚年自造墓庐，临终作“茂陵他日求遗稿，犹喜曾无《封禅书》”明志。卒谥“和靖先生”，著《林和靖诗集》4卷。其隐逸风骨与艺术成就，既延续了吴越士人“不事王侯”的传统，又开创了宋代文人山水审美的先河。

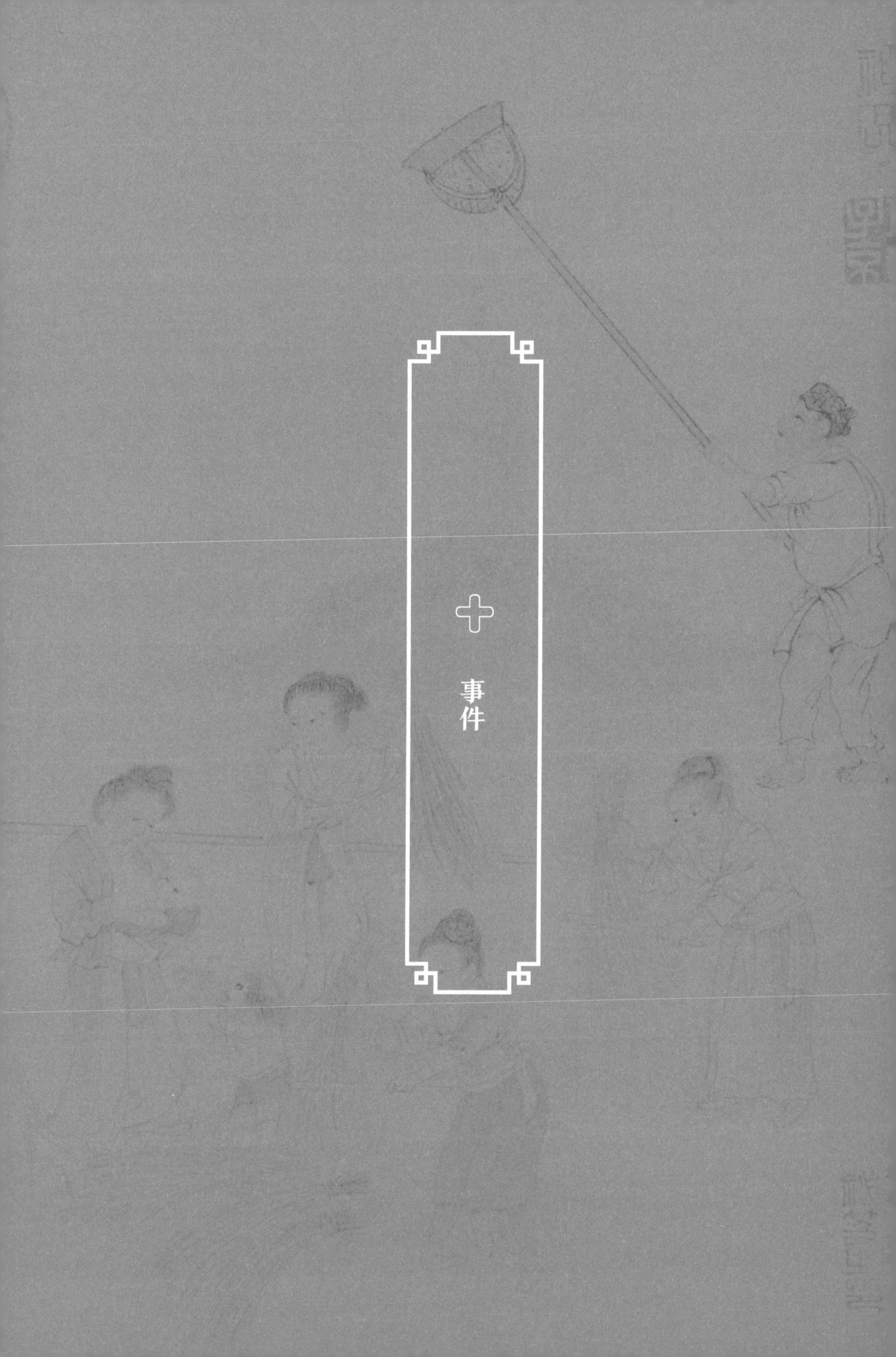

十 事件

在国家的政治生活中，总会发生足以决定国家未来发展走向或者深刻影响国民切身利益、生活状态的事件，此谓历史事件。纳土归宋的壮举虽然发生在历史上，但对于今天的祖国统一大业仍具有启示意义；衣锦还乡展现了政治家钱镠具有“烟火气”的另一面，其间所制《巡衣锦军制还乡歌》，千百年来为后人所津津乐道。

【衣锦还乡】或因钱镠家乡临安（安国县）距其统治中心杭州较近，钱镠在成为一方之主后仍然经常回到临安，《旧五代史·钱镠传》称之为：“于临安故里兴造第舍，穷极壮丽，岁时游于里中，车徒雄盛，万夫罗列。”《新五代史》《十国春秋》等史料亦有类似记载。从现有临安区的考古发掘实物来看，钱镠在临安大兴土木记载未必足信，但其声势浩大的“衣锦还乡”当为事实。综合史料记载，钱镠大规模衣锦还乡不少于五次，其中以唐天复元年（901）和后梁开平四年（910）的两次最为知名：天复元年（901），50岁的钱镠衣锦还乡，唐昭宗赐封钱镠为“彭城王”，升钱镠故里衣锦营为衣锦城，封石镜山为衣锦山，封大官山为功臣山，钱镠将所过之处皆以各色锦缎铺裹，盛况空前；开平四年（910），59岁的钱镠再次还乡，大宴家乡父老，70岁以上用银碗，80岁以上用金碗，90岁以上用玉碗，席间高唱《巡衣锦军制还乡歌》（又称《还乡歌》），这一曲目传承至今。

【保境安民】五代十国时期，南方吴、吴越、南唐、闽、楚、荆南、南汉、前蜀、后蜀等国奉行的国家基本政策，其中以吴越国的实践最为成功。这一政策出台的原因多种，一方面，当时北方黄河流域虽然战事不断，政权频繁更迭，但相较于南方而言，北方的后梁、后唐、后晋、后汉、后周等五朝军事实力仍然远强于南方，如荆南在高季兴统治时起初不行臣礼，桀骜不驯，据《旧五代史·高季兴传》记载，后唐明宗李嗣源随即“遣襄州节度使刘训总兵围荆南，以问其罪”；另一方面，由于军阀政治的特点，多为军阀出身的南方各国君主，同样面临着更小军阀的武力威胁，即便素以政局稳定著称的吴越国，仍然爆发武勇都之变、陈璋之乱、忠逊王被废等有军队牵涉其中的严重事件。这使得各国统治者纷纷认识到，有必要借保境安民之名压制军队势力，这样做一举多得，不仅能巩固既有权位，还能休养生息、恢复社会生产，由罗隐、孙光宪（901—968）等名士代替职业军人理政，可提高执政水平。“保境安民”的具体措施，以吴越国为例，主要有：奉中原王朝为正朔，采用中原年号，吴越国君登位需中原册封；臣属中原只是形式，联盟才是实质；和闽、楚、荆南等其他割据小国交好；避免对外战争，同时巩固防御设施，如扩建杭州城；推进便民措施，如扩大越窑生产，修建捍海石塘、圩田。由于吴越国历代国君的政策延续性，“保境安民”政策在实践中不断产生政治红利，吴越亦由此成为五代十国时期立国最久的一国。

【钱王射潮】古代浙江地区的海潮灾害，在钱塘江流域尤为严重。为减轻潮汐危害，保护沿线百姓安全，历代多有修建捍海塘之议，但多为民间行为，只有到钱镠主政时官方才真正付诸实践。后梁开平四年（910），两浙地区局势基本稳定，钱镠在国内确立绝对统治地位，杭州城扩建亦暂告一段落后，即在当年八月着手奏请后梁朝廷要求修建捍海塘，史称“钱氏捍海塘”。但修筑之初并不顺利，用传统的“版筑法”失败。《吴越备史》卷一《武肃王》记载：“初定其基，而江涛昼夜冲激沙岸，板筑不能就。王命强弩五百，以射涛头，又亲筑胥山祠，仍为诗一章，函钥置于海门。其略曰：‘为报龙神并水府，钱塘借取筑钱城。’既而潮头遂趋西陵。王乃命运巨石，盛以竹笼，植巨材捍之，塘基始定。其重濠累堑，通衢广陌，亦由是而成焉。”即后世所称的“竹笼沉石”法。所谓“胥山祠”，祭祀的是当时杭州百姓供奉的“潮神”伍子胥。相传在春秋吴越争霸时期，吴国忠臣伍子胥不满吴王夫差对自己的猜忌和迫害，死后化作“潮神”肆虐于钱塘江。当然，钱俨作为封建史家在文中所说的“强弩五百”之后就“潮头遂趋西陵”自然不足信，但钱镠此举也并非完全的迷信活动，而是反映了对治理海潮的决心，体现了人与自然谋求和谐，对筑塘大军有鼓舞士气的作用，从根本上讲，这有利于维系钱镠的统治。射潮、捍海塘建成后，钱镠在民间遂有“海龙王”之名。

【投龙银简】“投简”本为一种道教斋醮仪式中的一个环节。多为帝王之物，金、银质皆有，以银质为主。现存投简实物，以吴越国时期遗留为多。唐代武则天金简、唐玄宗告水府银简等唐代简亦有所存世。唐代简上多记向上苍保佑身体健康、求得长生不老等帝王个人之事，不见为国家、百姓祈福内容，常投于名山大川。到吴越国时期，投简活动成为上升到国家高度的制度化仪式，地址多选择和“水神”“水府”相关的西湖、钱塘江、太湖、鉴湖等，偶见有投放于杭州南山、北山、洞霄宫等“名山”之记载。吴越国早期，投简随意性较大，后来投掷时间为每年春秋两季的农历二、三、八月，由此成为定制，所记之事为祈求国泰民安、国运昌盛、辟土开疆、子孙兴旺等吉语，篇幅往往达200字以上。20世纪50年代，杭州西湖疏浚时发现历代吴越国王钱镠、钱元瓘、钱弘佐、钱弘俶的8枚银简。其中，发现了3枚钱镠投的银简，分别是62岁、63岁和66岁时所投。随银简同时出水的，还有一件鎏金铜龙。钱王银简作为吴越国国君为国家、百姓祈福消灾的信物，具有很高的文物价值，对史料记载缺失、不准确之处亦有所补充。钱王投简实物，今主要藏于浙江省博物馆。

【安重诲事件】发生于钱镠晚年的一场后唐和吴越国间的外交争端。事件发生的根本原因，是后唐权臣安重诲在条件远未成熟的情况下强硬削藩，企图重建中原权威。导火线是后唐明宗天成四年（929），后唐明宗李嗣源（一说系安重诲私派）派大臣韩玫、乌昭遇出使吴越国。韩玫为安重诲的亲信，且和乌昭遇不和。韩玫恃宠凌辱乌昭遇，据《新五代史·安重诲传》记载，“（韩玫）因醉使酒，以马棰击之”。钱镠据此以一般礼节接待韩玫，并计划就韩玫劣迹上奏后唐皇帝，但乌昭遇不许，认为有辱国体，钱镠也就未深究。但韩玫回国后却诬称乌昭遇私将朝中秘事告诉钱镠，并称钱镠为“殿下”，行使臣对君的叩拜大礼。安重诲得报后，或在李嗣源的默许下，上奏要求赐乌昭遇自尽，并剥夺钱镠在身官爵，勒令以太师名义致仕。李嗣源准奏，并下诏逮捕吴越国驻后唐都城洛阳进奏院的有关人员，其他人等也要求当地部门一律抓起来治罪，两国关系一度跌入冰点。长兴元年（930），吴国攻荆南，李嗣源怀疑吴越和此事有关，便下诏诘问。钱镠先命钱元瓘上表申诉，但为后唐所拒。又派钱元瓘前往洛阳面见李嗣源，主要表明：自己确实礼仪有失，应当检讨；后唐如能宽恕自己，那吴越的进贡仍将不断。与此同时，钱镠断绝对后唐的进贡，扣留后唐访问闽国遇台风漂至杭州的使臣。当时，后唐刚历经开国皇帝李存勖时的伶人内乱，国家元气大伤，经济极为困难，损失吴越国的朝贡无异于雪上加霜。长兴二年（931），李嗣源遂“以其绝钱镠，致孟知祥、董璋反，及议伐吴，以为罪”，将安重诲当作替罪羊杀掉。同年正式为钱镠平反，两国关系实现正常化，“复（钱镠）元帅、尚书令、国王如故”。

【丽春院大火】钱镠在隋唐杭州州治的基础上，重建了许多宫室、台馆，如握发殿、都会堂、八会堂、阅礼堂、功臣堂、天宠堂、仙居堂、天册堂、思政堂、武功堂、大庆堂、瑶台院、丽春院、咸宁院、义和院、天长楼等。后晋天福四年（941）七月十六日，丽春院起火，火势很大，《十国春秋》卷七九《文穆王世家》称：“（大火）延于内城，毁宫室，府库几尽。”钱元瓘焦虑万分，无奈到瑶台院躲避，或因瑶台院本是钱元瓘世子钱弘僔（zǔn）的府邸，而钱弘僔已于一年前早夭，钱元瓘触景伤情而引发癫狂，进而导致精神失常，次月去世，享年 55 岁。一场原为意外事故的丽春院大火，给吴越国政局带来深远影响：由于元妃恭穆夫人马氏不育，钱元瓘年近四十纳妾后才有子，他的突然去世让第六子（事实上的次子，时年 14 岁，钱元瓘前四子皆为养子，钱弘僔为第五子）钱弘佐过早接班，“主少国疑”的局面产生。加之钱元瓘临终托孤的重臣之一胡进思位高权重，并不乏野心，这为钱弘佐之后忠逊王钱弘倧的被废、国家高层一时遭血洗埋下了远因。

【戴阚之变】后晋天福六年（941），年仅 14 岁的钱弘佐即位，因年幼，始为国中部分高级将领所轻，吴越国一些本来在钱镠、钱元瓘铁腕压制掩盖下的问题逐渐暴露出来。钱弘佐在位时期，有大将欲在钱氏宗室中另行择选年长者行废立之事，为此钱弘佐两次发动政治肃反。第一次发生在后晋天福六年（941）。钱元瓘去世未久，内牙指挥使戴恽谋求立时任弓马诸军都指挥使、即统领王室亲兵的钱元瓘养子（本姓孙）钱弘侑为王。忠于王室、和戴恽同样握有内牙军实权的章德安得报后，秘不发丧，以钱元瓘名义召戴恽入王府，埋伏甲士将其扑杀，废钱弘侑为庶人，恢复其原姓后，幽禁于明州。第二次发生在后晋开运二年（945），阚燔（一作璠）也是内牙军的一名主要将领，戴恽被杀后，成为内牙军的实际指挥者之一。据《资治通鉴》卷二八三《后晋纪四》记载，阚燔为明州人，称：“吴越王弘佐初立，上统军使阚璠强戾，排斥异己，弘佐不能制。”钱弘佐不甘心成为傀儡，通过拉拢另一名内牙军中资历甚高的将领胡进思，让他佯装和阚璠一同外调以收阚璠兵权。实际上两人外调性质有别，阚璠为真，胡进思为假，胡进思根本没离开杭州。同年年底，钱弘佐以谋求在越州立从兄、钱元瓘养子钱仁俊为王的罪名杀阚璠，4年前被执的钱弘侑亦同时被杀。戴、阚之变反映了吴越国王和宗室、内牙军的矛盾，也有养子和亲子间的隔阂。通过两兴大狱，诛杀了不听命于己的将领，钱弘佐为亲政铺平了道路，但亦造成内牙军另一名高级将领胡进思尾大不掉之势，这为钱弘佐身后忠逊王钱弘倧的被废埋下了祸根。

【胡进思之变】后汉天福十二年（947）六月，钱弘佐去世，享年20岁，因钱弘佐之子钱昱年幼，故众臣迎立19岁的钱弘倧即位。钱弘佐在位时，诸将骄横，虽然擅权者有遭诛杀，然而对下属总体还是颇为宽大。而钱弘倧个性严厉坚定，继位后，急欲改变这种情形，因此极力抑制将领。矛盾的焦点便是四朝元老、90余岁高龄的内牙军统军使胡进思的去留问题。胡进思自恃资历深厚，接受钱元瓘托孤辅佐钱弘佐，又有迎立钱弘倧之功，经常干预政事。钱弘倧年轻气盛，每当看到胡进思言行有逾制出格，便大加责备，君臣矛盾日渐激化。钱弘倧王位被废的直接原因，是他曾召水丘昭券、内牙指挥使何承训密谋驱逐胡进思，事后却一直犹豫不决。何承训恐受牵累，向胡进思告发。胡进思于天福十二年（947）十二月三十日夜，乘钱弘倧举行宴会时，带兵入宫废钱弘倧王位，对外宣称钱弘倧患风疾，新立钱弘俶，同时杀水丘昭券。钱弘倧被废后，继位的钱弘俶和胡进思曾有约定："若全吾兄，乃敢承命，不然当避贤路。"胡进思同意。但后来胡进思撕毁约定，多次遣刺客试图杀钱弘倧，均被保护钱弘倧的军队击退。钱弘倧先被钱弘俶安置于安国县（今杭州市临安区），后周广顺元年（951）后，又迁居东府越州，最后得以善终。

【钱俶入朝】共有两次。北宋开宝八年（975）十一月，北宋、吴越联军灭南唐。次年正月，钱俶偕王妃孙太真、世子钱惟濬从杭州出发，携厚礼前往北宋都城汴京朝觐宋太祖。这是钱俶本人暨历代吴越国王第一次亲自前往中原王朝都城。在汴京期间，得到了宋太祖赵匡胤在他任内"誓不杀钱王"

的承诺，《宋史》卷四八〇《吴越钱氏》记载：“（钱）俶涕泣言愿三岁一朝。”三月，钱俶一行离开汴京。临行前，《东轩笔录》卷一记载：“太祖命于殿内取一黄复，封识甚密，以赐俶，且戒以途中密观。（俶）暨归途启之，凡数十轴，皆群臣所上章疏俶自是益感惧。”当年十月，赵匡胤突然去世，其弟赵光义即位，旋即改名赵炅，是为宋太宗。太平兴国三年（978）二月，钱俶第二次入朝觐见宋帝，厚其贡奉且上疏自求解职意在保国，未果。当年五月，钱俶纳土，吴越国历史终结。

【纳土归宋】北宋开宝九年（976）十月，宋太祖赵匡胤去世，其弟赵光义即帝位，是为宋太宗，这对于钱俶而言，意味着吴越灭国风险进一步上升。因当年钱俶向宋太祖表示要“子子孙孙，尽忠尽孝”时，宋太祖就表示：“但尽我一世耳，后世子孙亦非尔所及也。”太平兴国三年（978）二月，为保住吴越国，钱俶携带更为厚重的贡赋，第二次入汴京朝觐宋太宗，但未收到效果。当时，与钱俶同时抵京的还有割据福建漳、泉二州的陈洪进。同年四月，陈洪进纳土。钱俶遂下定决心纳土，其身边之人大多强烈反对，《续资治通鉴长编》卷十九述及此事时，称“左右争言不可”。唯有丞相崔仁冀等少数官员从钱俶议。五月，钱俶上表献 1 军、13 州之地，共有 86 县、550680 户人口、115036 员兵士。宋太宗封钱俶为淮海国王，世子钱惟濬为淮南节度使兼侍中，其余诸子亦均有册封。《宋史》卷四八〇《吴越钱氏》记载，当年七月，钱氏宗室“缌（sī）麻”（古代丧服名，用以表示血缘关系远近）以上家眷和各级官吏分乘 1044 艘船走水路前往汴京，宋太宗命沿线官兵行护送之责。北宋朝廷共授原吴越国丞相以下 2500 余人官职。至此，80 余年的吴越国的历史，宣告结束。纳土归宋，让吴越国一方疆土和黎民百姓避免了战火荼毒，在中国历史上第一次实现了一个强盛的割据王国与中央政权的和平统一，历来被认为是顺应历史潮流之义举。为感怀钱镠等吴越国历代国君功绩，北宋时期西湖边修建了钱王祠供人瞻仰，苏轼撰写《表忠观碑记》，祭钱王活动流传至今。

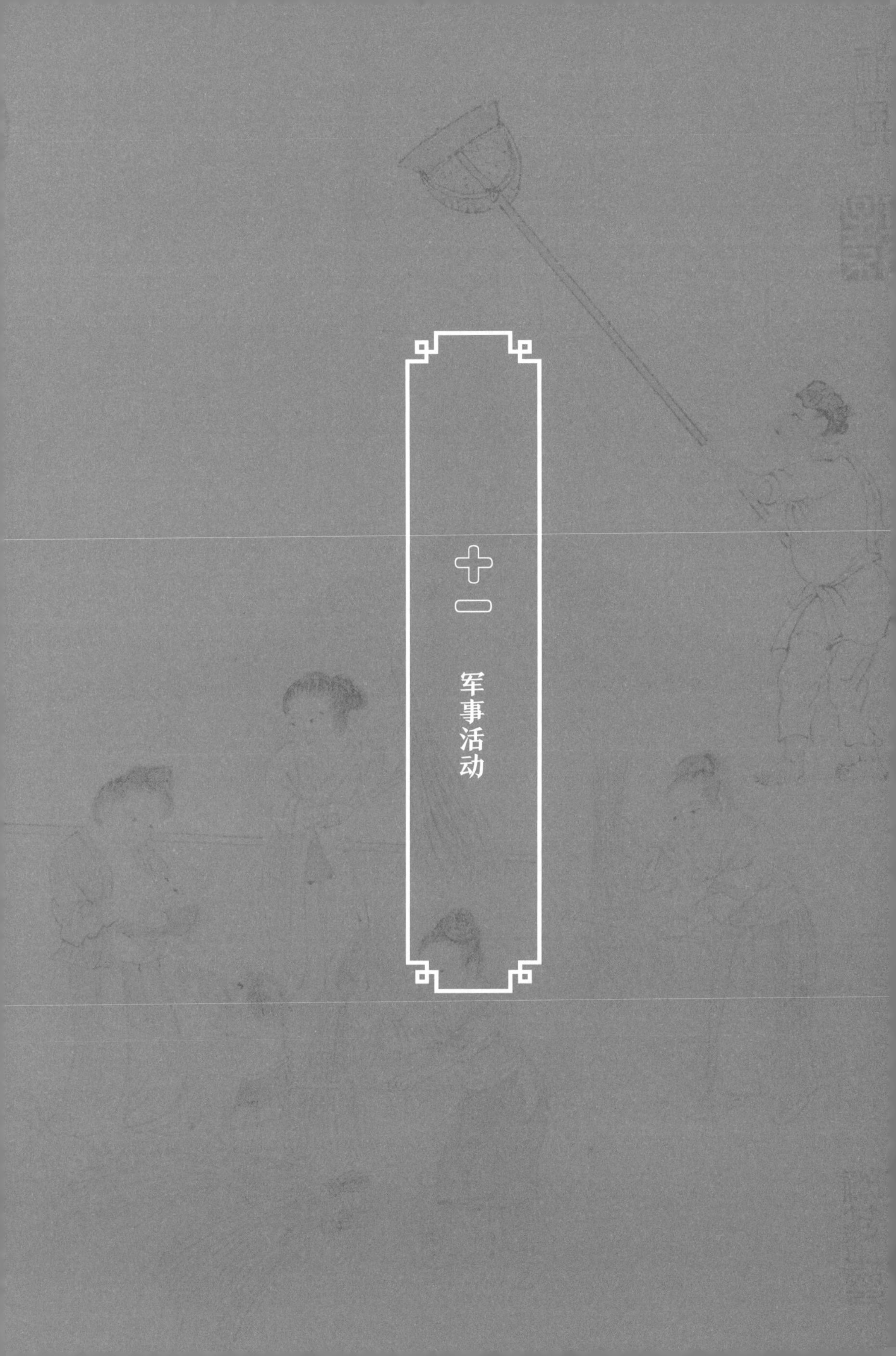

十一 军事活动

“保境安民”是钱镠制定的基本国策。实行这个政策，是由国情决定的。吴越国北部、西部是有着二十八州版图的吴国（后为南唐），南方是幅员和己相类、但不构成威胁的闽国，因此吴越国的战事体现出明显的“远交近攻”特点，即交好不相邻和弱小之国，以共同牵制、打击吴国（南唐）。从作战实践看，吴越国战事有不少值得称道之处：钱镠计退黄巢，显示了他的胆略和乘敌之隙、出奇制胜的谋略；钱元瓘利用风向、火攻进行的狼山江水战，颇有赤壁大战遗风，发展了古代水上作战的战术和技术。不想战而又不怯战，这是吴越国作战思想和军队实力的贴切反映。

【王郢之乱】钱镠早期军事活动之一。据《新五代史》《十国春秋》记载，唐乾符二年（875），浙西镇遏使王郢发动叛乱，董昌招募乡兵讨贼，任命钱镠为偏将，钱镠率军打败王郢。但《吴越备史》卷一《武肃王》中只提到："乾符二年夏四月，浙西镇遏使王郢作乱，敕本道征兵讨之。时董昌戍石镜镇，亦募乡里之众，以副召王。王遂委质于董氏，始为偏将。"未直接说明钱镠是否击败王郢。《资治通鉴》卷二五三《唐纪六十九》则记载："王郢之乱，临安人董昌以土团讨贼有功，补石镜镇将。"未提到钱镠。在《武肃王八训》和皮光业为钱镠所作《吴越国武肃王庙碑铭》(收录于《全唐文》卷八九八中)，亦未述及征讨王郢。综合分析，此战董昌有参加，钱镠或未参加，或参加了、但未扮演关键性角色。

【朱直、孙端之乱】钱镠早期军事活动之一。约发生于唐乾符五年（878），即钱镠投奔董昌3年之后，被《吴越国武肃王庙碑铭》赞为"王之初功也"。朱直（《十国春秋》《吴越备史》称为"朱直管"，或同一人）、孙端生卒年、籍贯不详，大约是流窜于浙西地区的土匪。钱镠击败朱直、孙端后，因功被唐朝廷授石镜镇衙内知兵马使，迁镇海军右职。

【曹师雄之乱】钱镠早期军事活动之一。根据《十国春秋》卷七七《武肃王世家上》记载："（乾符）五年，群盗朱直管、曹师雄、王知新等剽掠宣、歙间，镠率兵讨平之。"则曹师雄之乱发生年代为朱直、孙端之乱同年，为878年。曹师雄其人，在《资治通鉴》卷二五三《唐纪六十九》中有记载："王仙芝余党王重隐陷洪州，江西观察使高湘奔湖口。贼转掠湖南，别将曹师雄掠宣、润。诏曾元裕、杨复光引兵救宣、润。"据此，曹师雄为王仙芝农民起义军将领。不过，钱镠参与此战仅见于《吴越备史》和《十国春秋》，《武肃王八训》和《吴越国武肃王庙碑铭》没有涉及，此战和王郢之乱类似，钱镠或未深度参与。

【八百里之役】钱镠早期军事活动之一。唐广明元年（880），黄巢起义军一支偏师2000人进入临安，钱镠率20人设伏奇袭成功，并提出一项重要的军事思想："此可一用尔。"接着，又赶赴临安"八百里"（地名），佯称“临安兵屯驻八百里”，使进入临安的这支黄巢起义军部队不敢妄动。统筹江淮剿匪的淮南节度使高骈听说钱镠阻击黄巢军后，在广陵（今江苏扬州）召见董昌、钱镠。时任镇海军节度使周宝（一说为淮南节度使高骈）上表奏请任命董昌为杭州刺史，钱镠为都知兵马使。同年十一月，黄巢攻占唐东都洛阳，十二月占长安，唐僖宗出逃。杭州各县在原有乡兵基础上组建“八都兵”以自保，临安县石镜都（别称“临安都”）以董昌为首，钱镠为副。

【第一次杭越战争】董昌、钱镠与刘汉宏争夺两浙地区霸权的战争。唐中和二年（882）七月，浙东观察使刘汉宏派遣其弟刘汉宥等率兵驻扎在钱塘江东岸的渡江要地西陵，计划进攻浙西。钱镠率八都兵乘夜渡江，火烧其营，刘汉宥等逃走。同年十月，刘汉宏派遣部将率兵 7 万驻扎钱塘江沿岸，钱镠再一次乘夜渡江袭营成功。中和三年（883）三至五月，钱镠又在杭州附近的诸暨、萧山等地打败刘汉宏军队。同年十月，刘汉宏派遣其弟刘汉容等率军 10 万谋求西渡，再败于钱镠，刘汉容被杀，刘汉宏化装成厨师逃脱。中和四年（884），唐朝廷曾派人来要求两方议和，不成。光启二年（886），钱镠向董昌提出：“除恶务去根本，不尔当为后患，愿以全师讨汉宏。”率军开道 500 里攻越州，大破刘汉宏。刘汉宏战败后逃往台州，为台州刺史杜雄所执，并献给钱镠，最后钱镠手刃之。按照战前董昌、钱镠二人的约定，董昌在刘汉宏集团覆灭后移师越州，将杭州让给钱镠。董昌放弃杭州的原因，约为当时杭州刺史归浙西节度使周宝节制，一旦到浙东则有望自任节度使。再者，越州乃当时重要经济中心，杭州不如越州富庶。董昌后来果然被唐朝廷任命为义胜军节度使、越州观察使，钱镠则任杭州刺史。此战使钱镠开始拥有独立的地盘，迈出了独立建国称王的第一步。

【薛朗之乱】唐光启三年（887）三月，浙西节度使周宝的统治支柱镇海军士卒因待遇问题在治所润州（今江苏镇江）发动兵变，推度支催勘使薛朗为留后，周宝的亲兵部队无力抵抗，倒戈加入叛军的行列，四处烧杀抢掠，周宝逃往常州。名义上的周宝下属、时任杭州刺史的钱镠便以替周宝报仇为名，于同年五月命东安都将杜稜、浙江都将阮结、靖江都将成及率军讨伐薛朗。六月，钱镠军队击败叛军。十月，攻占常州，周宝为钱镠所解救。年底，周宝去世。同时，钱镠挥师北上攻克润州，生擒薛朗，剖其心祭祀周宝。光启四年（888）九月，钱镠派钱銶攻苏州，至次年三月占领苏州。通过此战，钱镠新占润州、常州、苏州，进一步扩大了统治区域。

【孙儒之乱】唐光启三年（887）九月，杨行密趁乱攻占原淮南节度使高骈治所广陵。文德元年（888）四月，蔡州军阀孙儒占广陵，杨行密退庐州（今安徽合肥）。同年八月至龙纪元年（889）六月，杨行密又下宣州、池州。与此同时，孙儒攻庐州，兵锋直指宣州。杨行密忧宣州不保，于龙纪元年（889）十月，派田頵从钱镠手中夺常州。同年十二月，孙儒夺润州，钱镠辖下的润州刺史成及出奔，后又夺杨行密常州。大顺元年（890）二月，杨行密趁朱全忠南下，孙儒疲于应付，又夺回润、常州。但由于同年六月朱全忠表孙儒为淮南节度使，朱、孙矛盾缓和，孙儒又克常、润二州。杨行密的常州刺史后又占钱镠的苏州。钱镠苏州守将沈粲投孙儒，同年底，孙儒杀新占苏州的原杨行密派驻常州的刺史，仍以沈粲守苏州。润、常、苏三州至此均为孙儒所有。大顺二年（891）正月，孙儒率军渡江南下，在溧水为杨行密所败，后屯兵苏州，见钱镠水师迎战，退军。同年七月，孙儒弃原根据地广陵，以苏州为给养，再从太湖南侧前往淮南寻机与杨行密主力决战。大约同时，杨行密再占广陵，并于年底得钱镠援助解宣州之围，又在苏州至淮南必经的湖州安吉断孙儒粮道。钱镠趁孙儒长期在淮南前线，年底派军收复苏州。此时，常州土著陈可言夺孙儒常州，后为杨行密所败。至景福元年（892）六月，孙儒军队粮草耗尽，疫病流行，杨行密派田頵等率军攻孙儒获胜，斩孙儒，传首长安，并将叛变的沈粲交钱镠，钱镠杀之。孙儒之乱是一场涉及孙儒、钱镠、杨行密的混战，三人中任何一人与其他两人都有交锋。在此之前，钱镠占润、常、苏三州，但自此以后润、常州始终为杨行密占据，再未能夺回。钱镠保有苏州，奠定了之后数十年杨氏吴国（南唐）与吴越国的北部疆域基础。

【第二次杭越战争】第一次杭越战争后，钱镠开始拥有独立的地盘杭州，但其东面是董昌，北面、西面是杨行密，钱镠腹背受敌。由于钱镠的实力无法和杨行密抗衡，故钱镠要巩固、扩大自己的势力范围，势必要先解决董昌的威胁。唐乾宁二年（895）正月，董昌在浙东越州称帝，国号大越罗平，建元顺天，并任命钱镠为伪两浙都指挥使，这给钱镠出兵讨伐董昌提供了口实。钱镠先写信要求董昌取消帝号，不听。钱镠又率军3万来到越州城下“兵谏”，董昌出200万犒军钱请钱镠退兵，又逮捕唆使其称帝的首谋者献给钱镠斩首。大约与此同时，唐朝廷下诏授钱镠讨伐董昌之权，并遣使犒钱镠军。同年夏四月，钱镠父钱宽去世。秋七月，唐朝廷“起复”钱镠，命其讨伐董昌。董昌向杨行密求救，杨行密派大将徐约等攻苏州、杭州、嘉兴，陷苏州，俘钱镠辖下苏州刺史成及。钱镠一度想回师救苏、杭二州，被顾全武劝阻，遂全力进攻越州。其间，董昌取消帝号。至乾宁三年（896）五月，董昌集团内部发生兵变，内外交困。钱镠派原董昌故将以奉召回临安致仕的名义游说董昌，董昌无奈交出印牌投降。同年冬十月，唐朝廷授钱镠镇海、镇东军节度使。乾宁四年（897）八月，唐昭宗赐钱镠“恕卿九死，子孙三死”的金书铁券一具。通过此战，钱镠势力从浙西扩展至浙东，吴越国的雏形初具。

【第一次苏州之战】在平定董昌集团的战争中，钱镠失去苏州。唐乾宁四年（897）秋七月，钱镠命顾全武收复苏州。顾全武率军相继占领松江、无锡、常熟、昆山等地，对苏州形成合围之势。至乾宁五年（898）三月，杨行密派部将周本救苏州，被顾全武击退，但原已占领的昆山又被淮南另一名将领秦裴夺回。同年九月，杨行密辖下的苏州刺史台濛弃城而走，顾全武克苏州，再败周本援军于望亭（今属江苏苏州）。顾全武最后率军万人以水灌昆山城迫使守将秦裴投降。至此，苏州再一次回到钱镠手中。在第一次苏州之战打响之前，乾宁三年（896），钱镠趁湖州刺史李师悦去世、政权更替之机占领湖州，后又于乾宁四年（897）四月命顾全武解嘉兴之围。此战使钱镠统治中心杭州的北部边境得到巩固。

【婺衢之战】唐光化元年（898，该年正月至八月为乾宁，之后改元光化）九月，婺州（今浙江金华）刺史王坛进攻东阳，东阳镇将王永据守。名义上为两人上司的镇东、镇海军节度使钱镠遣使令两人休战，王坛、王永均不听。钱镠便以此为借口讨伐王坛，又以大不敬为由，杀东阳镇将王永。同年闰十月，钱镠派兵攻婺州。光化二年（899）三月，被围的王坛向宣州军阀田頵求救，田頵派部将康儒领兵救援，败钱镠攻婺州之军，占婺州。光化三年（900）春正月，康儒攻钱镠所属的睦州，钱镠派弟弟钱銶迎战，败康儒，乘胜占婺州。约与此同时，衢州刺史陈岌以州投杨行密。光化二年（899）正月，顾全武败陈岌军队，并围攻衢州。被围一年后，陈岌投降。此战使钱镠占有婺、衢二州，统治区域进一步扩大。

【临安之战】唐天复元年（901）冬十月，杨行密闻言钱镠已死，便派步军都指挥使李神福攻杭州，钱镠派顾全武、方密率军抵御。两军对垒期间，李神福得知钱镠并未亡故，就抓了一些杭州籍俘虏，对外宣称即将退兵，俘虏有逃走的，也不去追。命老弱病残之兵先行撤回，而埋伏精兵于青山（今属杭州市临安区），顾全武不知是计，率军追击，结果中伏被擒。又进攻临安，但临安城池坚固，久攻不下，李神福担心受到钱镠阻击，便佯称派兵保护钱镠祖父、父亲坟墓，迫使钱镠遣使向李神福表示感谢。李神福在道路上安插旌旗佯作安营扎寨，钱镠以为大批淮南军队即将到来，便请求停战议和，李神福同意，在接受大量礼物赠予后，撤兵而回。此战完全是因为杨行密根据不实情报出兵想乘机浑水摸鱼，故一旦探得实情，杨行密军队并无久留之意。

【武勇都之变】一场由钱镠精锐部队武勇都的指挥官左都指挥使许再思和右都指挥使徐绾发动的叛乱。徐、许二人皆为孙儒降将。唐天复二年（902）八月，徐绾及所部武勇都士卒在临安修筑沟洫，因天气炎热，士卒多有怨言。工程结束后，钱镠设宴犒劳有关将校，徐绾在宴席上和钱镠发生冲突。之后钱镠命徐绾先行回杭。徐绾回到杭州后，立即和镇守杭州外城的武勇都左都指挥使许再思联合发动叛乱，企图一举攻克钱镠的统治中心杭州，但遇到驻守内城将领马绰、钱镠第三子钱元瑛的顽强抵抗。东安都将杜建徽和湖州刺史高彦闻讯即举兵救杭。至九月，宣州军阀田颙应徐、许二人请求围攻杭州内城，并要求钱镠让出杭州等浙西之地方能退兵，为钱镠所拒。钱镠利用田颙与名义上的上司杨行密的矛盾，以六子钱元璙作人质娶杨行密之女为条件，促使杨行密向田颙施压，同时发动和平攻势，以第七子钱元瓘作人质娶田颙之女为妻，又出100万犒军钱的代价方使田颙退兵。徐、许见田颙退兵，亦随其赴宣州。天复三年（903），田颙叛杨行密，钱镠出兵相救，平叛后杨行密将徐绾交钱镠处决。此战促使钱镠重视作为统治支柱内牙军的武勇都和外镇兵的八都兵两者力量对比和统帅人选问题，由钱氏宗室子弟担任军政要职遂成为惯例。

【陈璋之乱】唐天复三年（903）正月，温州爆发兵变，刺史丁章被杀。同年七月，睦州刺史陈询叛钱镠。天祐二年（905），处州（今浙江丽水）刺史卢约攻陷温州。同年四月，衢州刺史陈璋引淮南陶雅攻婺州，至九月，婺州城陷。短短两年之内，钱镠统治区域5个州均掀叛乱。陈璋随即攻暨阳（今浙江诸暨），被钱镠击败。天祐二年（905）十一月，杨行密去世。天祐三年（906）正月，叛钱投杨的睦州刺史陈询弃城而逃，陶雅亦回淮南。失去外部支持的陈璋被迫放弃婺州，退保衢州，随即衢州又被钱镠军队包围。淮南统治者更迭，淮南方面决定放弃衢州，接应陈璋去淮南，持续3年的陈璋之乱至此结束。天祐四年（907），钱镠派第六子钱元璙、第七子钱元瓘成功克复温、处二州。至此，后来吴越国（除福州地区外）的各个州县全为钱镠所掌握，钱镠已事实上封邦建国。

【第二次苏州之战】后梁开平二年（908）八月，吴越王钱镠派遣使者前往后梁都城汴京，商议共防吴国事宜，此事未几便被吴国侦知。九月，吴国先发制人，派将领周本、吕师造攻吴越国苏州。吴越将领张仁保攻占常州（属吴国管辖）附近的东洲（今属江苏常州），缴获战船102艘，吴军死伤万人。接着，吴国派遣池州团练使陈璋（即先期叛逃的原钱镠派驻衢州刺史）率领救援部队赶到，击败张仁保，夺回东洲，后与周本、吕师造会师合围苏州。

吴越国第一次解苏州之围失败。开平三年（909）四月，钱镠派钱镖、杜建徽、何逢、司马福率军再次解苏州之围。吴军在通往苏州城内的水道布网，并系以铃铛，企图完全隔绝苏州和外界联系。吴越国援军故意用竹竿触网，待吴军拉网时，便派游奕都虞候司马福等水性好者趁虚潜入。第二次解苏州之围获得成功，吴越援军和城内守军里应外合，大败吴军，俘虏吴军将领、士卒3000余人，缴获甲胄兵器20余万件。

【湖州之战】后梁开平三年（909），一场由湖州刺史高澧发动的叛乱。高澧之父高彦为八都兵旧将，忠于钱镠，但死后仍然以儿子嗣位，钱镠对湖州仅维持名义上的控制。战争起因，是高澧组建新的内牙军“侪（chái）要都”作为亲兵，又与高彦所留的八都兵旧部发生火并。钱镠久闻高澧好杀，决定借此机会进行武力干预。高澧得知消息后，先发制人举兵起事。钱镠遂派弟弟钱镖攻湖州，高澧引吴国陈璋、李简军队救援，但遭到部将盛师友、沈行思抵制，盛、沈二人关闭城门，吴国援军无法入内。此时钱镠又派钱元璙增援钱镖攻打湖州，吴国军队见无胜算，便接高澧前往吴国。此战吴越、吴国两军或未有直接交锋。战后，钱镠得以实现对湖州的实际控制。

【千秋岭之战】后梁乾化三年（913），吴国行营招讨使李涛率兵2万过於潜县（今属杭州市临安区）千秋岭攻安国县，钱镠派湖州刺史钱元瓘领兵御敌。钱元瓘在千秋岭附近伐木截断吴军退路，据《资治通鉴》卷二七〇《后梁纪五》记载，又恰逢吴军马军指挥曹筠临阵倒戈，故吴越军大败吴国军队，俘虏吴军士卒8000多人，主帅李涛亦被俘。两个月后，吴国将领花虔屯兵广德（今安徽广德），再犯衣锦军，为钱元瓘所败。

【常州之战】在吴国将领李涛企图率兵过千秋岭进攻临安，钱元瓘领兵迎敌的同时，钱镠还派钱元璙率水军进攻东洲。后梁乾化三年（913），钱元瓘取得千秋岭之战的胜利后，于同年六月攻占广德，俘虏吴军士卒7000余人，北上与刚在常州和吴国军队作战中获胜的钱元璙部会合。同年秋九月，钱镠命钱元瓘、钱元璙和钱元琠攻吴国常州，屯兵于潘葑（今江苏无锡北），但后被吴国实际统治者徐温和部将陈祐从侧翼夹击，吴越国军队大败。千秋岭之战和常州之战均以主动挑起战争一方失败，吴越、吴国的力量均势进一步固化。

【虔州之战】后梁贞明四年（918）正月，吴国出兵攻虔州（今江西赣州），但久攻不下，且军中发生疫病，不久主帅去世，吴国派镇南节度使刘信代之。虔州守将谭全播向吴越、楚、闽三国求救。吴越国派钱元球、鲍君福领兵2万攻信州（今属江西上饶），斩吴国名将吕师造，信州刺史周本仅以身免。吴越国军队原计划和楚、闽援军会合，但因楚军败于吴军，吴越、闽国军队只得撤退。至同年十一月，吴军占领虔州，俘虏谭全播。吴越国和中原的陆上通道遂告中断，在此之后，吴越国进贡中原皆走海道。

【狼山江水战】中国古代战争史上以奇制胜的著名战例。后梁贞明四年（918），实际控制吴国军政大权的权臣徐温之子徐知训（？—918）被杀，徐温被迫以养子徐知诰（即后来南唐的建立者李昪）代替辅政，吴国政局由此不稳。次年三月，钱镠派钱元瓘率战船从东洲进攻吴国，两国水军在狼山江（在今江苏南通）相遇。钱元瓘利用风向向吴国战船洒灰，同时又抛掷豆粒，导致吴军士卒纷纷滑倒。除此之外，吴越国水军还以阿拉伯地区进口的火油（即石油）进行火攻。此战吴越国大败吴国水军，钱元瓘俘虏吴国将领70余人，斩首千余级。

【无锡之战】后梁贞明五年（919）七月，钱镠派遣钱元瓘领兵3万进攻吴国常州，吴国方面由徐温领兵迎敌，两军战于无锡。由于徐温患病，部将从士卒中挑选了一位长得很像徐温的人，穿上将官服饰冒充徐温指挥作战。徐温休息得当后，即上阵指挥作战。因是陆战，吴国军队借干旱草枯的便利使用火攻，吴越军步兵遂大败。吴越军将领何逢、吴建被杀，钱元瓘败逃，士卒被斩首万余级。此战失利对钱镠震动很大，据《资治通鉴》卷二七〇《后梁纪五》记载："吴越王镠见何逢马，悲不自胜，故将士心附之。"吴国将领建议徐温乘胜追击，灭亡吴越国。徐温不许，遣使议和，并交换俘虏。至此，吴国、吴越虽屡有大战，互有胜负，但始终未能改变自杨行密时代以来奠定的疆界，两国进入长期对峙局面。

【建州之战】后晋天福五年（940）正月，闽国建州（今福建建瓯）刺史王延政因和时任闽国皇帝王延羲（？—944）不和，发动叛乱。二月，王延羲派军包围建州。王延政向吴越国求救。吴越国丞相林鼎反对出兵救援，但钱元瓘还是派仰仁诠领兵4万南下救建州。在前往闽国途中，王延政已打败了王延羲的军队。待吴越国军队抵达建州，王延政出酒肉犒军，原希望吴越军能就此退兵，但仰仁诠等将领却有谋占建州之心，遂引起王延政和闽国统治集团高度警觉。王延羲派兵2万前往建州，吴越军队往北试图撤回国内，却在撤军途中被王延羲截击，大败，吴越军被俘虏、斩杀万人，主帅仰仁诠连夜逃回。钱元瓘介入纯粹的闽国内部事务，事实上有违钱镠既定的联合闽、楚等小国，共抗淮南的"保境安民"政策。

【第一次福州之战】后晋开运二年（945）九月，南唐军队灭闽国，俘虏皇帝王延政。但南唐在福建地区的统治却较为脆弱，尤其是福州守将李仁达，有很强的独立性。开运三年（946）六月，南唐枢密使陈觉要求李仁达入南唐都城金陵（今江苏南京）朝觐，为李仁达所拒。陈觉遂擅自调兵攻打福州。至同年九月，福州外城被南唐军攻陷，李仁达遣使于吴越求救。十月，吴越国国王钱弘佐派钱弘亿等率兵3万救援福州。十一月抵达福州，但和李仁达军一起陷入南唐军包围，第一次救援宣告失败。后汉天福十二年（947）三月，钱弘佐再次派军从海路前往福州，登陆成功，和福州城内的李仁达部夹击城外的南唐军队。南唐军大败，吴越军占领福州。此战使吴越国避免了北、西、南三面被南唐包围的困局，增强了国家地缘政治优势。南唐虽名义上占领了除福州以外的福建地区，但割据泉州、漳州的军阀留从效（906—962）并不听从金陵号令，还和吴越国结为政治盟友，吴越国成为闽国灭亡的最大赢家。

【第二次福州之战】后汉天福十二年（947）吴越国占领福州以后，福州出现两强并立的局面，一方是钱弘佐派往驻守福州的鲍修让，另一方则是原福州守将李仁达。在主客矛盾的作用下，两人矛盾遂渐激化。至同年底，李仁达密谋再投南唐，鲍修让先发制人杀李仁达，并传首杭州。后汉乾祐三年（950）二月，福州有人报告南唐的建州留后查文徽（885—954），称吴越军队已弃城而走，请查文徽接管福州。查文徽派建州刺史陈诲率水军从闽江前往福州，自己则稍后前往。《资治通鉴》卷二八九《后汉纪四》记载，陈诲率领的南唐水军以“一夕行七百里”的速度赶到福州城，击败吴越国军队。待查文徽抵达福州，继鲍修让镇守福州的吴越国守将吴程率数百人诈降，查文徽轻信且不听陈诲劝阻，在毫无防备的情况下中伏被擒，南唐军损失万人。此战南唐再次失败，暴露了该国统治集团的腐败无能，亦让吴越国巩固了在福州地区的统治，南唐已再无可能吞并吴越。

【助后周伐南唐之战】后周显德三年（956），周世宗伐南唐，并下诏命吴越国“以国兵分路进讨”。战争开始后，吴越国丞相吴程攻下常州，但随即被南唐大将柴克宏所败，攻宣州也并不顺利。但吴越国倾其国力配合后周的军事行动，仍然给南唐造成了两线作战的被动局面。此战以南唐失败宣告结束，显德五年（958），南唐被迫割让江北十四州求和，中主李璟（916—961）去国号、帝号年号，称“江南国主”，改用中原年号，从此沦为中原王朝的附属国。另外，此战标志着中原和吴越国的关系发生根本性变化。在此之前，吴越国名义上为中原朝廷臣属，实则独立王国。周世宗伐南唐之战以后，吴越国开始真正成为中原的藩属，进贡次数、数量大增。仅显德五年（958）一年，吴越国进贡钱、银、绢等财货达到 6 次之多。

【助宋灭南唐之战】北宋开宝七年（974）八月，宋太祖下诏攻南唐，再次要求吴越配合夹击，“授王（钱俶）东南面招讨制置使”。钱俶亲率 5 万军队以应。据《续资治通鉴长编》卷一五记载，南唐后主李煜写信给钱俶:“今日无我，明日岂有君？明天子一旦易地酬勋，王亦大梁一布衣耳。”力陈唇亡齿寒之理，钱俶却将信件交给北宋朝廷以示恭顺。次年四月，吴越国军队攻占常州。九月，攻占润州，并与北宋将领曹彬（931—999）所率主力会合围南唐都城金陵。至十一月城破，南唐灭亡，后主李煜被俘。开宝九年（976）正月，钱俶自都城杭州出发，携王妃孙氏和世子钱惟濬前往汴京朝觐宋太祖，北宋方面为其建造“礼贤宅”以供居住。三月，为表彰吴越国助灭南唐之功，宋太祖赵匡胤特赐钱俶“剑履上殿，书诏不名”殊荣，并承诺“誓不杀钱王”。钱俶回杭前，宋太祖特意递过一份包裹，并嘱咐钱俶回程途中再阅。途中钱俶打开包裹，发现都是宋朝大臣要求宋太祖扣留或杀钱俶的奏疏。至此，南唐灭亡后吴越国境的北、西、南三面皆为北宋包围，国家的终结成定局，北宋对吴越有无可争辩的政治、军事优势。

十二

职官与兵制

吴越国时期的职官制度，既有武人政治特征，也有相对成熟的官僚政治特点。吴越国的立国基础是辖浙东七州的镇东军和辖浙西六州的镇海军，两军节度使均由历代吴越钱氏国君兼任。不仅如此，钱氏诸王在任节度使的同时，还兼盐铁、营田等多种使职，这是五代时期各国共有的政制特色。钱镠去世后，钱元瓘“以遗命去国仪，用藩镇法”（《资治通鉴》），以示对中原王朝的恭顺，进一步发展文官政治，既置左右丞相、行军司马等职，又新设同参相府事、知机务、通儒院学士等职，这是之前的唐和后来的宋所没有的。因此，吴越国的职官制度既有对历史的继承，也有本国的特色创新。

吴越国奉中原王朝为正朔，加之存世史料相关记载较少，因此对吴越国兵制只能作轮廓性解读。吴越国的军队，是在杭州各县八都兵的基础上建立的。结合唐末以后就有的具有强烈军事色彩的土团、都、镇等地方统治体制，吴越国形成了以八都兵“土军”为主体，以归降、招募外地人组成的武勇都、向盟都等“客军”为两翼的兵制体系。

职官

【元帅】春秋时始有“元帅”，初指军队作战时的主帅。唐朝建立后，高祖李渊设有左、右元帅。在唐代，元帅仍是战时军队最高统帅的称呼，一般由皇子、亲王担任，副元帅则以有较高威望的大臣担任。到五代十国，“元帅”逐渐成为一种中原朝廷为笼络各地方实力派而授予的荣誉性虚职。后梁贞明二年（916），朝廷授予钱镠“诸道兵马元帅”；次年，又授钱镠“天下兵马都元帅”。后唐同光二年（924），又依前例授钱镠“天下兵马都元帅”。后晋天福元年（936），授钱元瓘“天下兵马副元帅”；天福四年（939），授钱元瓘“天下兵马元帅”；天福五年（940），授钱元瓘天下兵马都元帅。后晋开运三年（946），授钱弘佐“东南面兵马都元帅”；后汉天福十二年（947），授钱弘佐“诸道兵马都元帅”。后汉乾祐二年（949），授钱弘俶“东南（面）兵马都元帅”；后周广顺元年（951），授钱弘俶“诸道兵马都元帅”；次年，又授钱弘俶“天下兵马元帅”；显德元年（954），授钱弘俶“天下兵马都元帅”；北宋建隆元年（960），授钱俶“天下兵马大元帅”。

【丞相】起源于战国，为百官之长，至明初废。通常指辅佐皇帝管理全国行政事务的官员，但在不同时代有不同称谓，且由于有“群相制”和“独相制”之分，丞相实际权力大小亦参差有别，比如唐代实行群相制，常以同中书门下平章事为宰相，唐玄宗时期亦以尚书仆射为宰相。吴越国从后梁龙德三年（923）起始设“丞相”一职，为群相制，除“丞相”外，吴越国自钱元瓘时期及以后，主要以“权知政事”“摄政事”等称谓代之。见诸《十国春秋》《吴越备史》《资治通鉴》等史料记载的，钱镠时担任丞相者有杜建徽、许明；钱元瓘时有沈崧、皮光业、曹仲达、林鼎；钱弘佐时有吴程、钱弘倧、元德昭；钱弘倧因即位半年旋即被废，或未立丞相；钱弘俶时有吴程、元德昭、钱弘偡、裴坚、沈虎子、崔仁冀、杨岩。

【刺史】西汉武帝时始设，本为临时性的御史类官员，每年出京巡视各州郡官员政绩、廉政，回京后上奏御史中丞，无固定治所。西汉后期曾改称“州牧”。东汉初期亦称“刺史”，汉灵帝时又改刺史为“州牧”，刺史成为具有管辖地方军、民、财、政大权的州一级最高行政长官，魏晋南北朝时成为州郡管理的定制。晚唐、五代时，统辖数州军民财政的节度使开始自行任命刺史。吴越国早期刺史又有“权知州事”“权刺史”和“制置使”等名目。《十国春秋》《吴越备史》《资治通鉴》等史料记载，唐光启三年（887），钱镠命杜稜为常州制置使；文德元年（888），钱镠命阮结为润州制置使；乾宁元年（894），钱镠命成及为权苏州刺史；天祐三年（906），钱镠命马绰为权睦州刺史；等等。其他正式担任“刺史”一职的，还有钱元瓘、钱元璙、黄晟、钱镖等。

【节度使】又称“观察使”“招讨使”等。原为军事职官，后兼管民事，演变成为地方官。始称于唐睿宗时期，主管军事防御，没有管辖地方民政之权。到唐玄宗时，节度使权限扩大，开始总管州县的军民财政，辖区内各州刺史亦听命于节度使。安史之乱以后，不少节度使往往演变为军阀，选官、征税绕开朝廷，节度使多以父死子继的方式传续，朝廷无法控制，即成为“藩镇”。五代十国时，节度使的权力之大达到顶点，“五代”和“十国”多数开国君主出身节度使，钱镠也不例外。唐乾宁三年（896），钱镠被唐朝廷授予镇海、镇东两军节度使。镇海军辖浙西六州，镇东军辖浙东七州，合称十三州。镇海、镇东两军是吴越国存在的法理基础，节度使职位由历任吴越国王兼任，均需中原王朝下诏册封。北宋以后，节度使成为具有重大功勋的文臣、武将和宗室的虚职加官。元朝时废。

【节度副使】节度使副职，但吴越国的节度副使多为加给重臣的一种安抚性荣衔，并非实际职务。见诸《十国春秋》《吴越备史》《资治通鉴》等史料记载的，曾任镇海、镇东军节度副使的有：杜稜、成及、钱元瓘、钱元球、钱元璙等。钱元瓘任节度副使时的实际职务是湖州刺史，钱元璙为苏州刺史。

【观察使】唐玄宗时始设，原称“采访使”，为监察部门官职，每年出京巡视地方官政绩优劣并上奏皇帝。后职权日重，开始凌驾于地方州县官员之上。安史之乱以后，正式改为地方实职，有统辖军民财政职权，类似于节度使，但理论上其拥有兵力和权力比节度使少。如刘汉宏任浙东观察使，董昌曾任越州观察使。吴越国亦有“观察使”一职设置，但为虚职。见诸《十国春秋》《吴越备史》《资治通鉴》等史料记载的，皮光业曾任两浙观察使。纳土归宋以后，北宋朝廷亦封钱俶之弟钱仪、钱信（即钱俨）为观察使。

【留后】唐代中后期始设，原为代行节度使（观察使）之职的节度使（观察使）本人子孙或亲信代称，称为“节度留后”或“观察留后”，其实际权力与节度使、观察使无异，且往往事后能被唐朝廷补授实职。但五代十国至宋，“留后”虚职意味渐增，如后唐同光二年（924），后唐朝廷在依前例授予钱镠天下兵马都元帅、尚父、尚书令、吴越国王的同时，又授钱元瓘检校太师、兼中书令，任命其为两浙节度使观察留后。

【制置使】唐中期以后始设，初为战争开始前后为维持地方秩序的官员，临时性较大，地位在刺史之下。唐末、五代十国时期，制置使成为地方军事长官，常与刺史等同。吴越国沿置，如唐光启三年（887），钱镠命杜稜为常州制置使；文德元年（888），钱镠命阮结为润州制置使；景福二年（893），钱镠命高彦为湖州制置使；天复元年（901），钱镠命陈璋为衢州制置使。

【镇遏使】唐中期以后始设。镇遏使是藩镇的军事长官，也称镇守使、镇抚使、镇遏将。据《资治通鉴》卷二五五，“镇遏使”一职最早出现于唐肃宗乾元二年（759）。又据中国目前现存最早的一部行政法典《大唐六典》记载，镇遏使及副使至少在《大唐六典》成书之年，即唐玄宗开元二十六年（738）已经设置。据《新唐书·兵志》记载，“兵之戍边者，大曰军，小曰守捉，曰城，曰镇”，“其军、城、镇、守捉，皆有使”。文献记载镇遏使职权颇重，不仅执掌军权，而且干越县令职权，插手民政事务。《大唐六典》卷五载：“凡镇皆有使一人，副使一人。”钱镠早期平定王郢之乱，王郢其人即为浙西镇遏使。同时期或稍后见诸记载的吴越国境内的镇遏使，还有翁元轲、陈严等。

【同参相府事】吴越国官职，约设于钱元瓘时期，大致相当于副相，多加在实职后。见诸《十国春秋》《吴越备史》《资治通鉴》等史料记载的，钱弘俶、陆仁章、仰仁诠等皆曾担任同参相府事一职。

【行军司马】魏晋时已有设置。至唐代，为出征将帅或节度使的重要僚属，除战争时期为武将充任外，平时多由文人担任，总体属文职官员，但仍然带有浓厚的军事性，大致相当于今参谋长。主掌器械、粮饷、军籍、赏赐等，协助节度使处理军政。晚唐时期，行军司马多以掌军事实权者充任，故在遏制节度使割据，维护国家统一的过程中发挥过重要作用。吴越国的行军司马主要由军人担任，见诸《十国春秋》《吴越备史》《资治通鉴》等史料记载的，杜稜、杜建徽父子和马绰曾任两浙行军司马，鲍君福任镇海军行军司马。北宋以后，由于中央权威和实力日渐强大，作为地方官的行军司马一职地位日趋下降，以至成为安置降官的散职。

【盐铁使】唐肃宗时始设，负责盐、矿产、茶的专卖和征税。安史之乱以后，军用浩繁，为增加国家收入，唐朝开始实行盐铁专卖制度。后又与负责粮食、财货运输的转运使合为一职，称“盐铁转运使”，又称“盐铁发运使”。盐铁是唐朝中期以后中央财政的最主要收入之一，故盐铁使常由朝中重臣担任。唐乾宁四年（897），唐昭宗赐予钱镠的金书铁券中就称钱镠为“镇海镇东等军节度、浙江东西等道观察处置营田招讨等使、兼两浙盐铁制置发运等使”，说明钱镠任盐铁使当在此之前。之后，中原王朝每次敕封吴越国王的官职中，均包含“盐铁制置发运等使”称谓。和营田使一样，盐铁使的副职、实际办事人员（具体称呼在不同时期有所变化）也会让大臣、宗室担任。见诸《十国春秋》《吴越备史》《资治通鉴》等史料记载的，罗隐曾任盐铁发运副使，钱元瓘曾任盐铁发运巡官，钱弘俶之弟钱弘亿曾任判两浙盐铁。

【营田使】唐玄宗时始设，负责屯田等农业事务，但安史之乱后，多由节度使兼任。吴越国营田使亦由历任吴越国王兼任，如唐乾宁四年（897），唐昭宗赐予钱镠的金书铁券中就称钱镠为“镇海镇东等军节度、浙江东西等道观察处置营田招讨等使、兼两浙盐铁制置发运等使”，其职务和盐铁使一样，需要中原朝廷册封，方有法律效力。在经营水利、发展农业、构筑圩田的过程中，营田使发挥了重要作用，相关机构有“都水营田司”和“营田军”。但是，吴越国营田使的副职是虚职，往往由大臣兼任。见诸《十国春秋》《吴越备史》《资治通鉴》等史料记载的，马绰、沈崧、曹圭、郭师从等曾任浙西营田副使，杜建徽任浙东营田副使。马绰任营田副使时，实际职务为睦州刺史，其他任营田副使的官员同时亦基本有实职。

【掌书记】唐中宗时始设，负责一定行政区域内的军政、民政的文书撰写工作。安史之乱以后，唐地方藩镇势力日渐坐大，掌书记一职重要性随即提升，成为沟通藩镇与中央的高级官员，并可以出任地方刺史一级或以下官吏。唐代后期，掌书记可以是国家原有政治秩序的维护者，但在中央和藩镇发生对立时，也可以是削弱中央对地方管辖权力的推动者。吴越国的掌书记多由饱学之士担任，最著名的当属罗隐，于后梁开平三年（909）任镇海军掌书记。其他见诸《十国春秋》《吴越备史》《资治通鉴》等史料记载的，担任该职者还有林鼎、沈崧、吴蜕等。

【推官】唐代中期以后始设，为节度使、观察使等属官，主管勘问刑狱。推官的“推”字为推断、推理之意。五代时沿唐制，吴越国亦设此官。见诸《十国春秋》《吴越备史》《资治通鉴》等史料记载的，皮光业曾担任浙西节度推官，甚至钱镠之父、英显王钱宽亦被追封为“威胜军节度推官”。宋代以后仍沿置。

【权知】魏晋南北朝已使用，唐、五代亦用之。据《吴越备史》卷三《忠献王》记载：“文穆王即位，居谅闇，命（曹）仲达权知政事。”因钱镠去世前，遗命钱元瓘“去国仪，用藩镇法”，故吴越国已无法在法理上设置“丞相”，“权知政事”为吴越国钱元瓘及之后对“丞相”一职的常用代称。加“权知”表示代理、兼摄官职之意。类似官职还有“权知州事”等。有时资历浅者任品秩高的职务时也加“权”“权知”字。这一官制宋代以后沿置。

【判官】隋代始设，唐、五代沿置。初为受命担任临时性职务大臣的属僚，多由中级官员担任。到唐代中期以后，节度使、观察使等多自设判官，称为“某某使（府）判官”，协助长官管理政事，亦由本使选充，主要负责文案、法律等日常事务。吴越国亦置“判官”一职，罗隐、林鼎都曾任节度判官，皮光业曾任苏州军事判官、元帅府判官，钱元璙曾任宣武节度判官。

【鸾手校尉】吴越国专画相貌的画工。其事迹主要见于《十国春秋》卷七八《武肃王世家下》，称：“常使画工数十人居淞江，号鸾手校尉，伺北方流移来者，咸写貌以闻，择清俊福厚者用之。”亦见于后唐冯贽《云仙杂记》。以今日标准视之，以相貌决定人事自然不可取，不过亦可见钱镠求贤若渴的心态，具有当时的时代特点。

【知机务】吴越国官名，“知”即主持，“机务”即机要事务，多指机密的军国大事。其主要见于《涑水记闻》卷二“知机务与通儒院学士”一条，称：“钱氏在两浙，置知机务如知枢密院，通儒院学士如翰林学士。”据此，则吴越国的“知机务”当为主管军事机密事务的中央机关高级官员。

【客省使】唐代宗永泰时（765—766）始置客省，以客省使、副使为长官。地方官员进京朝觐，或外族、外国使节来朝，皆待命于客省，官府供给廪食。吴越国也设客省使一职，职责与唐代大致相同。

【通儒院学士】吴越国官名，具体职责不详，约类似于后世的“翰林学士”等。据《咸淳临安志》卷六五的《崔仁冀传》和《林逋传》记载，崔仁冀、林逋的祖父林克己都曾担任过通儒院学士一职，《十国春秋》卷八七亦载。

【判西府院事】吴越国官名，为吴越国都城西府（今浙江杭州）的最高行政长官。“判”即以他官兼代其职。吴越国西府和东府（今浙江绍兴）是与“一军十三州”并列的行政建制。理论上，镇海军治所杭州的最高长官为镇海军节度使，镇东军治所越州（即吴越国的“东府”）的最高长官为镇东军节度使，而历任吴越国王均兼任镇海、镇东军节度使，故实际上西府、东府的最高长官均为吴越国国王本人。见诸《十国春秋》《吴越备史》《资治通鉴》等史料记载的，吴程曾在钱弘倧时期任判西府院事，在钱元瓘时期滕携曾任西府院官（《十国春秋》作“腾携”，《永乐大典》残本作“滕隽”，其生平事迹不详）。

【东府安抚使】吴越国官名，为吴越国东府的最高行政长官，主要由钱氏宗室人员担任。见诸《十国春秋》《吴越备史》《资治通鉴》等史料，忠逊王钱弘倧曾任东府安抚使一职。此外，宗室钱弘儇、钱弘保、钱弘亿、钱弘仪等均担任过此职。

【进奏院】唐代始设，系藩镇设于京城的办事处，原称上都留后院，唐大历十二年（777）改称进奏院，为各州镇官员入京时的招待所，并负责奏章、诏令及各种公文的投递、承转等。五代袭唐制，包括吴越国在内的南方各名义上称臣、听命于中原朝廷的地方割据政权，亦在中原都城设进奏院。在后唐天成四年（929）的“安重诲事件”中，后唐明宗李嗣源在权臣、枢密使安重诲的唆使下，诏令钱镠以太师名义致仕，剥夺钱镠历次被授予的其他官爵。据《资治通鉴》卷二七六《后唐纪五》记载，李嗣源还要求“凡吴越进奏官、使者、纲吏，令所在系治之”，即为吴越国在后唐都城洛阳设有进奏院的明证。

【省瓷窑务】吴越国负责越窑各类瓷器，尤其是呈献给中原王朝贡品和吴越国王族自用瓷器烧造的专门机构。此处“省”代指中央机构，后缀以官名是表示两者的隶属关系，并非行政区划概念，如吴越国还有名为“省勾院”的机构。根据近年来浙江省宁波、绍兴地区发现的若干墓志类越窑青瓷实物，如北宋开宝三年（970）的“都勾押官俞府君墓志”等文物铭文分析，吴越国省瓷窑务负责人称为“省瓷窑务使”，下置副使、作头、都作头、都勾押官等属僚。省瓷窑务的职责大致为在窑区征税和设立瓷器作坊。由于关于吴越国时期管理越窑的典章记载甚少，现有认识主要依据文物实证，故省瓷窑务的详细沿革还有待今后文物和文献的进一步佐证。

【博易务】吴越国机构名。《十国春秋》卷一一五《拾遗·吴越》记载：“梁时江淮道梗，吴越泛海通中国，于是沿海置博易务，听南北贸易。”其设立时间、地点不详，从有关史料分析，大致为负责吴越国和中原贸易往来的机构，且治所当不在吴越国境内，而在北方沿海。一说博易务即回易务。

【回易务】吴越国机构名。《旧五代史》卷一〇七《刘铢传》记载：“先是，滨海郡邑，皆有两浙回易务，厚取民利，自置刑禁，追摄王民，前后长吏利其厚赂，不能禁止。铢即告所部，不得与吴越征负，擅行追摄，浙人惕息，莫敢干命。”意为：当时北方沿海郡县都设有吴越国的回易务，而且刮取百姓利益，自设刑具、监狱，催逼、监禁百姓。而当地的历任官员因贪图吴越国回易务所送上的财货而听之任之。刘铢上任后即通告有关部门，不准为吴越国追收欠款、擅自进行催逼监禁。刘铢历仕后晋、后汉、后周各朝，均为高级官员，由他亲自干预吴越国“回易务”之事，可见吴越国设置此机构的真实性。其设立时间、职责不详，大致和博易务类似，为负责吴越国和中原其他各国的贸易机构，治所设于北方沿海。一说回易务即博易务。

【择能院】吴越国机构名。《吴越备史》卷二《文穆王》记载：“文穆王袭位，置择能院以选士，俾（沈）崧主之。”沈崧为吴越国丞相，亦为吴越国时期著名的饱学大儒，由其主管的择能院，大概模仿唐代集贤院旧制，为一专门负责国家文献典藏、撰修的机构，兼有储备国家后备干部的职能。

【定乱安国功臣】钱镠功臣号之一，于唐乾宁五年（898）获赐。功臣号制度始于唐德宗年间（779—805），是皇帝赐予臣子的名号，用以表彰其功劳。早期功臣号授予范围仅限于武将，唐末以后又逐步延伸至文官、藩镇节度使。至五代时，功臣号的授予在各国实现常态化，称号用词亦逐步多元化，会针对不同功劳专门制定。

【赞忠去伪功臣】唐光化二年（899），因平定衢州刺史陈岌叛乱有功，钱镠部将杜稜及以下共 120 人，被唐朝廷授予“赞忠去伪功臣”号。另《九国志》中称，乾宁年间，陈璋降钱镠后，从征董昌有功，被中原朝廷授予“佐忠去伪功臣”号。

【启圣匡运同德功臣】钱镠功臣号之一，于后梁开平元年（907）获赐。后梁王朝初创，钱镠是需要重点笼络的雄藩之主。吴越国其他钱氏国王获赐中原功臣号，多半亦处于新旧政权更迭之际。

【赞正安国功臣】后梁乾化元年（911），后梁朝廷授吴越国名将成及等数位钱镠麾下将士“赞正安国功臣”称号。同年，再授钱元瓘该称号。贞明三年（917），后梁朝廷一次性授予钱元璙、钱元球等钱镠其余诸子以该称号。

【匡扶定乱立正至道功臣】后梁龙德二年（922），后梁朝廷授钱元瓘“匡扶定乱立正至道功臣”称号。此时后梁王朝即将倾覆，加恩授钱元瓘此号，大概是为激励吴越国进一步效忠。

【兴邦保运崇德至道功臣】后晋天福二年（937），后晋朝廷授钱元瓘“兴邦保运崇德至道功臣”称号，同时赐封的其他称号还有“吴越国王”等。据《资治通鉴》卷二七七《后唐纪六》记载，钱镠去世时“以遗命去国仪，用藩镇法”，在行政建制级别上主动下调。后唐应顺元年（934），钱元瓘获封“吴越王”，3 年后才由后晋政权加封为“吴越国王”，因此“兴邦保运崇德至道功臣”等封号的赐予，实际上意味着吴越的再度“开国”。

【保邦宣化忠正功臣】后晋天福六年（941），后晋朝廷授钱弘佐“保邦宣化忠正功臣”称号。此时钱元瓘刚去世，后晋及时加封钱弘佐，大概系以示对吴越国新君的认可，是一种“推忠”式赐封。

【保邦宣化忠正翊戴功臣】后晋天福七年（942），后晋朝廷又授钱弘佐“保邦宣化忠正翊戴功臣”称号，是对前一年“保邦宣化忠正功臣”称号的一种加赐。所谓“翊戴”，指辅佐拥戴。

【推诚匡运忠亮威德功臣】后晋开运三年（946），后晋朝廷改授钱弘佐“推诚匡运忠亮威德功臣”称号，同时敕授钱弘佐“东南面兵马都元帅”。同年，吴越国驰援福州，帮助抵御南唐军队；后晋灭亡至次年（947），吴越国占领福州，疆域延伸至今福建东北部，避免了陷入北、西、南三面被南唐包围的困局。后晋国祚短促，虽然功臣号中出现“匡运”“忠亮”等字样以系人心，但还是没能避免速亡的命运。

【匡圣广运同德保定功臣】后汉乾祐二年（949），后汉朝廷授钱弘俶“匡圣广运同德保定功臣”称号，以示对外藩吴越国特殊优赏。

【推诚保德安邦致理忠正功臣】　后周广顺二年（952），后周朝廷授钱弘俶“推诚保德安邦致理忠正功臣”称号。此时，后周王朝刚建立不久，一如前朝制度，吴越国是中原需要重点笼络的对象。

【崇仁昭德宣忠保庆扶天翊亮功臣】后周显德六年（959），世宗柴荣去世后，继立的幼主柴宗训需要通过一定的奖励措施来维系藩镇人心，巩固政权，于是改赐钱弘俶“崇仁昭德宣忠保庆扶天翊亮功臣”称号，这是后周朝廷第二次敕封钱弘俶功臣号，亦是吴越国国王受封的最后一个五代时期的功臣号。

兵制

【土团】晚唐、五代十国时期地方民兵武装，主要集中于江南地区。传统史料关于“土团”的记载不甚多，如《吴越备史》卷一《武肃王》记载：“董昌，临安人也。始为土团军，破山贼有功，为石镜镇将。”相关记述最早见于《资治通鉴》卷二四六《唐纪六十二》“唐武宗会昌元年（841）”条，其他《新唐书》《旧唐书》对“土团”的记载均不早于此时，《资治通鉴》中有关“土团”最晚记载见于卷二九一《后周纪二》“后周太祖广顺二年（952）”条，称：“然亦畏彦通为后患，以蛮酋土团都指挥使刘瑫为群蛮所惮，补西境镇遏使以备之。”故土团存续时间应当不少于百年。综合现有史料分析，土团原为唐晚期力量薄弱的朝廷为维护地方治安而招募的临时性民兵组织，作为政府军的辅助力量，但这一制度没有推广到全国，限于江南一隅。土团装备、供养无须中央承担，在维护国家统一方面曾发挥过重要作用。但随着唐末国家统治秩序彻底失范，土团开始成为各地豪强、诸侯割据的军事基础。从这个意义上说，钱镠统一两浙的重要军事支柱“八都兵”即在杭州各县土团基础上改组、演变而来，“八都兵”是土团的延伸与规范。

【都】晚唐军队编制单位。如八都兵即由唐末杭州地区各县置一至两都组建而来，《吴越备史》卷一《武肃王》：“杭州始建八都：临安县曰董昌，王副之，余杭县曰陈晟，於潜县曰吴文举，盐官县曰徐及，新登县曰杜稜，唐山县曰饶京（《十国春秋》作饶景），富春县曰文禹，龙泉县曰凌文举，各聚千人以卫乡里。”（不同史料对“八都兵”介绍不完全一致）其军事长官称为“都将”“都头”。吴越国时期武勇都、匡武都等部队均属于“都”的建制。

【土客（马步）诸军都指挥使】吴越国武官名。据《吴越备史》卷一《武肃王》记载：“（贞明）三年春三月，敕授……（钱）传璟赞正安国功臣、镇东军节度副使、土客诸军都指挥使……”同书卷二《文穆王》记载：“贞明元年春正月，敕授王（钱元瓘）镇海军节度使、土客诸军都指挥使……”又据《旧五代史》卷七六《晋书二·高祖纪第二》记载：“（天福二年）七月辛亥，两浙钱元瓘奏：‘弟吴越土客马步诸军都指挥使、静海军节度使（钱）元球……’”这都证明“土客（马步）诸军都指挥使”的存在，而且担任此职者应仅限于王族子弟。钱镠在《武肃王八训》中进一步指出：“三军子父，土客之军，并是一家之体。”表明在吴越国军中，确实存在土、客军的分别。所谓“土”，指八都兵等浙江本土人组成的军队；所谓“客”，指武勇都、向盟都等由外军降兵组成的军队。客军虽然战斗力较强，但却不能真正成为钱氏王族赖以仰仗的军事力量。设立“土客（马步）诸军都指挥使”一职，并由宗室成员担任，或为协调土、客军之间的关系。

【直都指挥使】吴越国武官名。据《十国春秋》卷八一《忠懿王世家上》记载，后周显德三年（956）二月，“王（钱弘俶）命丞相吴程、前衢州刺史鲍修让、中直都指挥使罗晟攻常州”。同卷又记，显德五年（958）二月，“周主幸扬州。……王进御衣犀带……仍命上直都指挥使邵可迁、路彦铢帅舰四百艘、水师二万以会周师，江北诸州略平”。钱弘佐以后，为避讳，吴越国凡官名提到“左”就改称“上”，如“武勇左都指挥使”（或称“左武勇都指挥使”）就改称“上武勇都指挥使”，因此“上直都指挥使”实为“左直都指挥使”，但尚未发现有“右直都指挥使”的记载。“直都指挥使”一职不见于吴越国前期历史，故其应属吴越国在中后期设置的武官。

【镇将】唐代于国家边防要地始设军镇，作为军事据点，但数量不多。安史之乱后，中央权威衰落，地方节度使为加强统治，常派心腹将领到各州县要害部位屯兵驻扎，军镇由此在内地开始广泛设置。军镇势力扩大以后，挤占了原州县的行政区域：有的县被分割成几个军镇，县自身最终消亡；有的县本身就是一个军镇。军镇的发展客观上推动了晚唐、五代时期县的合并与重组。军镇的长官即为镇将，又有“镇遏使”“镇使”等称谓，其权限大致相当于和平时期的县令。见诸《十国春秋》《吴越备史》《资治通鉴》等史料记载的，有东阳镇将王永、常熟镇将陆郢、昆山镇遏使司马球、西桂镇遏使吴公约、紫溪镇遏使饶景（一作京）等。镇将体现了唐末五代的乱世特征，具有鲜明的军人政治色彩。在吴越国，它是钱氏诸王统治体制在基层的权力代言人。

【八都兵】唐末在杭州组建的一支地方武装，后来成为钱镠建立吴越国的军事基础之一，属“外镇兵”。大概由唐末的某任镇海军节度使（非钱镠）组建于唐乾符五年（878），一说广明元年（880），由杭州各县为求自保而建立的乡民武装整合而来，名义上以临安县石镜都董昌、钱镠为首，实际上组织松散。董昌、钱镠所能实际指挥的，也就临安县石镜都而已，其他各都仍然听命于本都都将。都将的延续，往往采用父死子继、兄终弟及的方式。这“八都”分为临安县（石镜都）、余杭县（清平都—嘉兴都）、於潜县（於潜都）、盐官县（盐官都—海昌都）、新城县（新城都—武安都—东安都）、唐山县（唐山都）、富春县（富春都—静江都）、钱塘县（龙泉都—浙江都）。临安县石镜都都将董昌，部将为钱镠、马绰。各县都兵实力不一，后来因钱镠的军事才能，临安县一支成为八都兵中的主力。据《吴越备史》《十国春秋》《资治通鉴》等相关史料记载，每都兵力初期约为千人，后发展至万人，故八都兵总兵力当不下10万人。当董昌、钱镠相继担任杭州刺史以后，钱镠开始清除八都兵中不听命于己的力量，又开始在八都兵中培养亲信，最终使八都兵成为其统一两浙、建立霸权的重要军事基础。

【十三都】钱镠军队名，由八都兵改组而来，属于“外镇兵”。据《资治通鉴》卷二五九《唐纪七十五》记载：“（乾宁二年）钱镠发民夫二十万及十三都军士筑杭州罗城，周七十里。”《吴越备史》卷一《武肃王》在述及这次钱镠扩建杭州城时亦提及：“率十三都者，八都之外，有紫溪、保城、龙通、三泉、三镇，是为十三都。”不过，根据有关史料分析，此“十三都”或由原“八都”析置而来。《全唐文》卷八百九十七《吴公约神道碑》记载：“黄巢之将叛也，天下骚动。杭之豪杰，举梃以卫乡里者八人，故立八都之号。其间王公节将，派有分者一十三都，君居其一焉。”碑记作者罗隐在吴越国建立前后任掌书记，知内情，所载之事当可信。“十三都”的出现，表明钱镠对这支军队已有绝对控制力。

【武勇都】吴越国军队名，属“内牙军”，即亲兵。《资治通鉴》卷二六三《唐纪七十九》记载：“初，孙儒死，其士卒多奔浙西，钱镠爱其骁悍，以为中军，号武勇都。”胡三省注：“见二百五十九卷景福元年。”据此，武勇都大概建立于唐景福元年（892），由孙儒之乱平定后的降兵改组而来，最初兵力5000余人，士卒主要是北方人。武勇都的出现，改变了钱镠军队的构成，开始有“外军”“内军”之分，并进一步提高了军队战斗力。但是，武勇都涉入天复二年（902）的武勇都之变和天祐元年（904）的陈璋之乱，是吴越国一个重大不稳定因素。其统帅称“武勇都知兵马使”“武勇都指挥使”，担任这一职位的有顾全武、许再思、陈璋等。天复元年（901）年临安之战以后，顾全武被俘，武勇都统帅又改为“武勇左都指挥使”和“武勇右都指挥使”。后为避钱弘佐名讳，“武勇左都指挥使”又改称“上武勇都指挥使”。这一时期担任武勇都统帅的，就是后来发动叛乱的徐绾（武勇右都指挥使）、许再思（武勇左都指挥使）。

【向盟都】吴越国军队名，由刘汉宏旧部改组而来。《吴越备史》卷三《忠献王》记载：“（鲍君福）初事刘汉宏，及武肃王东讨，乃与其党归降，号曰向盟都。”因为这支军队原属钱镠敌方，收编后命名为“向盟”，合乎情理。该部队记载仅见于《吴越备史》，其兵力配备约千人，战绩等情况则有待进一步考证。

【匡武都】吴越国军队名。《吴越备史》卷四《大元帅吴越国王》记载：“（乾祐）二年春二月，匡武都连名辄举求职，王命斩状首二人，坐黜者二十余人，余宥之。”该部队和向盟都类似，记载仅见于《吴越备史》，其兵力配备约千人，战绩等情况则有待进一步考证。

【撩浅军】吴越国水利工程部队，主要负责西湖、太湖等清淤挖泥工作，组建于后梁贞明元年（915）。据《十国春秋》卷七八《武肃王世家下》记载，贞明元年冬十一月，“置都水营使，以主水事，募卒为都，号曰‘撩浅军’，亦谓之‘撩清’；命于太湖旁置‘撩清卒’四部，凡七八千人，常为田事，治河筑堤，一路径下吴淞江，一路自急水港下淀（diàn）山湖入海，居民旱则运水种田，涝则引水出田”。到后唐天成二年（927）冬十一月，《十国春秋》卷七八《武肃王世家下》又载：“以钱塘湖葑草蔓合，置撩兵千人芟（shān）草浚泉。”据此，则吴越国“撩浅军”规模约有万人。

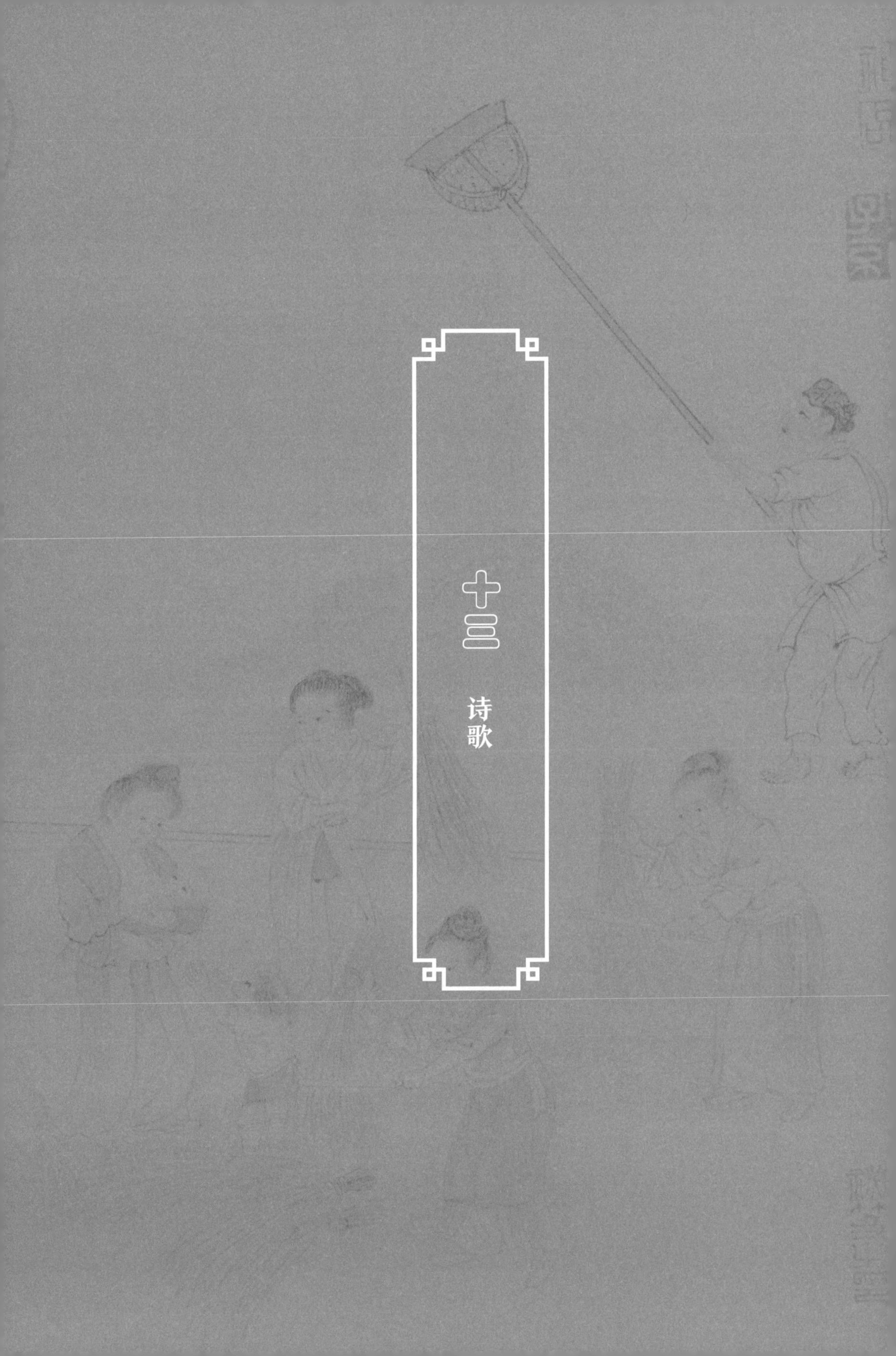

十三

诗歌

吴越国钱氏诸王在文学上的造诣，尤其是诗歌创作，早已为后世学者所瞩目。清代编修的《全唐诗》中，就收录了武肃王钱镠、忠懿王钱弘俶的三首作品及一个残句。但实际上，钱王诗作远不止此数。又因以钱镠为代表的吴越国统治者在缔造“地上天宫”、以民为本“保境安民”、再造吴越文化和“纳土归宋”实现和平统一等方面作出卓越贡献，故历朝历代，特别是江浙地区士民歌颂钱王者代不乏人，正所谓“吴越之民，追思钱氏，百年如新”。书中收录以诗为主，少量涉及赞、曲等。古代帝王中很少有像吴越钱氏诸王那样能享受后人如此尊崇的殊荣，因此，吴越诗歌是一个值得研究的课题。

钱王亲制

【巡衣锦军制还乡歌】钱镠作，一作“还乡歌”，诗云：“三节还乡兮挂锦衣，碧天朗朗兮爱日晖。功成（一作‘臣’）道上兮列旌旗，父老远来兮相追随。家山乡眷兮会时稀，今朝设宴兮觥散（一作‘兕’，sì）飞。斗牛无孛兮民无欺，吴越一王兮驷马归。”文莹《湘山野录》中有别本。

【没了期歌】钱镠作，诗云：“没了期（一作‘无了期’），没了期，营基才了又仓基。没了期，没了期，春衣才了又冬衣。”陶岳《五代史补》中有别本。

【青史楼引宾从同登】钱镠作，诗云：“云阁霞轩别构雄，下窥疆宇壮吴宫。洪涛日日来沧（一作‘苍’）海，碧嶂联联倚太穹。志仗四征平逆孽，力扶三帝有褒崇。如今分野无狼孛，青史楼标定乱功。”

【石镜山（并序）】钱镠作，序云：“咸通中，予方龆龀，尝戏玩临安山下。忽见一石屹然自立，当甚惊异。自后便在军门四十余年。昨回乡里，复寻此石，见岩峦秀拔，山势回抱，堪为法王精舍。遂创禅关，以此石为尊像之坐。表其感应，因成七言四韵。”诗云：“丱（guàn）岁遨游在此山，曾惊一石立山前。未能显瑞披榛莽，盖为平凶有岁年。昨返锦门停驷马，遂开灵岫种青莲。三吴百粤兴金地，永与军民作福田。”

【筑塘】钱镠作，诗云：“天分浙水应东溟，日夜波涛不暂停。千尺巨堤冲欲裂，万人力御势须平。吴都地窄兵师广，罗刹名高海众狞。为报龙神并水府，钱塘且借作（一作‘借取筑’）钱城。”

【九日同群僚登高（并序）】钱镠作，序云：“遥光素景，重九良辰，玉露将浓，霜天肃物。与群僚登高四望，兼颁锦服，聊成七言四韵。”诗云：“淡荡晴晖杂素光，碧峰遥衬白云长。好看塞雁归南浦，宜听砧声捣夕阳。

满眼旌旗皆动色，千株橘柚尽含芳。锦袍分赐功臣后，因向龙山醉羽觞。”

【功臣堂（并序）】钱镠作，序云：“伏自九五降恩，远颁封册，皇华涉于大海，宣命正值青阳，两邦父老喧然，皆来相贺。时在功臣堂设乐，聊述七言，以志其事。”诗云：“今夕虽非丰沛酒，醪（láo）觥同醉洽吾乡。两邦父老趋旌府，百品肴羞宴桂堂。宝剑已颁王礼盛，锦衣重带御炉香。越王册后封吴主，大国宣恩达万方。”

【上元夜次序平江南】钱镠作，诗云：“四朝双母显真封，古往今来事一同。志若不移山可改，何愁青史不书功？”

【西园产芝】钱镠作，一作“西园建后特产灵芝赋诗以记”，诗云：“五纪（一作‘季’）尊天立霸（一作‘佰’）基，八方邻国尽相知。兴吴定越崇王道，殄物平凶建国仪。忽有灵根彰瑞应，皆（一作‘盖’）由和气感明祇。休言汉代芝房异（一作‘生芝草’），今日吾邦事更奇。”

【罗汉寺偶题】钱镠作，诗云：“九夏听蝉吟，已知秋气临。高梧上明月，深巷捣寒砧。好对吴山秀，宜观浙水深。一登灵鹫阁，宝地胜黄金。”

【和高僧惠韵】钱镠作，诗云：“岚高照目前，山下有蒙泉。云阁连天际，银河傍斗边。凉风宜散暑，清景好安禅。况是江山固，崇墉保万年。”

【造寺保民】钱镠作，诗云：“百谷收成届应钟，南方景象喜重重。三秋甘泽烟尘息，四序和风气色浓。播种勤耕盈廪庾，兆民兴让洽温恭。广崇至道尊三教，盖为生灵奉圣容。”

【秋景】钱镠作，诗云：“三秋才到退炎光，二曜分晖照四方。解使金风催物象，能教素节运清凉。天垂甘泽朝朝降，地秀佳苗处处香。率土吾民成富庶，虔诚稽颡（sǎng）荷穹苍。”

【百花亭题梅二首】钱镠作，诗云：“秾华围里万株梅，含蕊经霜待雪催。莫讶玉颜无粉态，百花中最我先开。”“吴山越岫种寒梅，玉律含芳待候催。为应阳和呈雪貌，游蜂难觉我先开。”

【和太师蕴让韵】钱镠作，诗云：“罗汉亲崇建法台，龙峰凤岭四山隈（wēi）。游人借问禅门路，还道吴王为佛开。”

【题罗隐壁】钱镠作，诗云：“特到儒门谒老莱，老莱相见意徘徊。黄河信有澄清日，后代应难继此才。”

【隐岳洞】钱镠作，诗云：“百尺金容连翠岳，三层宝阁倚青霄。手炉香暖申卑愿，愿降殊祥福帝尧。”

【送别十七哥】钱元瓘作，诗云：“大伯东阳轸（zhěn）旧思，士民褥襦喜回时。登临若起鸰原念，八咏楼中寄小诗。”

【题得铜香炉（并序）】钱元瓘作，序文略，诗云：“莫记年华隐水中，忽于此日睹灵踪。三天瑞气标金相，五色龙光俨圣容。节届初秋兴典教，时当千载庆遭逢。仙冠羽服声清曲，共引金台入九重。”

【佳辰小宴寄越州七弟湖州八弟】钱弘佐作，诗云：“角黍佳辰社稷宁，灵和开宴乐群英。樽前只少鸰原会，百里江城隔二城。”

【谒宝塔回赐僧录】钱弘佐作，诗云：“佛日辉光最有灵，真身宝塔镇吴城。千寻独拔乾坤耸，八面齐含日月明。几曲朱栏瞻海浪，长时金铎振风声。祷祈只愿苍生泰，更仗高僧法供精。”

【登卧龙山偶成】钱弘倧作，诗云：“暮山重叠势崔嵬（wéi），溢目清光入酒杯。几处烧残红树短，一航帆尽碧波来。安民未有移风术，征句惭非梦锦才。四望楼台无限景，槛前赢得且徘徊。”

【禹庙】钱弘倧作，诗云：“千古功勋孰可伦，东来灵宇压乾坤。尘埃共锁梁犹在，星斗俱昏剑独存。蟾殿夜寒笼翠幌，麝炉春暖酹（lèi）琼樽。会稽山水秋风里，长放松声入庙门。”

【登蓬莱阁怀武肃王】钱弘倧作，诗云：“黄鹤摧残漫有名，建时方始殄罗平。飞楣叠栱重装束，刻槛雕甍（méng）又葺成。十载兴隆吴与越，二邦安肃弟兼兄。从兹登赏云楼上，愿祝江南永宴清。”

【游天衣寺】钱弘倧作，一作“再游应天寺圣母阁”，诗云：“越地灵踪多少处，伽（qié）蓝难上此楼台。有时风掣浪声到，半夜月排山势（一作‘影’）来。极目烟岚迷远近，百般花木雕尘埃。可怜光景吟无尽，知我登临更几回。”

【过平望】钱弘俶作，诗云：“风静度长川，清吟倚画船。未分山有树，惟见水连天。沙嘴牛眠草，波心鸟触烟。宵征还有兴，皎皎玉轮圆。”

【读圣寿诗】钱弘俶作，诗云：“功格皇天伪国平，八方臣妾尽来庭。骏奔幸逐朝宗水，雀跃俄逢绕电星。就日心虽悬紫阙，祝尧身尚处洪溟。寿山耸峙将何愿，泰华干霄万仞青。”

【感皇子远降见迎】钱弘俶作，诗云：“千年遭遇觐真王，敢望青宫赐显扬。只合承华趋令德，岂宜中道拜元良。深思转觉乾坤大，力弱难胜雨露滂。早暮三思恩泰极，饱餐丰馔饱亲光。”

【感降内夫人赐家室药物金器】钱弘俶作，诗云：“鱼轩相逐拜龙轩，圣主俄推望外恩。锡宠便蕃光石窌（jiào），内嫔迢递下金门。嵩衡压地何曾重，鸡犬升仙未足论。巨憝（duì）已平难展报，只将忠孝训儿孙。”

【金陵】钱弘俶作，诗云：“不用论京口，先须问石头。虎山终自伏，带水漫长游。青盖曾彰谶，黄奴肯识羞。分明前监在，刚地弄戈矛。”

【过楚州】钱弘俶作，诗云：“驻马楚城南，秋光带雨寒。地平无岛屿，淮近足波澜。圣德常柔远，蒸民赖此安。行吟复行酌，朝野正多欢。”

【陈国】钱弘俶作，诗云：“批破陈书后，都无御敌心。庭花春易尽，璧月夜难沉。巨爵妖姬醉，新诗狎（一作‘狭’，通‘侠’）客吟。江神如访问，教到井中寻。”

【路次再感圣恩】钱弘俶作，诗云：“洪涛泛泛雨霏霏，芳草如茵柳袅丝。贴水碧禽飞一字，隔烟青嶂展双眉。南风入隙开襟久，西照临窗卷箔迟。惭愧圣恩优渥异，不教炎暑冒长歧。”

【小窗】钱弘俶作，诗云：“粉云牙贴小窗凉，坐见澄波泛夕阳。更持夜深方有意，半环新月上重床。”

【舟中偶书】钱弘俶作，诗云：“轻舟画舸（gě）枕江滨，眼底波涛日日新。瞑目稳收双足坐，不劳询问醉禅人。”

【村家】钱弘俶作，诗云：“竹树参差处，危墙独木横。锄开芳草色，放过远滩声。稚子当门卧，鸡雏上屋行。骑牛带蓑笠，侵晓雨中耕。”

【渔者】钱弘俶作，诗云：“罟（gǔ）网是生涯，柴扉隔水遮。不辞粗俗气，惟取大鱼虾。贳（shì）酒方登陆，怜春亦种花。等闲乘一叶，放旷入烟霞。”

【怀鲍约】钱弘俶作，残诗云：“东遐追兮西遐追，鲍约何如（一作‘如何’）罢钓归。”

【冬晚书院偶成一章】钱弘俶作，宋拓《绛帖》卷二记：“檐庑重重翠幕遮，披寻唯此绝喧哗。介开日影怜窗眼，穿破苔纹恶笋牙。曲槛晚宜烹露茗，小池寒欲结冰花。谢公未是深沉量，犹把戎机局上夸。”此诗别本题“宫中作”，且有较多异文。

臣僚诗歌

【投谢钱武肃】吴仁璧作，《全唐诗》卷六九〇记：“东门上相好知音，数尽台前郭隗（wěi）金。累重虽然容食椹（shèn），力微无计报焚林。弊貂不称芙蓉幕，衰朽仍惭玳瑁簪。十里溪光一山月，可堪从此负归心。”

【钱塘府亭】罗隐作，《唐五代诗全编》卷一〇一一记：“新恩别启馆娃宫，还拜吴王向此中。九牧土田周制在，两藩茅社汉仪同。春生旧苑芳洲雨，香入高台小径风。更有宠光人未见，问安调膳尽三公。”

【钱尚父生日】罗隐作，《唐五代诗全编》卷一〇〇七记：“大昴分光降斗牛，兴唐宗社作诸侯。伊夔事业扶千载，韩白机谋冠九州。贵盛上持龙节钺，延长应续鹤春秋。锦衣玉食将何报，更俟庄椿一举头。”

【暇日投钱尚父】罗隐作，《唐五代诗全编》卷一〇一〇记：“牛斗星边女宿间，栋梁虚敞丽江关。望高汉相东西阁，名重淮王大小山。醴设斗倾金凿落，马归争撼玉连环。自惭麋鹿无能事，未报深恩鬓已斑。”

【感别元帅尚父】罗隐作，《唐五代诗全编》卷一〇一〇记：“玉函瑶检下台司，记得当年捧领时。半壁龙蛇蟠造化，满筐山岳动神祇。疲牛舐犊心犹切，阴鹤鸣雏力已衰。稚子不才身抱疾，日窥真迹泪双垂。”

【病中上钱尚父】罗隐作，《唐五代诗全编》卷一〇一〇记：“左脚方行右臂挛，每惭名迹污宾筵。纵饶吴主（一作‘土’）容衰病，争奈燕台费料钱。藜（lí）杖已干难更把，竹舆虽在不堪悬。深恩重德无言处，回首浮生泪泫然。”

【春日投钱塘元帅尚父二首】罗隐作，《唐五代诗全编》卷一〇一一记：“正忧衰耄（一作‘老’）辱金台，敢望昭王顾问来。门外旌旗屯虎豹，壁间章句动风雷。三都节已联翩降，两地花应次第开。若比紫髯分鼎足，未闻余力有琼瑰。”“征东幕府十三州，敢望非才忝上游。官秩已叨吴品职，姓名兼显鲁春秋。盐车顾后声方重，火井窥来焰始浮。一句黄河千载事，麦城王粲谩登楼。”

【咏志】屠瑰智作，《唐五代诗全编》卷一〇〇四记：“轻身都是义，殉主始为忠。一夜西陵路，朱旗走大风。”

【自叙】杜建徽作，《唐五代诗全编》卷一〇一九记：“中剑斫（zhuó）耳缺，被箭射髀过。为将须有胆，有胆即无价（一作‘贾’）。”髀，《四库全书》本《吴越备史》和《全唐诗》作“胛”。

【下狱有作】陈长官作，《唐五代诗全编》卷一〇一七记：“按则增科不自由，未曾举笔泪先流。高田沙瘦常忧旱，沿海涂咸少有秋。要使茧丝殚地力，愿将骨肉伴枷头。一时种了黄连种，万代令人苦不休。”

【射覆橘子】叶简作，《唐五代诗全编》卷一〇一七记：“圆似珠，色如丹。傥能擘破同分吃，争不惭愧洞庭山。”

世人吟咏

【天目山】①相传为东晋术士郭璞（276—324）作，《喻世明言》卷二一记："天目山垂两乳长，龙飞凤舞到钱塘。海门一点巽峰起，五百年间出帝王。"据说诗中所预言的那位帝王即吴越国开国君主钱镠。此谶诗有多个版本，如《吴越备史》卷一："天目山前两乳长，龙飞凤舞到钱塘。海门山起横为案，五百年生异姓王。"南宋岳珂《桯史》卷二："天目山垂两乳长，龙骞凤舞到钱塘。山明水秀无人会，五百年间出帝王。"

②元郑玉（1298—1358）作，诗云："势压东南万象低，溟蒙空翠望中迷。龙飞凤舞川原秀，地下天高日月齐。武肃百年钟霸气，文忠千古欠留题。客来欲问青云路，凿破崚嶒（líng céng）便作梯。"

【陌上花三首（并引）】北宋苏轼（1037—1101）作，据清王文诰辑注《苏轼诗集》卷一〇，引云："游九仙山，闻里中儿歌《陌上花》。父老云：吴越王妃，每岁春必归临安，王以书遗（wèi）妃曰：'陌上花开，可缓缓归矣。'吴人用其语为歌，含思宛转，听之凄然，而其词鄙野，为易之云。"诗云："陌上花开蝴蝶飞，江山犹似昔人非。遗民几度垂垂老，游女长歌缓缓归。""陌上山花无数开，路人争看翠軿来。若为留得堂堂去（一作'在'），且更从教缓缓回（一作'归'）。""生前富贵草头露，身后风流陌上花。已作迟迟君去鲁，犹教缓缓妾还家（一作'犹歌缓缓妾回家'）。"

【自净土寺步至功臣寺】苏轼作，《苏轼诗集》卷七记："落日岸葛巾，晚风吹羽扇。松间野步稳，竹外飞桥转。神功凿横岭，岩石得巨片。直渡千人沟，下有微流泫。冈峦蔚回合，金碧烂明绚。缅怀异姓王，负担此乡县。长逢胯下辱，屡乞桑间饭。谁谓山石顽，识此希世彦。凛然英气逼，屹起犹耸战。他年万骑归，父老恣欢宴。锦绣被原野，金珠散贫贱。窦融既入朝，吴芮空记面。荣华坐销歇，阅世如邮传。惟有长明灯，依然照深殿。"

【临安三绝】苏轼作，据《苏轼诗集》卷一〇，分《将军树》《锦溪》《石镜》3首组诗。《将军树》诗云："阿坚泽畔菰蒲节，玄德墙头羽葆桑。不会世间闲草木，与人何事管兴亡。"《锦溪》诗云："楚人休笑沐猴冠，越俗徒夸翁子贤。五百年间异人出，尽将锦绣裹山川。"《石镜》诗云："山鸡舞破半岩云，菱叶开残野水春。应笑武都山下土，枉教明月殉佳人。"

【武肃王像赞】署名苏轼，《钱氏家乘·像赞》记：“大人虎变，君子龙潜。承家开国，骏德惟玄。我瞻王颜，乔岳泰山。俎豆吴越，亿万斯年。”[①]

【题武肃王像赞】①署名黄庭坚（1045—1105），《钱氏家乘·像赞》记：“匹马一呼，奄有吴会。椟而藏之，百年有待。子孙其昌，生民永赖。衣锦故城，山川不改。”

②署名米芾（1051—1107），《钱氏家乘·像赞》记：“钟天之秀，踞地之英。奕奕其貌，炯炯其精。奋臂一呼，风舞云生。射潮逆流，呼天晦星。兵行神武，妖氛殄平。一方慈父，千里藩屏。欢声雷动，喜气霞蒸。遗容赫奕，浩气长伸。吴臣越庶，瞻仰弗胜。”

③署名岳飞（1103—1142），《钱氏家乘·像赞》记：“携彤弓，射天狼，仗黄钺诛反仄。奠安康庶，瓯闽吴越。厥绩懋哉，旂常应勒。金册誓书，千秋如觌（dí）。我瞻王像，燕颔隆准，穆如天神，桓文是匹。何以颂之，圣贤豪杰。”

④署名王十朋（1112—1171），《钱氏家乘·像赞》记：“吴越之乡，乃王封疆。俎豆于庙，剑佩于堂。龙飞辅宋，豹变兴唐。光昭史乘，於（wū）穆贤王。图形麟阁，虎步龙骧。有美文孙，凤羽鸾章。箕裘不坠，食采吴阊（chāng）。乃摹先型，玉质金相。鲰（zōu）生瞻仰，夙见羹墙。再拜稽首，浣笔称扬。”

【陌上花八首（选三）】北宋晁补之（1053—1110）作，《鸡肋集》卷二〇记：“荆王梦罢已春归，陌上花随暮雨飞。却唤江船人不识，杜秋红泪满罗衣。”“临安城郭半池台，曾是香尘扑面来。不见当时翠軿女，今年陌上又花开。”“云母蛮笺作信来，佳人陌上看花回。妾行不似东风急，为报花须缓缓开。”

【敕赞吴越忠烈武肃王】宋理宗（1224—1264年在位）作，落款为“端平二年（1235）二月十一日御书”，《钱氏家乘·像赞》记：“威震华夷，

① 契《武肃王像赞》和《题武肃王像》，均出自钱文选《钱氏家乘》，原无标题，据落款是“赞”还是“题”而拟。这些赞文未见于诸位个人文集，故作“署名某某”。

功揭天地。一代英雄，千载庙祀。有像斯存，凛然生气。”

【陌上花】清谢启昆（1737—1802）作，《树经堂诗初集》卷一〇记：“铜丸夜惊龙无睡，稀闻宴乐春行围。钱王高唱还乡曲，晋国初从陌上归。归日新妆临石镜，翟衣光并锦衣映。花开十里露初干，少时女伴争来看。功臣山外烂如绣，香尘不动人依旧。年年芳草识云軿，缓缓清歌迟玉漏。武肃剧风流，庄穆亦嘉柔，不填西蜀花蕊句，不学南唐艳妃游。百缣（jiān）之赐尚婉辞，浣濯（zhuó）颇合国风诗。湖边狼藉嬉春女，金缕空惭折柳枝。”（原记载到此结束）

【临安仿古十首（选二）】元张昱作，按《张光弼诗集》卷三《婆留井》诗云：“旧日婆留井未堙，石阑苔藓上龙文。而今率土俱臣妾，莫愿皇天产异人。”《将军村》诗云：“将军官重执金吾，不比秦朝列大夫。王为锦衣归故里，遂令老树有称呼。”

【吴越归】明宋濂（1310—1381）作，系《宋铙歌鼓吹曲》之一，云：“皇王握神契，重华叶帝谟。神兵从天下，欻（xū）忽千万余。挥戈日为回，投鞭海成枯。奋击八极间，捷疾飞电如。钱氏最先觉，方物久内输。终知乔岳尊，丘阜欲何须。登民献天府，不烦神戈诛。帝德统罔极，万国混车书。”

【钱王箭头歌】明刘伯温（1311—1375）作，《钱氏家乘·艺苑》记：“鸱（chī）夷遗魂拗余怒，欲取吴山入江去。雷霆劈地水群飞，海门扶胥没氛雾。英雄一怒天可回，肯使赤子随鲛鲐（tái）。指挥五丁发神弩，鬼物辟易腥风开。三百年来人事改，涛落平沙箭空在。石梁饮羽未足夸，蜀国三犀漫欺绐（dài）。近闻黄河水乱流，青徐一半悲鱼头。安得壮士斡地轴，为拯斯民涂炭忧。”

【表忠观】①胡颉（活动年代不详）作，《钱氏家乘·艺苑》记：“保障东南十四州，早知归顺善贻谋。至今江水称名氏，在昔生灵赖冕旒。世代几更祠不改，家声依旧泽还流。试看自古枭雄者，多少身同腐草秋。”[①]

②南宋诗僧法照（1185—1273）作，《宋诗纪事》卷九三记：“钱王古

① 胡颉，疑为北宋胡颢，曾从杭州迁居天台。

庙锁莓苔，华表秋深鹤不来。昨夜石坛风露重，凌霄花落凤仙开。”

③清朱彝尊（1629—1709）作，《钱氏家乘·艺苑》记：“城边碧瓦树灵旗，庙口明湖濯翠微。听罢缓歌归夜月，独存丰碣对闲扉。钱塘白马回犀弩，玉座青苔上锦衣。保障东南功不细，祠官异代岂相违。”

④清高宗（即乾隆帝，1736—1795年在位）作，《御制诗二集》卷二五记：“三世五王爵，同堂秩有伦。圣湖依故里，白水识真人。孙子仪型永，春秋俎豆新。苏碑余腕力，亦敌弩千钧。”

【再观钱庙】南宋施枢（约1235年前后在世）作，《芸隐横舟稿》记：“荒碑五丈藓生花，飞鼠巢梁壁缀蜗。华胄遥遥天下满，不知誓券落谁家。”《钱氏家乘·艺苑》中“五丈”作“五尺”，“华胄”句作“玉带锦衣人俨在”。

【钱武肃王庙】明朱鉴（1390—1477）作，《钱氏家乘·艺苑》记：“富贵寻人不自由，小名犹忆焕婆留。平提江左三千骑，坐拥淮南十四州。自翦锦衣封大树，亲擎铁弩退潮头。只今剩有新声在，陌上花开无限愁。”

【钱王祠】①明王穉（zhì）登（1535—1612）作，《钱氏家乘》卷九《艺文志》记：“玉带龙衣貌宛然，朱门碧殿暮湖边。行人下马看碑字，高柳藏鸦拂庙堧。禾黍故都州十四，波涛古岸弩三千。伤心一片厓（yá）山地，月色潮声更可怜。”

②明陈子龙（1608—1647）作，《钱氏家乘·艺苑》记：“草草群雄事，纷纷割据年。斗牛占王气，屠贩出豪贤。地屈孙刘势，形支江海边。爪牙多健勇，参佐集神仙。本奉中州朔，时分属国天。锦城开邸第，大木拥旃旃（zhān）。受册三楼下，歌风四马前。自从纳土后，终见举宗迁。青盖方朝洛，丹书改赐田。金舆何日去，玉碗不曾还。守墓新恩重，荒祠旧德传。冕旒皆壮丽，子姓特绵联。晚树腾鼯鼠，空檐响杜鹃。崇功铭版碣，遗恨满山川。异代还祠庙，当年入管弦。窦融应贵宠，张轨共周旋。锡礼何妨盛，王侯岂易捐。谁言脱屣便，不见誓书坚。宋室诸陵在，南枝更可怜。”

【功德崇坊】①清朱稻孙（1682—1760）作，《钱氏家乘·艺苑》记：“东南保障重钱王，祠宇巍峨水一方。五季兵戈安社稷，千秋庙貌肃烝尝。

林柯曾宠将军号，溪谷还生锦绣光。圣代褒封加玉册，要留功德表钱塘。”

②清厉鹗（1692—1752）作，《钱氏家乘·艺苑》记：“吴越勋名迥莫齐，天书新降武都泥。峥嵘重见龙山观，赑屃（bì xì）犹存玉局碑。夹岸云霞烘画壁，满湖风雨卷灵旗。舣（yǐ）舟小住垂杨下，愿采香蘋荐一卮（zhī）。”

【表忠观三首】清蒋士铨作，《钱氏家乘·艺苑》记：“龙蛇走壁势纵横，石镜冠裳气尚生。此是当时妙音院，绿杨莺语故关情。”“自知骨相输刘季，聊以功名比窦融。一笑归排衣锦宴，效他台上醉歌风。”“雄才大节古无双，气压江潮百怪降。食客三千州十四，胜他称帝海南邦。”

【钱王庙】清程文正（约活动于康熙年间）作，《钱氏家乘·艺苑》记：“霸业分星占斗牛，当年气盖海山秋。三千客自知罗隐，四十州空问贯休。铁箭尚藏遗庙在，锦衣谁似故乡游。残碑有字还堪读，玉局鸿文笔力遒。”

【吴越王】清孙贻武作，《钱氏家乘·艺苑》记：“风舞龙飞地脉优，挺生人杰说婆留。潮回龛赭（zhě）三千弩，地拥金汤十四州。承宠树皆披锦绣，称藩臣自息戈矛。栉风沐雨辛勤甚，圆木惊眠老未休。”

【唐昭宗赐钱武肃王铁券歌】明高启（1336—1374）作，《高太史大全集》卷八记：“妖儿初下含元殿，天子仍居少阳院。诸藩从此拥连城，朝贡皆停事攻战。岐王已去梁王来，长安宫阙生蒿莱。天目山前异人出，金戈双举风烟开。罗平恶鸟啼初起，犀弩三千射潮水。归来父老拜旌旗，酾酒槌牛宴乡里。击（一作‘轻’）裘骏马骄春风，锦袍玉带真英雄。诏书特赐誓终始，黄金镂字旌殊功。虎符龙节彤弓矢，后嗣犹令赦三死。尽言恩宠冠当时，天府丹书未逾此。摩挲旧物四百年，古色满面凝苍烟。天佑宰相署名在，寻文再读心茫然。古来保族须忠节，受此几人还覆灭。王家勋业至今传，不在区区一方铁。人生富贵知几时，泰山作砺徒相期。行人曾过表忠观，风雨断藓埋残碑。”

【观钱镠铁券作歌】清高宗作，《御制诗三集》卷二二记：“表忠观永祀钱塘，铁券却在台州藏。久闻其名未睹物，秋卿同族今呈将。铸铁如瓦勒金字，乾宁岁月犹存唐。皇帝若曰咨尔镠，董昌僭伪为昏狂。披攘凶渠定江表，祲（jìn）清赢泰保余杭。用锡金版永延祚，克保富贵荣宠长。恕卿九死子三死，承我信誓钦毋忘。徒观剥蚀字漫漶，铁犹如此人何方。龙门致诮带砺誓，赵宋转眼为新王。俊杰识时有弗较，善存桑梓功斯良。其时铁券固不出，南迁后出方膻芗（shān xiāng）。作歌装匣付珍弆（jǔ），所嘉谢表㧑（wéi）谦光。"

【钱武肃王铁券歌】①清沈德潜（1673—1769）作，《钱氏家书》第五种（下）记："钱塘钱氏王家孙，忠懿以后为齐民。家藏乾宁旧铁券，精采敚（duó，同'夺'）目光弥新。自言先世曾避贼，乱离弃掷江之濆（pēn）。渔人网鱼得古铁，有如周鼎出泗滨。裔孙换归一斛米，世世什袭弥家珍。文云皇帝嘉赉（lái）汝，官汝太尉兼诸军。诛宏杀昌荡渠寇，捍卫王室崇殊勋。恕汝九死子三死，长河泰华国永存。钦哉汝镠其敬听，颁示天下文云云。从来事往只陈迹，唐家事业同烟云。吴越四传旋纳土，至今临安宫阙皆成尘。我来浙西访古迹，钱王寂寞留荒坟。昔闻山林裹锦锈，今见坏道眠麒麟。表忠旧观亦颓废，断碣剥蚀丛荆榛。隆隆霸业竟何在，唯有铭功镂版传千春。子孙奕世念祖德，无忝忠孝承清门。"

②清蒋士铨作，《钱氏家乘·艺苑》记："长尺八寸阔尺一，厚分五厘铜瓦式。重百三十有二两，铁质金书精嵌饰。皇皇三百三十字，乾宁四年岁丁巳。八月丁未帝曰咨，报尔勋劳承信誓。卫我社稷惟尔忠，福我生灵惟尔惠。恕卿九死裔三死，史馆钦哉敕颁示。臣镠再拜上表闻，圣虑永保臣私门。曲加容恕感至德，惧伤慈爱孤殊恩。子孙保守皆忠附，历世至元沉泽库。渔罾一举返台州，千秋守器先灵护。我闻洪武之初褒功臣，特命危素取券求稽勋。濂祎（yī）咏歌甫毕响，韩彭烹醢（hǎi）多游魂。君不见李怀光，掷券地下声琅琅，疑人反者赐此物，臣有明信心中藏。吁嗟乎，唐锡带砺报尔功，宋夺茅土表尔忠。生儿浙脸符佳梦，半壁山河一券中。"

【钱武肃王铁券歌用宋潜溪韵】清齐召南（1703—1768）作，歌云："钱氏初定吴越基，八都兵能生豹貔（pí）。呜呼唐末聚群盗，弱者先毙强者随。中原五代更八姓，虽有远略安所施。十国瓜分各窃据，争城争地时盈亏。南唐西蜀一黑子，峨峨黄屋开彤墀（chí）。卢陵作史剧叹息，衰世典籍慵翻披。就中钱氏称忠孝，五王三叶承弓箕。始终保障十三郡，纵有稗政无大疵。民安耕桑兵不用，厥后接迹佩银螭。一片铁瓦亦怪伟，鼎出水泗堪存疑。淳化元丰及洪武，三登玉殿觐衮衣。其文三百卅三字，黄金嵌画萦须髭（zī）。诰辞庄重字古雅，俨对彝器神为怡。当时霸业雄两浙，酣歌驷马行瑶卮。宏乎昌乎尔猖獗，婆留视尔如捕狸。山号功臣树衣锦，斗牛无孛人无欺。西湖王气何必占，纳土早识香孩儿。鼓腰城垒却悍敌，智有晏婴勇虎痴。万弩临江潮水退，铁幢镇海大名垂。券是乾宁二年锡，爵列郡王官台司。天册荒草道观作，神鬼呵护仍无危。入台世系有谱牒，卿相冢墓乡人知。明初处士拜辞阙，共羡野趣廷中麋。诸公观券诗满帙，刘宋逸兴云霞飞。我朝尚有鲍太守，拂拭至宝钦元龟。镌梨劂（jué）枣载本末，灿烂葩藻辉山陂。我思汉世重窦氏，只为天命识依归。钱氏后先济其美，不劳血刃功讵微。至今钱塘甲海内，殷繁都会称通逵。忠懿铸塔本琐事，犹传奕祀铜花肥。不然铁券等闲耳，叛将亦得邀皇闱。怀光行瑜事可睹，信誓仍见印解累。功如李郭券何在，簪绂宁延门祚衰。独留武肃姓字永，龙蟠曲曲言如丝。旂常竹帛逊汝寿，几阅乌兔东西驰。偶见其物空吟咏，犹觉落墨含余威。试问临安之山有石镜，曷（hé）弗为作摩崖碑！”

【钱忠懿王墓】清袁枚（1716—1798）作，《钱氏家乘·艺苑》记：“新昌路旁古墓欹（qī），大书忠懿钱王碑。更书南京尚宝某，为十世孙德洪题。其圹（kuàng）旁隆中洼陷，颇似发掘遭赤眉。在昔钱王薨逝后，宋主恩礼无少衰。赐葬洛阳贤相里，不闻此地曾舆机。或者子孙衣冠葬，七百载事难参稽。从来正史与碑碣，往往传闻多异词。崇韬枉哭子仪像，安生误受熊光欺。我非成精老桑树，难呼翁仲说是非。且题数行书所见，郢书燕说存其疑。”

【题表忠观碑后】清蒋士铨作，《钱氏家乘·艺苑》记：“不肯闭门作天子，愿作开门节度使。西湖之水岂可填，有国百年吾足矣。妖贼纷纷盗赤符，公言赫赫传青史。三世四王七十年，功名五代相终始。呜呼，仙芝汉宏一乱民，黄巢嗜杀终灭身。可怜不识忠孝字，高骈董昌皆重臣。八州父老免涂炭，九死包容颁铁券。由来信誓出殊恩，敢使儿孙罹国宪。雍熙纳地幸免诛，南渡阴还土一隅。仁人再世且享国，佳兵好杀何其愚。劝忠异代推清献，坟庙无虞还立观。特笔谁如苏子瞻，雄文压倒罗昭谏。”

【钱塘怀古】清倪承茂（约活动于乾隆年间）作，《钱氏家乘·艺苑》记：“五代兴亡一梦中，射潮江浒想英雄。锦衣木石沾恩幸，铁券山河誓始终。风舞龙飞形胜在，虎符玉节霸图空。花开陌上年年好，无复行人指故宫。”

【龙简】清黄士珣（约活动于道光年间）作，《钱氏家乘·艺苑》记：“茅山地起不睡龙，主临吴越翔雄风。斗牛无孛庆安堵，黄金铸券旌殊功。享国四十州十四，犹是开府节度使。贡道常通淮海间，建元肇自唐梁际。钱唐借取筑钱城，人知妙句报龙神。太湖卷起千尺水，千载忽睹龙简新。词云尚父中书令，俗阜时康答天庆。兼乞遐龄眼目明，国家兴隆子孙盛。东皋里隶洞庭乡，太湖水府龙之堂。宝正三年岁戊子，告投月日书尤详。是时王年七十七，都会堂开旱蝗灭。文穆拜授忠献生，祈祝能符简中列。拓本流传又百年，楷法秀逼麻姑仙。当时遍告此其一，即今得之知其全。粉盘书记恒申旦，此简宁非亲染翰。红纱未遇学士笼，骊珠竟被渔翁锻。三千犀弩一莫存，浩气自足蟠乾坤。行人曾舣湖滨棹，多少居民说箭村。”

【强弩射潮】清严墉（活动年代不详）作，《钱氏家乘·艺苑》记：“东南砥柱镇乾坤，慈父由来世所尊。惟解保邦全众命，岂容激浪啮塘根。三千劲弩随时发，万载安澜见业存。圣代褒俞为民意，天章重锡表殊恩。”

【安国山】明颜廷榘（榘，jǔ，1519—1611）作，乾隆二十四年（1759）版《临安县志》卷一《山川》记：“天目峰高苕水寒，钱王肇迹自临安。斗墟王气凭谁识，锦里荣光与故欢。南陌花开归缓缓，西陵潮避武桓桓。只今惟见墓门道，石马含愁草没鞍。”

【安国山怀古】明许赞（1473—1548）作，宣统二年（1910）版《临安县志》卷八《艺文志》记：“北山太平南功臣，南山生来北山殡。勋猷富贵世无论，荣华去后流光迅。临安周回草木繁，依稀犹作淮南阵。威名百世传吴下，锦绣林丛时艳冶。石镜不照冕旒衣，照见高丘在荒社。山寒夜静水声急，叫月野狐骑石马。”

【功臣山】①明唐子昌（约活动于天顺年间）作，乾隆二十四年（1759）版《临安县志》卷一《山川》记：“功臣山峻势凌空，春半登临日正融。万瓦人烟归眼底，千峰锦绣入胸中。清溪曲折双流合，古塔棱层四面通。醉饮朗吟归去晚，龙灯高照海棠红。”

②明胡应芳（约活动于天启年间）作，宣统二年（1910）版《临安县志》卷八《艺文志》记：“塔影崔巍下夕曛，锦衣犹说旧将军。十千弩射钱塘水，百六春回石壁云。月漾寒溪流玉册，峰回绝汉拥雷文。年年举锦亭边柳，啼断莺声野水濆。”

【题钱武肃王故里】清张淑郿（méi，约活动于康熙、雍正年间）作，宣统二年（1910）版《临安县志》卷八《艺文志》记：“八百军声敌胆寒，果然王气萃临安。婆留古井邻开化，试剑高峰矗大观。千载汗青标事业，一龛香火供衣冠。蛟龙起处空潭在，紫竹萧萧日欲残。”

【题钱武肃王墓】章栋（活动年代不详）作，宣统二年（1910）版《临安县志》卷八《艺文志》记：“石镜灵光射斗寒，天生豪杰出人寰。兵戈独奋纵横际，吴越多归保障间。衰世尽忠全节义，清朝辞国识机关。故乡留得荒坟在，千古犹传衣锦山。”

【题钱王墓】王礼（活动年代不详）作，宣统二年（1910）版《临安县志》卷八《艺文志》记：“数间老屋半欹颓，宗社虽存没草莱。尚有遗民呼太庙，何堪游鹿走荒台。花开陌上空余恨，麦被陵陂（bēi）不尽哀。三节还乡平日志，化为杜宇定归来。”

【拜钱王墓题】清陈锴（锴，huì，约活动于康乾年间）作，宣统二年（1910）版《临安县志》卷八《艺文志》记（节选）：“历劫纲常留热血，野狐原上声呜咽。霸业雄图梦幻间，忠孝英灵不磨灭。钱王古冢草迷离，肃我冠裳一拜之。石室断碑秋草没，功臣明祀永于斯。当年木下群儿戏，旁舍钱生亦何异。讵识王气属牛斗，提剑东方拥千骑。搀抢横扫涂炭加，恣彼枭翼肆鲸牙。奋衣葛圃志戡乱，义旗手仗军无哗。巢兵百万下五岭，劲卒伏弩敌避影。由来用兵虚实兼，道妪一言慓悍屏。”

【钱王古冢】清骆钟麟（1624—？）作，乾隆二十四年（1759）版《临安县志》卷一《图说》记：“绿阴夹道古离宫，留得平芜草自丰。猿叫断碑人去后，鸟啼春树雨声中。东南半壁撑天柱，俎豆千年式武功。凭吊许多唐宋迹，几随金井问梧桐。”

【钱王古冢】清赵民洽（约活动于乾隆年间）作，乾隆二十四年（1759）版《临安县志》卷一《图说》记：“保障东南泽独长，千秋华表识钱王。数株古木环高冢，犹剩英风伴夕阳。”

【春晓登安国山】清赵民洽作，乾隆二十四年（1759）版《临安县志》卷一《山川》记：“春山如笑露华浓，景物鲜明识化工。五色云霞朝日映，一林桃李晓烟笼。莺流巧语梳新绿，蝶惹香尘点嫩红。高下远峰开翠嶂，应知遍野被薰风。”

【保锦山怀旧治】高聪然（活动年代不详）作，乾隆二十四年（1759）版《临安县志》卷一《山川》记：“武肃还乡挂锦衣，山川风景尚依稀。独怜花县迷芳草，元祐堂成鸟鹊飞。”

【题安国山】清张淑鄘作，宣统二年（1910）版《临安县志》卷八《艺文志》记：“天目三支次第生，左支余杭右杭城。中支逶迤到临水，九仙玲珑派分明。忽作平田十余里，隐隐隆隆兀然起。起为太庙势崇窿（lóng），特立当尊众莫比。苕水锦水合盘旋，功臣舞蹈朝于前。石镜香炉蹑其后，俯视皆若儿孙然。指点钱王发祥处，十锦荣光余古墓。生能保障死能神，石马虬松郁烟雾。”

【石镜山】①清郑耿（约活动于康熙年间）作，乾隆二十四年（1759）版《临安县志》卷一《山川》记：“芙蓉青削异光浮，一鉴曾开十四州。山影几重云外画，春声不断水中流。锦归树树新旄钺，石照层层焕冕旒。忽听晚钟来古寺，老僧踏月放黄牛。”

②清程玿（玿，sháo，活动年代不详）作，乾隆二十四年（1759）版《临安县志》卷一《山川》记：“天开石镜碧嶙峋，一鉴孤悬照异人。云染山中都是锦，花盈陌上不胜春。五王丹诏飞金凤，一袱黄封配玉麟。保障东南千

古事，至今犹自忆功臣。”

③清范士毅（约活动于乾隆年间）作，宣统二年（1910）版《临安县志》卷八《艺文志》记：“匹夫伏山野，耕猎谋生活。纵有非常志，无微郁不发。山神具明眼，众中识人杰。顽石化作镜，照彼笃生质。冕服如王侯，自顾还自失。功成应有时，异兆已明揭。忽际风云会，太息耕自辍。诛昌扶残唐，衣锦荣勋烈。故乡传异事，石镜名不没。怀古恣幽讨，渡溪山碌矶（lù wù）。累累无片光，何处悬明月？斧凿崖壁痕，至宝云遭窃。此说固荒唐，寻求犹未达。山石本无镜，幻景成倏（shū）忽。不容山鸡照，直为异人说。神灵怂掘起，过眼等电灭。如游武陵源，重寻路疑窒。武肃分茅后，试照非曩（nǎng）日。何况将千载，耳食搜岩穴。空明临碧涧，妍丑长迥别。”

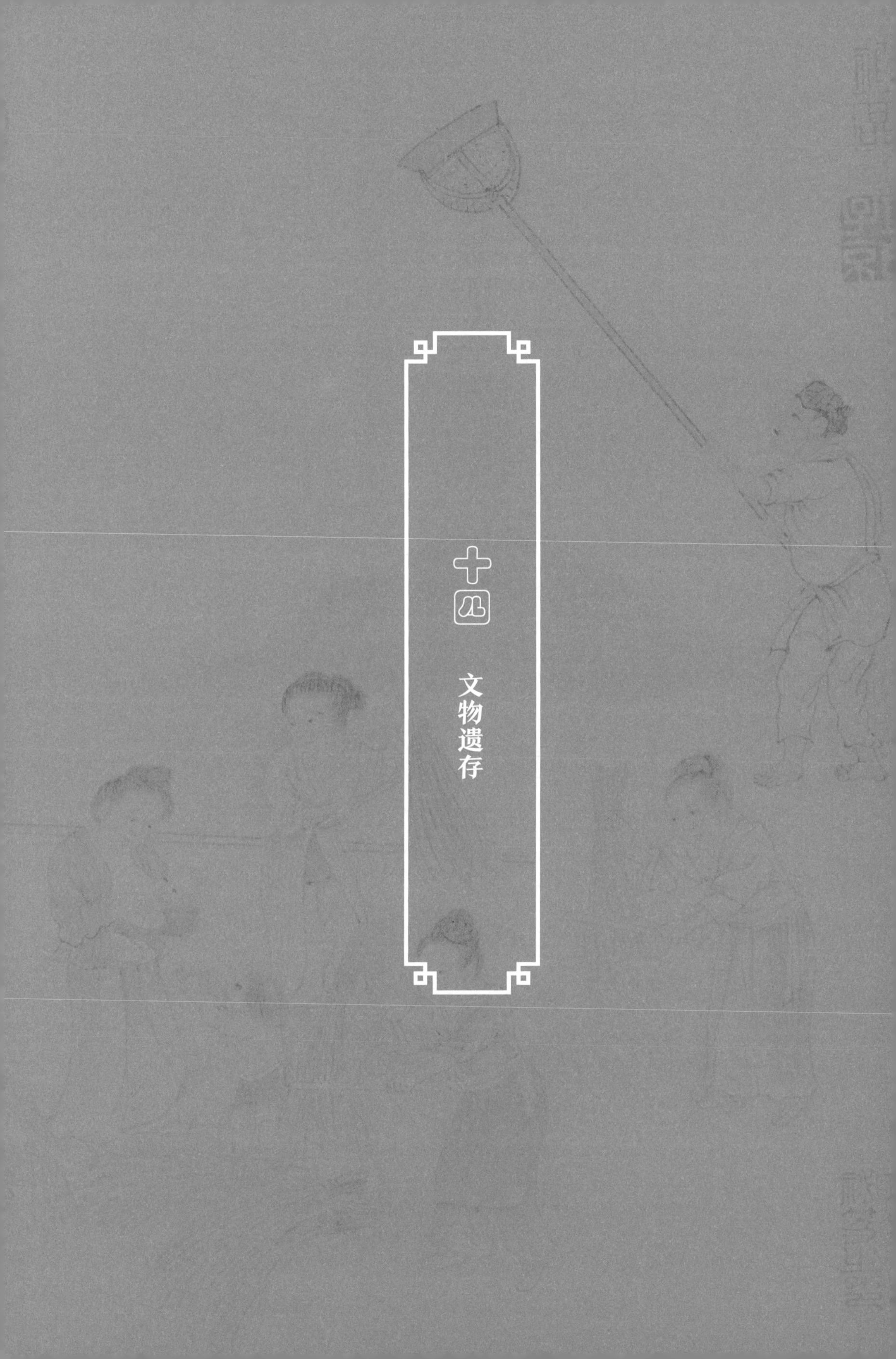

十四 文物遗存

文物是历史文化发展的证物。吴越有国八十余载，钱镠又数次衣锦还乡，身后选择归葬临安，因此在临安、杭州以及江苏、浙江地区都留下了大量的吴越国文物遗存。历经千年，它们有的风貌依旧，有的已非原物，有的则尚待人们去探索、去发现。目前，在已考古发掘多座吴越国王亲贵族墓葬中，依稀可见当年吴越国的繁荣与昌盛。

遗址

【吴越国衣锦城遗址】五代吴越国衣锦城遗址位于杭州市临安区锦城街道，城址平面总体呈东南缺角的不规则五边形，面积约 0.51 平方公里，城墙周长约 2.9 公里。据文献记载，唐昭宗龙纪元年（889），钱镠始筑营垒于临安茅山（今太庙山）；大顺元年（890），唐昭宗敕额“安众营”；光化二年（899），敕升安众营为衣锦营；天复元年（901），升衣锦营为衣锦城；天祐四年（907），升衣锦城为衣锦军。衣锦军不辖县，直属吴越国王廷，为吴越国初期的军政要地。通过近年来的考古调查及勘探，已基本明确了衣锦军城墙、城门、护城河及城内道路等框架性遗存和部分重要建筑的分布情况。2017 年 4—10 月，在配合杭州市临安区政府地下车库人防工程建设的考古发掘中，于钱镠墓以西发现一处大型五代建筑遗址，出土了大量瓷片及铜钱、文字砖、瓦当、大型陶缸等物。2019—2020 年，在临安区原城南小学区块，发掘揭示了衣锦城南城墙、南城门以及城内建筑遗迹等。结合诸多考古发现，可推测衣锦军是晚唐五代时期钱镠在原临安县城之外新建的一座城池。至钱镠去世，衣锦军部分承载了政治中心的功能。但自钱元瓘时期以后，衣锦军逐渐失去了原来类似陪都的政治功能，转而成为专门守护钱镠陵墓的城池，性质近似于奉陵邑。纳土归宋后，“衣锦军”建制被撤销，并入临安县。

【洞霄宫遗址】位于杭州市临安区青山湖街道和杭州市余杭区中泰街道之间，临安部分约占遗址总面积 70%，余杭部分占 30%。西汉元封三年（前 108），始建宫坛于大涤洞前。唐弘道元年（683），敕建天柱观。唐中宗时赐观庄一所。唐乾宁二年（895），钱镠与道士闾丘方远相度地势，重建天柱观。据《洞霄图志》卷下钱镠《天柱观记》记载，天柱观重建的重点首先是选定宫观的基础与方位，文中称“镠特与创建殿堂，兼移基址，山势有三峰两乳，兼许迈先生丹灶遗迹犹存。遂乃添低作平，减高为下，改为甲向”；同时，在当时修复或新建的建筑还包括“草堂”“虚皇坛”“唐朝杉”“元同桥”“三池”“聚仙亭”“抚掌泉”等。后续，吴越国修建了负责接待等事务的天柱观属道院，用于追福的“开元宫”。作为吴越时期宗教文化的重要象征，天柱观的建筑及风景布局遵循道教思想，与山川形胜形成良好的互应，体现了道教传统建筑中天人合一的自然观念。在选址上，天柱观所在位置有天柱山、大涤山，两山对峙，形成了“五洞环大涤，诸峰拱天柱”的格局；在空间布局上，天柱观均衡对称，星罗棋布，钱镠《天柱观记》记载“添低作平，减高为下，改为甲向”，修建后的建筑群三面环山，一面修筑墙垣，整体均衡对称。后梁开平元年（907），钱镠以吴越王的名义，向后梁朝廷为郑玄章、夏隐言两位天柱观道士申请师号与紫衣。据《洞霄图志》记载，后梁乾化三年（913），郭文封“灵曜真君”，许迈封“归一真君”，以官方形式确认了天柱观在吴越国的重要地位，同时，吴越国一直不断完善天柱观内的设施。后唐清泰二年（935），吴越王钱元瓘重建开元宫，史载：“秋七月甲辰，西方庆云见。重建开元宫，追福于先王也。”北宋大中祥符五年（1012），天柱观改称洞霄宫，后毁于兵。宋室南渡后，绍兴二十五年（1155）重建洞霄宫。当时洞霄宫发展至鼎盛，建筑群规模宏大，有汉武帝宫坛、许远游升天坛、昊天阁、三清殿、闾丘先生祠等大小殿室。此宫观曾作为皇帝行宫，南宋高宗、孝宗、宁宗等多位皇帝先后驻跸于此。元末毁于兵火，明初重建。清乾隆（1736—1795）中期以后，宫室渐圮，至民国时仅存遗址。今尚存元同桥（1988 年被公布为临安县级文物保护单位）、会仙桥（2006 年被公布为临安市文物保护点），以及大涤洞、归云洞、三贤祠等遗迹。洞霄宫遗址原为临安市文物保护点。2019 年 3 月 26 日，杭州市人民政府公布洞霄宫遗址为杭州市级文物保护单位。2023 年 6 月 29 日，浙江省人民政府公布第八批省级文物保护单位名单，洞霄宫遗址名列其中。

【海会寺遗址】杭州市临安区原古寺院名，旧为江南最早的十大寺院之一，享有“王家第一寺院”之誉。原址位于今杭州市临安区锦北街道西墅社区，离钱宽水丘氏墓约 1 公里。据清宣统二年（1910）版《临安县志》记载，南北朝梁大同年间（535—546），赐额“竹林寺”，意谓释迦牟尼佛的第一讲经堂“竹林精舍”。唐武宗“会昌法难”时，寺院被毁。后于唐大中五年（851）重建。唐天复年间（901—904），钱镠在海会寺原有规模上加以扩建，建青石浮屠两座。北宋大中祥符元年（1008），赐名“海会寺”，借佛教中灵山海会和莲池海会之喻，形容高僧云集，香火旺盛。北宋熙宁六年（1073），苏轼游览临安海会寺，写下《宿海会寺》一诗：“篮舆三日山中行，山中信美少旷平。下投黄泉上青冥，线路每与猿狖争。重楼束缚遭涧坑，两股酸哀饥肠鸣。北渡飞桥踏彭铿，缭垣百步如古城。大钟横撞千指迎，高堂延客夜不扃（jiōng）。杉槽漆斛江河倾，本来无垢洗更轻。倒床鼻息四邻惊，纨如五鼓天未明。木鱼呼粥亮且清，不闻人声闻履声。”次年重游海会寺，作《海会寺清心堂》：“南郭子綦初丧我，西来达摩尚求心。此堂不说有清浊，游客自观随浅深。两岁频为山水役，一溪长照雪霜侵。纷纷无补竟何事，惭愧高人闭户吟。”南宋时，诗人张镃（zī）为缅怀苏东坡与临安海会寺的情缘，写有《过临安海会寺东长桥有怀苏文忠公》一诗。海会寺在元末毁于兵火，明初重建，至明嘉靖四十年（1561）再毁。清光绪时，钱镠所建两浮屠其中一座被雷击坏。入民国后，海会寺仅存遗址。海会寺遗址原有经幢，为浙江省人民委员会 1961 年公布的第一批省级文物保护单位，但在“文化大革命”期间被毁。至 1981 年浙江省人民政府调整和重新公布省级文物保护单位时，临安海会寺遗址经幢已被除名。

【功臣寺遗址】位于杭州市临安区锦城街道功臣山南麓。遗址坐北朝南，占地面积约 1 万平方米。2003 年 10 月，临安市文物馆与浙江省文物考古研究所联合进行考古发掘。遗址呈廊院式平面布局，强调中轴对称，整组建筑至少有 3 进，从南至北，依次为前殿、天井、钟鼓楼、大殿、天井、过廊、后殿及两侧厢房等。从出土砖瓦、吻兽、瓷器残片和建筑基址、砖（石）制排水沟、天井铺地的用材、形制和体量判断，此遗址当为五代十国时期建筑。经与文献资料比对，此即吴越国王钱镠“舍宅为寺”的功臣寺遗址。2005

年 3 月 16 日，浙江省人民政府公布功臣寺遗址（含婆留井）为第五批省级文物保护单位。2013 年 3 月 5 日，国务院将功臣寺遗址（含婆留井）、功臣塔合并，称为“功臣塔及功臣寺遗址”，公布为第七批全国重点文物保护单位。

【钱氏捍海塘】钱江潮是杭州奇景，但也是一大水患。早在汉代，钱塘江水患就见诸文献记载，但在唐代以前，钱塘江水患总体并未引起历代杭州地方官员的重视。后梁开平四年（910），在捍海塘竣工后，钱镠向后梁朝廷上《筑塘疏》，汇报工程情况，篇首陈述筑塘理由：“为筑塘御潮，请复古基，以卫民生事，窃惟江水之源，自衢、婺、睦等州各道汇入富春奔腾而入。潮汐由杭州之盐官、秀州（秀州一般认为是公元 938 年由钱元瓘析苏州、杭州部分辖县新设，此奏疏出自《钱氏家乘》卷八《遗文》，或经后人整理——编者注）之海盐各路汇入鳖子门而入，每昼夜两次冲激，岸渐成江。近年以来，江大地窄，溯自唐贞观以前，居民修筑，不费官帑，塘堤不顾，易于崩坍。迨后兵革顿兴，民亦屡迁，遂废修塘之工。海飓大作，怒涛掀簸，堤岸冲啮殆尽。自秦望山东南十八堡，数千万亩田地，悉成江面，民不堪命。群诉于臣，臣目击平原沃野尽成江水汪洋，虽值干戈扰攘之后，即兴筑塘修堤之举。”整项筑塘工程发动民工 20 万人，历时两个月完成。相传在动工前，还举行了著名的“射潮”仪式，用箭 3000 支，反映了钱镠制服钱塘潮的决心，有利于鼓舞士气。在离岸二丈九尺处，取“罗山大木”打桩六层，每层用装满石头的竹笼，称为“泥塘”。“泥塘”之外，植“滉木”十余行。“泥塘”之内，再叠石为堤，使之坚固。这样泥沙淤积越多，海塘便越坚固，还有延缓潮势的作用。海塘在杭州候潮门、通江门外，自六和塔至艮山门，长 338593 丈，用钱 109440 缗。这段由钱镠主持修建的捍海塘，摒弃当时常见的版筑法而用“石囤木桩法”，后来被称为“钱氏捍海塘”。1983 年，在今杭州市南星桥一带发现了一段五代捍海塘遗迹。2014 年，在原杭州市上城区江城路以东的江城文化宫所在位置，又发现了一处吴越国时期的捍海塘遗址。

【光孝明因寺遗址】又称“净土寺遗址”。位于杭州市临安区功臣山西南部钱坞垄，其西北侧有锦溪自西南向东北流经，处于临安中心城区的南部。据《十国春秋》记载，该寺本为钱镠旧宅，后梁乾化元年（911），吴越王钱镠舍宅为寺，请额于梁，名光孝明因寺。北宋大中祥符元年（1008），改额为“净土禅寺”，南宋和明初均有重建。2018 年，杭州市文物考古研究所和临安区文物部门联合启动考古发掘，共发现吴越国至明清不同时期的三组建筑遗迹。其中第一组遗迹年代最早，应属五代吴越国光孝明因寺和宋代改额的净土禅寺，包括一号殿址、二号殿址、水井、东西廊房基址和散水等；第二组遗迹为南宋时重建的净土禅寺，宋末元初毁弃；第三组遗迹为明代重建的净土禅寺。出土遗物众多，有五代、宋时期莲花纹瓦当、宝相花纹砖、脊兽、筒瓦、板瓦、抄手砚、黑釉盏、汤瓶、青瓷残片等。因此，光孝明因寺（净土禅寺）遗址的考古成果，对于研究吴越国至北宋的墓葬习俗、佛教文化、建筑构造等问题具有重要意义。在光孝明因寺遗址考古发掘基础上，临安已建设了净土寺遗址公园。

【净土寺遗址】即“光孝明因寺遗址”。

【彭祖庙遗址】位于杭州市临安区八百里山西南麓。2018—2019 年，杭州市文物考古研究所和临安区文物部门联合对其进行考古勘探和发掘，发现夯土台基、散水、天井、道路等遗迹，分布面积约 2100 平方米。根据考古发现，其始建年代应为五代吴越国时期，在南宋时期得到重修。中轴线上主殿台基为正方形，边长 13 米，台基四周附以散水及庭院。史载钱镠尊彭祖为其先祖，故于此设庙。《咸淳临安志》卷二五《山》记载：“八百山，在县东北一十里。有三峰甚高，中峰号大将山，西峰号紫藤山，东峰号八百山，周九里。按旧志云，彭祖尝居此山。”《咸淳临安志》卷七四《诸县神祀·临安县》：“彭祖庙，在县东北一十里。”遗址位置与此记载相符。发掘中，出土有“紫藤”墨书碗底，亦可与文献记载相印证。

【圣果寺遗址】位于杭州凤凰山。据《咸淳临安志》卷七六《寺观二》：“圣果寺，在包家山。旧在凤凰山之右，钱氏建。……中兴以后，以其地为殿前司，寺徒今处。”并载“石佛”：“梁开平四年，钱氏镌弥陀、观音、势至三佛于石上，蒋之奇诗曰：‘岿然三石佛，若在嘉州岸。’”可见圣果寺应始建于唐末至吴越国初期，原在凤凰山西面，为钱镠修建。宋室南渡后，圣果寺被划作殿前司，南宋末移至包家山。后毁，明洪武年间重建。现存“西方三圣”浮雕、十八罗汉造像，宋高宗赵构手书“忠实”两字题刻，还有凤凰池、放光岩以及赏月佳景月岩等名胜。2018—2019年，考古发掘圣果寺千佛阁遗址。发掘揭示，整座圣果寺坐西北朝东南，可分为三个区域：最下部是寺院主体区域，中部是千佛阁与“西方三圣”大像石窟区域，最高处是崇圣塔遗址区域。圣果寺遗址现为杭州市级文物保护单位。

陵墓

【钱武肃王陵】即“钱镠墓”，位于杭州市临安区锦城街道武肃里社区，太庙山南坡，是现存规模最大的吴越国王陵。后唐长兴三年（932），钱镠去世，后唐朝廷下诏以王礼葬。当年灵柩运回衣锦军，后唐应顺元年（934），后唐诏命送达，敕葬于安国县茅山（今临安区太庙山）之原。墓前立五代著名书法家、后唐工部侍郎杨凝式撰写的《大唐故天下兵马都元帅尚父吴越国王谥武肃神道碑铭》，故钱镠墓的实际落成时间，当在后唐应顺元年（934），即钱镠去世近两年后。钱镠墓陵园现占地227亩，约合15.13万平方米。墓坐北朝南，背靠太庙山，左青龙，右白虎。墓茔为一大圆形封土堆，高约9米，长、宽各50米。原神道长300米，宽32米，有华表、石马、石虎、石象、石翁仲和享堂。墓前尚存清代墓碑一通，上刻“唐故天下兵马都元帅尚父守尚书令兼中书令吴越国王谥武肃钱王之墓。”为清代无锡名士钱泳所书。神道尚存墓表、石象、石翁仲残件。东侧存清代建筑钱王太庙。1997年，重葺钱镠墓神道，添置一座三开间冲天式石牌坊、“钱王祠”匾，其间第一次发现原神道东侧石马、石翁仲及墓表三件石刻残件。2010 年，又于墓前原神道西侧发现一石翁仲残件和一件完整的墓表石柱。2019—2020 年建设考古遗址公园的过程中，又于旧神道西侧发现了未经扰动过的墓表础石、石翁仲和其他残损石像生。2001 年 6 月 25 日，国务院公布钱镠墓、钱宽水丘氏墓、康陵（合并为“临安吴越国王陵”）为第五批全国重点文物保护单位。2006 年 5 月 25 日，国务院将吴汉月墓与“临安吴越国王陵”合并，称为“吴越国王陵”，公布为第六批全国重点文物保护单位。

【钱宽水丘氏墓】位于杭州市临安区锦北街道西墅社区，明堂山。钱宽、水丘氏为钱镠之生父生母。钱宽卒于唐乾宁二年（895），葬于光化三年（900），水丘氏卒于唐天复元年（901），同年窆葬。1978 年 10 月和 1980 年 7 月，省、市、县三级文物部门组建考古队，先后对钱宽、水丘氏墓进行了考古发掘。两墓同茔异穴，钱宽墓居西，水丘氏墓在东，相距约 6 米，均为砖砌券顶墓，结构规模相同。墓室呈船形，分前后室，多耳室，多壁龛。钱宽墓历史上曾被盗，随葬文物存墓志 1 方，白瓷碗、杯、壶、花口盘等文物 22 件，后移交浙江省博物馆；水丘氏墓保存完好，出土墓志、瓷器、金银器等文物 100 余件，墓室设壸（kǔn）门（一作“壶门”）12 座，推测门内当时很可能放置木雕十二生肖俑。其中秘色瓷褐彩云纹熏炉、盖罂、油灯均为国宝级文物。钱宽夫妇墓两墓墓顶均绘有二十八宿和北斗星图，钱宽墓具体星象已部分残缺，发掘时存星 170 颗，水丘氏墓星象图保存完好，存星 185 颗，它们是目前国内已发现保存时代最早、最准确的古代写实天文图，是研究我国古代天文星辰变迁极其珍贵的实物资料。2001 年 6 月 25 日，国务院公布钱宽水丘氏墓、钱镠墓、康陵（合并为“临安吴越国王陵”）为第五批全国重点文物保护单位。2006 年 5 月 25 日，国务院将吴汉月墓与“临安吴越国王陵”合并，称为“吴越国王陵”，公布为第六批全国重点文物保护单位。

【钱镠祖墓】位于杭州市临安区锦城街道锦桥社区功臣山东南坡，系钱镠祖父建初王钱宙之墓。坐北朝南，墓园占地面积约 1 万平方米。墓茔封土形似小丘，高 6 米，宽约 30 米，长约 40 米，背倚功臣山，左有青龙、白虎两山回抱，明堂开阔，前掘有长方形水塘。原墓前有石牌坊、石翁仲、石马等。钱镠祖墓未经发掘，周围环境维持良好。2003 年 3 月 19 日，临安市人民政府公布钱镠祖墓为第五批临安市级文物保护单位。2019 年 3 月 26 日，杭州市人民政府公布钱镠祖墓为杭州市级文物保护单位。

【钱元瓘墓】位于浙江杭州玉皇山脚，1965 年发掘。土坑石墩椁墓，墓前有“吴越国文穆钱王墓”石碑，墓体分前、中、后三室。前室两侧带砖砌耳室。原有彩绘，但因淤土和年代已久，内容已漫漶不清。后室各壁有石刻雕刻，可分为三部分：四壁上沿雕刻宽带状牡丹花图案，每组图案由一大一小的牡丹花纹组成，上面着有颜色。大花心金色，花瓣红色，叶石绿色；小花花瓣红色，叶金色。四壁中部为四神浮雕。下部为十二生肖人俑，自北壁正中的“子”开始，东壁为寅、卯、辰，南壁为巳、午、未，西壁为亥、子、丑，每像各居一龛，双手交叉于胸前，生肖抱于怀中。后室顶部有石刻星象图，刻于盖顶阴面正中。星象图碑高 412 厘米，宽 270 厘米，厚 32 厘米。上有贴金装饰，阴刻，内容为紫薇垣和二十八宿。石椁为红色砾砂岩，石椁外加筑拱顶砖室。2003 年 10 月 31 日，杭州市园林文物局公布钱元瓘墓为杭州市级文物保护点。

【吴汉月墓】位于浙江杭州玉皇山下八卦田北侧的施家山南麓，西距钱元瓘墓约 400 米。墓主人吴汉月为钱弘俶的生母，窆葬于后周广顺二年(952)。土坑石椁（guǒ）墓，早年曾被盗。1958 年发掘时，出土能修复的壶、罐、碟、盘碗等共 13 件，玉器 1 件。墓室为长方形，分前、后两室，全长 7.6 米。前室施彩绘，并有仕女立像浮雕。后室装饰同钱元瓘墓，各壁有石雕，可分为三部分：四壁上部雕刻宽带状牡丹花图案，并有青龙、白虎、朱雀、玄武四神。四壁下部为十二生肖人俑，排列方式同其他吴越国王族墓，手捧十二生肖像。后室盖顶阴面中偏后为石刻星象图，现存杭州碑林。中心小圆直径 42.6 厘米，外缘次第刻 3 个同心圆，最大直径为 180 厘米，内容为紫微垣和二十八宿。吴汉月墓原为浙江省省级文物保护单位，2006 年 5 月 25 日，国务院将吴汉月墓与“临安吴越国王陵”合并，称为“吴越国王陵”，公布为第六批全国重点文物保护单位。

【钱元玩墓】位于杭州市临安区功臣山下，1962 年发掘，编号临 M20，墓主为钱镠第十九子钱元玩。他在功臣寺出家为僧，法号因令，谥慧因普光大师。前后双室石椁墓，在椁外加筑拱顶砖室，长约 7.5 米。后室有与吴汉月墓相同的石刻装饰，三壁及门的背面中部浮雕青龙、白虎、朱雀、玄武四神，四神之下有十二生肖像。

【钱弘佐墓】据《吴越备史》卷三《忠献王》和《十国春秋》卷八〇《忠献王世家》等史料记载，后汉天福十二年（947）六月，钱弘佐在杭州去世。当年八月，后汉“敕葬龙山之西原”，“龙山”即今杭州玉皇山一带，推测离钱元瓘墓、吴汉月墓不远，其具体位置有待今后进一步考证。

【钱俶墓】公元 960 年以后，钱弘俶为避赵匡胤父赵弘殷名讳，改名钱俶。北宋端拱元年（988）八月二十四日，为钱俶六十大寿，当晚突然去世，原因不明（一说为宋太宗鸩杀）。次年春正月，宋廷“遣中使押翰林仪鸾卤簿鼓吹，葬王于河南府洛阳县贤相里陶公原”（《吴越备史·补遗》），据此，则钱俶墓位于今河南省洛阳市，而非部分专家学者认为的温州苍南。金石学家、清人汪鋆（jūn）编著的《十二砚斋金石过眼录》（清同治十三年编成、光绪元年刊印）最早收录了钱俶墓志铭，说明在此之前钱俶墓已被盗。近代学者罗振玉曾购得钱俶墓志拓片，并收录于《芒洛冢墓遗文》一书。钱俶墓志铭现藏洛阳博物馆，碑铭全称《大宋故安时镇国崇文耀武宣德守道中正功臣、武胜军节度邓州管内观察处置等使、开府仪同三司、守太师、尚书令兼中书令、使持节邓州诸军事、邓州刺史、上柱国、邓王，食邑九万七千户、食实封一万六千九百户、赐剑履上殿、书诏不名、追封秦国王墓志铭并序》，北宋慎知礼撰文，秦守良正书。墓志中称钱俶“思辅仁寿之化，颇尊天竺之教”，推测其葬仪、葬制规格当仅次于帝陵。

【苏州七子山一号墓】位于江苏省苏州市西南横山九龙坞。据《吴县志》记载：“山下九龙坞正中，是吴越（广陵）王钱元璙墓所在地”。七子山一号墓，即在钱元璙墓的西边。此墓于 1979 年 3 月 13 日被发现。墓室全长 14.34 米，分前、中、后三室，在中室两侧各附有一个耳室。出土越窑青瓷金釦边碗、高足方盒，陶男侍俑、陶女侍俑、铁刀、铜弩机、砚台等大量随葬文物，涉及瓷器、俑、武器、金银玉器饰品、铜器、铁器等多种类型，反映了五代苏州地区富庶的经济面貌。但因未找到墓志，故墓主人身份难以确定，又因钱元璙墓在九龙坞中间，而七子山一号墓位于钱元璙墓西边，且墓室结构分三室，非一般平民所能拥有，故推测为与钱氏直接有关的五代时期贵族墓葬。

【马氏康陵】位于杭州市临安区玲珑街道祥里村祥里自然村，为吴越国第二代国王钱元瓘的夫人恭穆王后马氏的陵寝。马氏其父马绰，是吴越国早期著名将领。马氏窆葬于后晋天福四年年底（940 年年初）。此陵由墓坑、墓道、排水沟、墓室组成。墓坑长方形，长 26.1 米，宽 11.7 米，深 7.8 米。墓道残长 11.5 米，宽 3.4 米，外高内低，呈斜坡状，墓道上填充有大量块石。墓道左侧设有排水暗沟一条，残长 16 米，宽 0.5 米，水沟上下用条形青石板、中间两侧用青砖砌置。墓室分前、中、后三室。前室砖结构，置一石质长明灯，左右两侧设耳室，三面均绘一棵牡丹树，左耳室嵌墓志。中室为石板结构，近后室石门处置一石质供桌，左右两壁各绘一棵牡丹树。后室为石板结构，置石质棺床，前后设石枋，四壁下方雕刻十二人俑手捧生肖，中部浮雕青龙、白虎、朱雀、玄武，上方浮雕牡丹花图案，墓顶石刻天文图。康陵于 1996 年 11 月 16 日被发现，出土了秘色瓷器、玉器、石器、金银器、墓志等 300 余件随葬文物，其中玉器 70 余件。康陵纪年明确，雕刻艺术精湛，彩绘丰富，天文图保存完好，具有重要的考古研究价值。2001 年 6 月 25 日，国务院公布康陵、钱镠墓、钱宽水丘氏墓（合并为“临安吴越国王陵”）为第五批全国重点文物保护单位。2006 年 5 月 25 日，国务院将吴汉月墓与“临安吴越国王陵”合并，称为“吴越国王陵”，公布为第六批全国重点文物保护单位。

【临安吴越国王陵】全国重点文物保护单位，2001 年公布。由钱镠墓、钱宽水丘氏墓、康陵组成。2006 年后和杭州吴汉月墓合并，统称“吴越国王陵”。

【吴越国王陵】全国重点文物保护单位（2006 年合并后），由原批号 V-163

的临安吴越国王陵和VI-并24吴汉月墓合并组成，称为“吴越国王陵”。

【吴随□墓】位于杭州市临安区板桥镇，1970年发掘，编号临M21。为船形券顶砖室墓，分前后室，并设有耳室和壁龛。墓室前半部夯土层与墓顶之间，盖有大石板两层。墓前室封门外也有大石板两层封堵，墓室四周用不规则的条石竖垒砌筑，厚达0.5—1米。墓室保存完整，出土11件越窑青瓷和17件银器。出土石灰岩墓志一方，现仅首行部分字迹可辨识：“……王国功臣镇海吴随□墓志铭并序”。据此推测，墓主人为吴越国时期勋贵官员。

【青柯五代童氏夫妇墓】位于杭州市临安区锦城街道青柯村青柯自然村，系2008年7月24日当地村民在平整宅基地时发现。浙江省文物考古研究所、杭州市文物考古研究所和临安市文物馆组建考古队，发掘、清理两座夫妻同茔异穴墓。两墓结构相同，前室呈长方形，长4.5米，宽1.45米，高1.6米。后室呈船形，置砖砌棺床，左右对称设2个耳室，9扇壶门，7个壁龛墓壁“三顺一丁”砖砌，墓底为人字形砖铺就，石、砖双道封门，前室右耳室均嵌一墓志。左墓墓志记述童姓墓主窆葬于后唐天成元年（926），生前为金昌县令、吴越国金紫光禄大夫。出土随葬器物共19件，有青瓷碗、盂、盒、砚、罐、铜钱等。墓葬未被盗掘，结构保存完整，随葬器物保存完好，墓葬纪念和墓主身份明确，具有较高的文物研究及考证价值。2013年8月1日，临安市人民政府公布青柯五代墓为第六批临安市级文物保护单位。2019年3月26日，杭州市人民政府公布青柯五代童氏夫妇墓为杭州市级文物保护单位。

【临安功臣山吴越贵族墓葬群】2020年以来，浙江省文物考古研究所和临安区文物保护管理所相继在临安功臣山区块发现、发掘吴越国贵族墓葬群，以小塘湾和七字湾墓群最具代表性。小塘湾墓群位于临安区锦城街道功臣山山群南坡小塘湾，发掘面积4700平方米。共发掘两晋至明清时期墓葬19座、房址2处，出土各类随葬器物（包含已修复）计55件，及大量残碎瓷片，包括石锛、铜镜、青瓷谷仓罐、碗、盏、灶、盂、青花瓷碗、盘、陶缸等。其中五代时期墓葬7座，以M5、M6、M7三座墓的结构保存最为完好，它们墓葬形制基本一致，平面作弧背长方形，起券后顶部作并拢的蝉翼状，封门向两边突出如双目，整体构成静卧的蝉形。七字湾墓群位于功臣山南侧山谷，小塘湾墓地以西，二者仅相隔一座小山岗，发掘面积 4000 平方米。共发掘两晋至明清时期墓葬 86 座、房址 2 处。其中五代时期墓葬 5 座，自东北向西南排列，而以最前端的 M78 规模最大、保存状态最好，该墓兼具双室和蝉形墓室的结构，为目前功臣山区域发现的同类墓葬最大者。该墓出土青瓷小碗 1 件，同时筛出 29 件标本，包括小铜针头、金饰件、开元通宝钱、小玉珠、小玉片等，其中 22 枚玉片有蝶形、菱形、瓜子形、椭圆形等，表面细线雕刻童子、花卉等纹饰，与临安吴越国康陵的玉饰风格相仿。临安区域现已确认的晚唐五代贵族墓葬，除了钱镠墓外，其余绝大多数围绕衣锦城周边分布，尤以南部功臣山区块为多，小塘湾、七字湾墓群均在此区域内，其核心位置墓葬年代均处于吴越国时期，结构精巧新颖，具有一定规模，为研究晚唐五代吴越国时期一般贵族墓葬的形制、布局提供了新的视角和资料。

建筑

【千秋关】位于杭州市临安区太阳镇登村千秋岭，因千秋岭得名。千秋岭旧时为浙皖两省门户之一，是一处重要的古关隘，山高岭峻，地势险要，是古代兵家纷争之地。后梁乾化三年（913），吴国将领李涛欲破关袭衣锦军，被钱镠之子钱元瓘擒获。千秋关和昱岭关、独松关并称“浙皖三关”。1982 年 10 月 14 日，临安县人民政府公布千秋关为第一批县级文物保护单位。2019 年 3 月 26 日，杭州市人民政府公布千秋关为杭州市级文物保护单位。

【塘岭关】位于杭州市临安区龙岗镇桃花溪村，北面为安徽。关口宽 3

米，高 3.5 米，直径 6 米。依山脊东、西延伸垒筑石墙各 50 米，墙高 3 米，墙顶部宽 2.5 米。塘岭关与昱岭关、千秋关并称“临安三关”。其地势险要，易守难攻，历来为兵家必争之地，也是浙皖两地商贸往来的必经之地。国家文物局专家罗哲文曾来此地实地考察，认为此关为吴越国修建，是五代时期吴（南唐）与吴越国国界线上的重要设施，具有较高的历史价值。塘岭关现为杭州市临安区级文物保护点。

【婆留井】位于杭州市临安区功臣寺遗址东南角。石质井圈，八角形，直径 1.2 米，边长 0.53 米，高 0.75 米，厚 0.1 米。井壁为圆形，青砖砌成，直径 2 米左右，井深约 4 米。原有碑，“文化大革命”时期被毁，井也被填。1983 年，临安文物部门将婆留井与功臣塔同时修复，并重新立碑。该井在《旧五代史》《吴越备史》《十国春秋》等史书皆有记载，指出井为钱镠外祖父所甃（zhòu），相传钱镠初生时有异相，父欲弃之于井，婆奋留之，故钱镠小名“婆留”，井亦因之而名。婆留井是浙江省内尚存不多且保存完好的唐代砖石构筑物实物。2013 年 3 月 5 日，国务院公布“功臣塔和功臣寺遗址”为第七批全国重点文物保护单位，婆留井包含其中。

【衣锦井】原名沙井，位于杭州市临安区吴越国衣锦城考古遗址公园“钱武肃王陵”牌坊前。由井台和井身构成。1997 年在实施钱王陵扩建时发现，经专家考证后认为此井甃于吴越国时期，用于驻守军队生活取水。衣锦井井径 1.5 米，深约 5 米。四周置排水沟。1998 年，又增设了水井护栏。衣锦井现为杭州市临安区级文物保护点。

【杭州钱王祠】位于浙江杭州西湖风景区柳浪闻莺公园内，始建于北宋熙宁十年（1077）。初建时位于杭州西湖龙山（今玉皇山），明嘉靖三十六年（1557）重建于今址。祠内供奉钱氏三世五王。原称表忠观，苏轼名篇《表忠观碑》即为此而作。清康熙四十四年（1705），康熙御书“保障江山”额。清乾隆十六年（1751），乾隆帝到钱王祠，御笔“忠顺贻庥”。1957 年被列为杭州市级重点文物保护单位，“文化大革命”中被毁。2003 年重建，占地面积 1.13 万平方米，建筑面积 0.46 万平方米。祠内陈列钱氏诸王相关历史事迹，并以现代技术手段再现“钱王筑捍海石塘”等经典历史事件。2003年12月4日，杭州市人民政府增补钱王祠为第三批杭州市级文物保护单位。

【烟雨楼】位于浙江嘉兴南湖区南湖湖心岛上。《十国春秋》卷八三《钱元璙传》记载：“作金谷园以娱老。又建烟雨楼于滮湖之上。”滮湖，即今嘉兴南湖。原址位于南湖之滨，南宋以后，屡毁屡建。现烟雨楼为民国七年（1918）重建。

【钱王太庙】位于杭州市临安区吴越国衣锦城考古遗址公园钱武肃王陵东侧，始建年代不详，现存为清代建筑。清宣统二年（1910）版《临安县志》卷一《坛庙》记载：“钱王太庙，在治东三十步，即今太庙山。咸丰……毁，址存。”钱王太庙原有三进，硬山顶，今存一进，占地面积150平方米。坐北朝南，砖木结构，通面阔三间，通进深三间。明间正脊随梁枋有题额：“大清光绪廿六年（1900）岁次庚子仲冬吉旦。”钱王太庙现为杭州市临安区级文物保护点。

【腰鼓城】语出《吴越备史》卷一《武肃王》。钱镠扩建杭州城后，杭州南到六和塔，北迤武林门，西濒西湖，东至菜市河（今东河），中部窄、南北长，呈腰鼓状。杨行密派人来秘密侦测杭州城防，后得报：“此腰鼓城也，击之终不可得。”此语既形容杭州城市布局，又指杭州防卫严密，贸然进攻，一定如击鼓一般立即引起城内警觉而不会成功。

【夹城】唐大顺元年（890），钱镠发动民工筑夹城。所谓“夹城”，指的是隔河相对、互为犄（jǐ）角的城寨，犹如军事要塞，有着很强的防御性质。《吴越备史》卷一《武肃王》记载：“王命筑新夹城，环包家山洎秦望山而回，凡五十余里，皆穿林架险而版筑焉。”即从包家山（位于今将台山东南）往西至秦望山（今大华山，一说将台山），再往北达西湖，对隋唐旧城西南部作一包围。

【罗城】唐景福二年（893），钱镠筑罗城。所谓“罗城”，指的是外城。《资治通鉴》卷二五九《唐纪七十五》记载：“钱镠发民夫二十万及十三都军士筑杭州罗城，周七十里。”大致范围为从今鼓楼出发，东北沿淳祐桥、菜市桥西至艮山门，再向西经武林门达昭庆寺，拓宽旧城东北部。辟城门 10 座：朝天门、龙山门、竹车门、新门、南土门、北土门、盐桥门、西关门、北关门、宝德门。设营屯 6 座：白璧营、宝剑营、青字营、福州营、马家营、大路营。罗隐撰有《杭州罗城记》一文以记其事。

【子城】后梁开平四年（910），钱镠筑子城。所谓子城，指的是内城，即吴越国王宫、中央机构衙署所在地。据《十国春秋》卷七八《武肃王世家下》记载，此时又南北增设城门 2 座，南曰通越门，北曰双门。

【功臣堂】唐天祐二年（905），由钱镠所建。《吴越备史》卷一《武肃王》记载：“（天祐二年）十一月，王命建功臣堂于府门之西，树碑纪功，仍列宾僚将校赐功臣名氏于碑阴，凡五百人。”由于尚未发现“功臣堂”相关文物遗存，故依此史料，功臣堂似建于吴越国都城杭州。钱镠之后，功臣堂又于后晋天福八年（943）、后周显德六年（959）两次重建。据史料记载，钱弘佐、钱弘俶皆出生于功臣堂。如《十国春秋》卷八〇《忠献王世家》记载：“忠献王名弘佐……以宝正三年七月二十六日己巳生弘佐于功臣堂。”又《十国春秋》卷八一《忠懿王世家上》记载：“忠懿王名俶……宝正四年八月二十四日生于功臣堂。”功臣堂是唐末、五代十国功臣号、功臣文化的物质体现，也是吴越国沿袭唐朝传统，以功臣名分来褒奖臣子的制度证物。

【握发殿】吴越国宫室名。《十国春秋》卷七八《武肃王世家下》记载：“王负知人之鉴，尊贤下士，惟曰不足。名其居曰握发殿，取周公吐哺握发之意。”清代以前，汉族成年男性蓄发，加之“身体发肤受之父母”古训历代相沿，男性头发之长不亚于女性，故洗头较为费时费力。钱镠借鉴“周公吐哺，天下归心”的典故，将其所居宫室命名为“握发殿”，意为即便自己正在梳洗头发，若有人求见，也会立即接见，可见其求贤若渴、勤于政事之心。

寺院、塔幢、石刻及瓷窑

【灵隐寺】位于浙江杭州西湖西北面，在飞来峰与北高峰间的灵隐山麓中。始建于东晋咸和元年（326，清代孙治、徐增《武林灵隐寺志》说“咸和三年”），比我国第一座佛教寺院洛阳白马寺仅晚250余年，比南京建初寺仅晚约80年，是杭州最早的寺院之一，开山祖师为西印度僧人慧理和尚。北宋建隆元年（960），钱俶从明州奉化延请高僧延寿来杭主持灵隐寺，全力拓建庙宇，增建僧舍500余间，形成全寺九楼十八阁七十二殿堂的规模。北宋真宗时，灵隐寺于景德四年（1007）、天禧五年（1021）先后改名“灵隐山景德寺”和“景德灵隐寺”（一说景德四年改名“景德灵隐禅寺”）。康熙帝南巡时，还曾赐额“云林禅寺”，但此名称未被百姓广泛接受。1956年和1975年，灵隐寺曾进行两次大规模整修。寺院由天王殿、大雄宝殿、药师殿、直指堂（法堂）、华严殿为中轴线，两侧还有五百罗汉堂、济公殿、联灯阁、华严阁、大悲楼、方丈楼等建筑，共占地130亩（约合8.67万平方米）。大雄宝殿内供奉的释迦牟尼莲花坐像，建于1956年，用香樟木仿唐代佛像雕刻而成。当时经国家特批，动用96两黄金制作金箔敷于佛像表面等。寺内双塔、双经幢为吴越国时期的重要文物遗存。2013年3月5日，国务院公布灵隐寺石塔和经幢为第七批全国重点文物保护单位。

【净慈寺】位于浙江杭州西湖湖畔南屏山，由吴越王钱弘俶于后周显德元年（954）为延寿禅师所建，初名“慧日永明院”，北宋时称“寿宁禅院”，南宋时称“净慈报恩光孝禅寺”，后习惯简称净慈寺，评定禅宗“五山十刹”时，净慈寺名列五山第三。明清以后屡毁屡建，最后于清嘉庆三年（1798）维修竣工，由清代著名书法家梁同书（1723—1815）撰写重修文记立于大殿。20世纪80年代以后，寺内建济祖殿（今称济公殿）供奉济公和尚，并有运木古井一眼。

【龙华寺】位于上海市徐汇区龙华路，是江南地区历史最为悠久的寺院之一。龙华寺相传始建于三国吴赤乌十年（247），后屡遭兵灾，多有重建。唐末农民战争时，龙华寺毁于兵燹。北宋太平兴国二年（977），吴越王钱俶下令重建。元末庙宇又毁，明永乐（1403—1424）重建。明嘉靖三十二年（1553），为倭寇所毁。之后历朝渐次重建，至太平天国时再度毁于战火。清光绪时（1875—1908）重修。现龙华寺是一组庙宇建筑群，占地2万余平方米，建筑面积5900平方米。中轴线上有弥勒殿、天王殿、大雄宝殿、三圣殿等建筑。1955年、1962年，政府两度拨款修葺龙华寺。1959年5月26日，上海市人民委员会公布龙华寺为第一批市级文物保护单位。与龙华寺隔路相对有龙华塔，亦相传始建于三国时。钱俶下令重建龙华寺的同时，亦重建龙华塔。龙华塔为楼阁式砖木结构，七级八面，高42.21米，檐角挂风铎。1984—1985年，对龙华塔进行大修，重铸塔刹，更换了塔心柱，并对六层以下塔身进行修葺。2006年5月25日，国务院公布上海龙华塔为第六批全国重点文物保护单位。

【梵天寺经幢】位于浙江杭州城南凤凰山麓。梵天寺原名南塔寺，始建于唐天祐元年（904），为吴越国王家寺院。据《吴越备史》记载，钱镠迎鄮县（鄮，mào，今宁波市鄞州区）阿育王寺释迦舍利塔到杭州，建城南塔珍藏，后城南塔毁于火。北宋乾德三年（965），吴越王钱俶重建，建两座经幢立在寺院山门前的两侧，相距约13米，体量高大雄伟。到清朝末年，梵天寺损毁殆尽，仅留下南北经幢。梵天寺经幢呈八边形，两座经幢形式、结构基本相同，采用石灰石材质。南幢高14.99米，北幢高14.87米。经幢幢身高2.34米，每边长0.43米。各边刻佛经和建幢记，南幢刻《随求即得大自在陀罗尼神咒经》，北幢刻《大佛顶陀罗尼经》，两幢身均刻有建幢记，文字相同。经文为正楷书，建幢记为行书，文末记："乾德三年乙丑岁六月庚子朔十五日甲寅日立，天下大元帅吴越国王钱俶建。"1961年4月15日，浙江省人民委员会公布梵天寺经幢为第一批省级文物保护单位。1981年4

月 13 日，浙江省人民政府重新公布梵天寺经幢为第一批省级文物保护单位。2001 年 6 月 25 日，国务院公布梵天寺经幢为第五批全国重点文物保护单位。

【灵隐寺东西经幢】位于浙江杭州灵隐寺天王殿前，建于北宋开宝二年（969）。原位于钱氏家庙奉先寺前。钱俶纳土归宋后，北宋景祐二年（1035），由灵隐寺住持将其迁移至灵隐寺内，之后再无移动。两经幢结构基本相同，平面呈八边形，采用石灰石材质。东幢残高 7.17 米，西幢高 12.9 米。两经幢幢身高约 2.3 米，东幢身镌刻《大佛顶陀罗尼经》，西幢身刻《随求即得大自在陀罗尼神咒经》和建幢记，建幢记末记："天下大元帅吴越国王建，时大宋开宝二年己巳岁闰五月□日。"1961 年 4 月 15 日，浙江省人民委员会公布灵隐寺东西经幢为第一批省级文物保护单位。1981 年 4 月 13 日，浙江省人民政府重新公布灵隐寺东西经幢为第一批省级文物保护单位。2013 年 3 月 5 日，国务院公布灵隐寺东西经幢为第七批全国重点文物保护单位。

【功臣塔】位于杭州市临安区锦城街道功臣山巅，因山得名，建于五代后梁贞明元年（915）。四面五级，仿木结构楼阁式砖塔，通高 25.3 米，塔基高 0.44 米，边长 5.36 米，塔内边长 2.36 米。塔身净高 22.06 米，自下而上逐层内收，塔内方形，上下直通。外壁每层每面设壶门、槏（qiǎn）柱和倚柱，隐出做法，腰檐用平砖叠涩法伸出，下设补间铺作三朵、五铺作。门下设平座，平砖叠涩法伸出，四铺作支椽，三层以下设斗拱。塔刹高 2.8 米，生铁浇铸，由覆钵、宝珠组成。它是中国现存最早的一座砖木混合楼阁式方塔，沿袭了唐代方塔遗制，为唐、五代方塔的代表。2001 年 6 月 25 日，国务院公布功臣塔为第五批全国重点文物保护单位。2013 年 3 月 5 日，国务院将功臣塔和功臣寺遗址（含婆留井）合并，称为"功臣塔及功臣寺遗址"，公布为第七批全国重点文物保护单位。

【永安寺塔】又名"灵芝塔"，位于浙江安吉安城镇马家渡，建于五代十国时期。相传当时有安吉乡民在此发现千年灵芝并献于钱镠，而灵芝被历代帝王视为祥瑞之物，故钱镠在此建塔以示纪念。塔身八面九级，实心，通高 23 米，每层每面设有壶门式壁龛，用平砖和菱角牙子叠涩出檐，塔檐戗脊置脊兽。外形呈锥体，自底层每往上一层，面积依次缩小。塔刹由覆钵、相轮、宝瓶组成，相轮九重。1994 年修复该塔时，清理出重修灵芝塔铭、金涂塔、铜镜、钱币等文物。1989 年 12 月 12 日，浙江省人民政府公布灵芝塔为第三批省级文物保护单位。2019 年 10 月 7 日，国务院公布安吉永安寺塔为第八批全国重点文物保护单位。

【南高峰塔】位于杭州市西湖南高峰峰顶。其和北高峰塔共同形成“西湖十景”之一的“双峰插云”景观，但北高峰塔、南高峰塔现均已不存。2017 年 1—9 月，为配合杭州市南高峰景观提升改造工程，杭州市文物考古研究所对南高峰塔遗址进行了考古发掘和保护工作。关于南高峰塔的始建年代，据《淳祐临安志》卷八《山川・城西诸山》记载：“南高峰，在南山石坞烟霞山后。相传云天福中建。”后晋天福年间（936—944），吴越国历经钱元瓘、钱弘佐两代吴越王。考古发掘结果显示，南高峰塔塔基平面为六边形，高出现地表 0.65—1.14 米，南部利用原生基岩，其余区域则以不规则石块为基础，再以夹杂砖石块的黏土混夯而成。塔身南面残存有平铺二层的砖铺地坪，下层铺砖规格与雷峰塔、苏州虎丘塔等吴越国时期塔砖规格基本相同，亦与临安吴越国康陵的墓门及排水沟用砖规格相仿。通过对南高峰塔考古发掘文物的时代特征判定，证实了史料文献中关于该塔始建年代记载，即为吴越国时期，并在宋代有过三次维修。

【双林铁塔】位于浙江义乌佛堂镇双林寺内，建于后周广顺二年（952），是浙江现存唯一一座古代铁塔，也是中国现存最古老的铁塔。原铸 2 座，现存 1 座。仿木结构楼阁式，原结构为八面五级，现残存 2 层，残高 2.15 米。一层四面设壶门，另四面铸有 36 尊佛像；二层每面铸 12 尊佛像，共 96 尊。葫芦式宝珠顶。各层槏柱饰盘龙，基座铸勾栏，制作规整。塔檐伸出舒展平缓，檐下设重檐斗拱，斗拱间置佛像，8 面 32 尊。须弥座塔座雕有人物、瑞兽、花卉、楼阁和象征九山八海的山峰浪花。该塔的勾栏形象，为研究唐、五代时期勾栏提供了实物例证。1997 年 8 月 29 日，浙江省人民政府公布双林铁塔为第四批省级文物保护单位。

【虎丘塔】原名云岩寺塔，位于江苏苏州西北部的虎丘山顶，俗名虎丘塔。始建于后周显德六年（959），竣工于北宋建隆二年（961），是五代时期吴越国的代表性砖塔之一。塔身八面七级，空心，高 47.7 米，内外两层枋柱半拱，每面均设有壶门，装饰华美。层与层之间，以叠涩做法连接。1956 年维修加固时，在塔内发现越窑青瓷、石函、铜镜、铜佛等大批珍贵文物。从明代起，虎丘塔就开始倾斜。现塔刹中心偏离底层中心 2.3 米，塔身最大倾斜度为 3 度 59 分，故被称为“中国的比萨斜塔”。1961 年 3 月 4 日，国务院公布云岩寺塔为第一批全国重点文物保护单位。

【中兴寺塔】位于浙江东阳勒马峰北麓。中兴寺旧名法华寺，始建于南朝梁天监六年（507）。后改名中兴寺，约在五代吴越国时期。中兴寺塔始建于北宋建隆元年（960），四面九级，为楼阁式砖木混合塔。该塔建于生土层上，至坍塌之前，残高 26.63 米，平面方形，底边长 4.75 米。因塔基下沉，于 1963 年 4 月 23 日坍塌。当年 5 月开始进行抢救性清理发掘，从废墟中发掘大量文物，出土文物 200 余件（组），其中一级文物 7 件，大部分属于北宋建隆三年（962）以前的器物。所有发掘文物均位于地面以上，未发掘地面以下部分。2011 年，东阳市文物部门再次调查中兴寺塔塔基遗址，但未发现地宫，也无新出土文物。

【灵隐寺双塔】位于浙江杭州灵隐寺大雄宝殿月台前两侧，相距 42 米，建于北宋建隆元年（960）。双塔结构相同，现存高 11 米，均为八面九级，用石料雕刻砌筑，实心，与木结构楼阁式塔相仿。双塔从塔基往上逐层收分，每层东南西北槏柱分成三开间，明间为壶门。2013 年 3 月 5 日，国务院公布灵隐寺双塔为第七批全国重点文物保护单位。

【灵石寺塔】位于浙江黄岩城西灵石山南麓。灵石寺始建于东晋隆安二年（403），灵石寺塔始建于北宋乾德三年（965），即吴越国时期。原有东、西两塔立于寺院大雄宝殿前，东塔于清初被毁，西塔于 1963 年由浙江省人民委员会公布为第二批省级文物保护单位。西塔六面七级，残高 21.1 米，层高 3 米，边上 2.42 米。1987 年 11 月，清理了西塔塔身内文物。

出土文物达 4000 余件（组），主要分为两大类：一类为各种质地的佛像、菩萨和供养人像，另一类为供养品和其他贡献物品。另有刻字砖和花纹砖，如两块铭文砖上，分别手书印刻“愿吴越国王姓钱代代万岁”“长愿吴越国钱万岁，寺主经律大德嗣卿记”，成为吴越国时期物阜民丰、百姓安居乐业的重要实证。

【闸口白塔】位于浙江杭州钱塘江边闸口的白塔岭上，以太湖石雕凿叠砌而成，从间接的史料和塔本身的形制分析，应建于吴越国末期。八面九级，实心，仿木结构楼阁式塔，通高约 14 米，塔基到塔刹逐层收分。塔基为石砌须弥座，高约 1 米。塔身每层由平座、正身、斗拱、腰檐几部分组成。1981 年，曾对塔基进行加固。闸口白塔造型秀丽，雕刻精湛，对于研究晚唐至宋初的浙江建塔艺术具有重要实物价值。1988 年 1 月 13 日，国务院公布闸口白塔为第三批全国重点文物保护单位。

【保俶塔】位于浙江杭州西湖北宝石山，为西湖风景名胜区的标志性建筑之一。始建于吴越国末期，具体年代尚有争议，根据相关史料分析，其始建年代应不晚于北宋开宝元年（968），而非民间传说中的钱俶进汴京（976 年和 978 年）之时，即并非为保佑钱俶平安回杭而建。保俶塔初名应天塔，九级。北宋咸平年间（998—1003）重建后，改为七级。后屡毁屡建。现存之塔为民国十三年（1924）重修。楼阁式砖木混合结构，高 45.3 米，八面七级，实心，造型挺拔秀丽。2005 年 3 月 16 日，浙江省人民政府公布保俶塔为第五批省级文物保护单位。2013 年 3 月 5 日，国务院公布保俶塔为第七批全国重点文物保护单位。

【六和塔】位于浙江杭州钱塘江北岸的月轮山，是杭州市目前唯一留存至今的宋朝纪年塔，始建于北宋开宝三年（970），一说开宝四年（971），当时杭州仍为吴越国都城。所在地原为吴越国王家果园，钱俶舍园建塔，据传是为了镇压钱塘江的江潮。北宋宣和三年（1121），塔毁。南宋隆兴元年（1163），重建完成。北宋初年建塔时原为九级，南宋重修后为七级。此后屡有兴修，清道光三十年（1850）外檐毁，光绪二十六年（1900）重修塔外木结构外檐。目前，塔主体部分仍为南宋形制。八面七级，高 59.9 米。塔内结构独特，外部十三级木檐，七级与塔身内部相通，六级为封闭暗层。塔身有螺旋式阶梯，可登临顶层。1961 年 3 月 4 日，国务院公布六和塔为第一批全国重点文物保护单位。

【雷峰塔】位于浙江杭州西湖南岸夕照山的雷峰。综合史料记载，雷峰塔始建于北宋开宝年间。又据魏祝挺著《吴越国塔幢研究》考证，雷峰塔始建于北宋开宝四年（971），历时 6 年左右，至太平兴国二年（977）初步建成。套筒式回廊结构楼阁式佛塔，刻有碑记。明嘉靖年间（1522—1566），倭寇入侵杭州，因怀疑塔内藏有明军而纵火焚烧该塔，使之只剩下砖结构塔身。后在民间又传说雷峰塔塔砖能治病强身，因而塔身砖块不断被百姓挖取，导致民国十三年（1924）9 月 25 日雷峰塔突然倒塌。原雷峰塔遗址是塔体坍塌后逐渐形成的废墟，发掘前已形同小山丘，平面呈椭圆形，南北长 60 米，东西宽 45 米，高出地表 9—11 米。1999 年 10 月，杭州市人民政府决定重新建造雷峰塔。2001 年 3 月 11 日，雷峰塔地宫被打开，出土佛螺髻发、鎏金银质金涂塔、方形铜镜等大量国宝级文物。同时根据发掘出土的钱俶手书《华严经跋》碑刻资料可知，“黄妃塔”实为“皇妃塔”之讹传。2002 年 10 月，新雷峰塔建成，“雷峰夕照”的经典景观得以在西湖边重现。

【飞来峰造像】位于浙江杭州灵隐寺前的飞来峰上，有造像 300 多尊，是杭州市规模最大的佛教造像群，建造年代为五代十国至元代。宋代造像最多，有 232 尊，属于五代吴越国时期的造像尚存 10 多尊。其中，青林洞入口西侧的带有后周广顺元年（951）纪年的滕绍宗舍钱雕造的“西方三圣”像，是飞来峰有题记造像中时代最早的一龛。居中者为阿弥陀佛，左为观世音菩萨，右为大势至菩萨，背后饰火焰纹背光，尚存晚唐造像风格。1982 年 2 月 24 日，国务院公布飞来峰造像为第二批全国重点文物保护单位。

【烟霞洞造像】位于浙江杭州南高峰西翁家山南部山腰上，有烟霞洞一处。洞内左右壁面上有 16 尊罗汉造像，罗汉造像附近原有“吴延爽舍三十千造此罗汉”的题记。吴延爽是吴越王钱元瓘次妃吴汉月之弟，吴越王钱弘俶之舅。这 16 尊造像造型生动，神态各异，雕刻技法熟练，是体现五代吴越国文化艺术的代表性作品。关于烟霞洞造像的历史，据传和弥洪和尚有关，弥洪在烟霞洞口建寺时，洞内原有罗汉 6 尊，弥洪圆寂后，“托梦”于吴越王钱弘俶，后者便又补塑了 12 尊。这一事件在《十国春秋》《咸淳临安志》等史料中均有记载，事件本身记载离奇，或不足全信，但能证明烟霞洞内原有罗汉像为 18 尊，而非现存的 16 尊。1981 年 5 月 6 日，浙江省人民政府公布烟霞洞造像为第二批省级文物保护单位。2006 年 5 月 25 日，国务院将烟霞洞造像、慈云岭造像和天龙寺造像合并，归入“飞来峰造像”，公布为第六批全国重点文物保护单位。

【慈云岭造像】位于浙江杭州将台山与玉皇山之间的慈云岭南坡，有 2 龛石窟造像，由钱弘佐在后晋天福七年（942）创建资延寺时所刻。主龛高 5.8 米，宽 10 米，内雕造像 7 尊，均为圆雕。中间 3 尊，阿弥陀佛居中，左侧为观世音菩萨，右侧大势至菩萨。3 尊造像均为全跏趺坐式，有宝珠形背光。两侧还有金刚力士和菩萨立像各 2 尊。龛楣两侧浮雕文殊、普贤菩萨，正中雕地藏王菩萨，半跏趺坐，胸露腹，胸挂璎珞。慈云岭造像对于研究吴越国造像艺术具有重要实物价值。1961 年 4 月 15 日，浙江省人民委员会公布慈云岭造像为第一批省级文物保护单位。2006 年 5 月 25 日，国务院将慈云岭造像、烟霞洞造像和天龙寺造像合并，归入“飞来峰造像”，公布为第六批全国重点文物保护单位。

【天龙寺造像】位于浙江杭州玉皇山南麓。天龙寺建于北宋乾德三年（965），由钱俶所建，造像亦雕凿于此时。共 3 龛造像，主龛居中者为弥勒佛，两侧有无著菩萨和世亲菩萨，再两侧为法华林菩萨和大妙相菩萨，最外围两侧是力士像。龛楣浮雕飞天。东、西两龛分别为水月观音、阿弥陀佛。1986 年，杭州市人民政府公布天龙寺造像为第一批杭州市级文物保护单位。2006 年 5 月 25 日，国务院将天龙寺造像、烟霞洞造像和慈云岭造像合并，归入“飞来峰造像”，公布为第六批全国重点文物保护单位。

【石屋洞造像】位于浙江杭州南高峰南麓满觉陇石屋岭下，原有罗汉造像516尊（一说有700多尊），建于后晋天福九年（944）至北宋开宝七年（974）之间，即吴越国时期。但在“文化大革命”中，石屋洞造像受损严重。近年来，杭州有关部门已补雕绝大部分。

【越窑】唐、五代时期浙东越州的瓷窑，以烧青瓷为主。创烧于东汉中晚期，历经两晋、南朝，到唐、五代为鼎盛时期，北宋中期以后衰落，到南宋时仍有少量烧造。陆羽在《茶经》中说：“碗，越州为上。其瓷类玉、类冰。”窑场主要分布在今浙江慈溪上林湖地区、绍兴市上虞区曹娥江流域一带，在宁波、绍兴、余姚等其他地方亦有零星分布，现已发现窑址100余处。产品以日用器为主，主要有壶、罐、罍（léi）、洗、碗、灯、熏炉、罂、虎子等，三国两晋时还流行谷仓、猪圈、羊圈等冥器。到晚唐、五代时期，越窑烧制技艺有重大改进，窑址分布面扩大，开始使用匣钵，使瓷器质量明显提高，秘色瓷成为最具代表性和影响力的产品。钱镠主政两浙地区，创建吴越国以后，在向中原王朝进贡的同时还兼顾商业贸易，越窑瓷器作为重要出口商品，为国家换取了巨额收入，故吴越国历代国君高度重视越窑发展，后世“官窑”的雏形此时开始出现，大量越窑瓷器输往中原和日本、朝鲜、大食（今伊朗一带）等国。五代十国时期，越窑进入黄金时期，是钱氏诸王重视社会、经济、文化发展的结果。1949年以后，尤其是20世纪80年代以来，在浙江杭州和钱镠故里临安出土的吴越国王族、贵族墓葬中，越窑青瓷随葬品多有出土，其中不乏精品。

【秘色瓷】晚唐、五代时期越窑青瓷中的精品，常被用作贡瓷。“秘色”一词长期以来有争议，但根据有关史料文献推测，“秘色瓷”在晚唐时期或并非专供皇家。如一生大部分时间隐居乡村的晚唐诗人陆龟蒙（？—约881）有《进越器》诗：“九秋风露越窑开，夺得千峰翠色来。好向中宵盛沆瀣，共嵇中散斗遗杯。”唐末五代人徐夤（yín）在《贡余秘色茶盏》诗云：“捩（liè）翠融青瑞色新，陶成先得贡吾君。巧剜明月染春水，轻旋薄冰盛绿云。古镜破苔当席上，嫩荷涵露别江濆。中山竹叶醅（pēi）初发，多病那堪中十分。”至五代时期，秘色瓷主要作为“贡瓷”，史载“臣庶不得使用”。历代吴越国君主均高度重视越窑秘色瓷烧造，其装烧工艺、烧制规模等较唐代有了显著提升和扩大。1987年，陕西扶风法门寺地宫打开，出土14件秘色瓷。据此比对，在吴越国高等级墓葬中，出土了数量可观的青瓷精品，如临安水丘氏墓出土的青瓷褐彩云纹熏炉、青瓷褐彩云纹盖罂、青瓷褐彩云纹油灯，杭州钱元瓘墓出土的青瓷龙纹罂，临安恭穆马王后康陵出土的20多件越窑青瓷，钱镠墓出土的青瓷皮囊壶、青瓷细颈盘口瓶、青瓷花瓣口海棠杯（盘）等140余件越窑青瓷等，其器形、品质与上林湖地区的秘色瓷窑场产品基本相同，绝大部分为秘色瓷产品。“秘色瓷”在宋代成为其他窑口的竞相模仿对象，如陕西耀州窑青瓷和朝鲜半岛的高丽青瓷。

【龙泉窑】浙江地区著名瓷窑，以烧青瓷为主。主要产区在今浙江省龙泉市，已发现的窑场占龙泉窑系全部窑址的70%左右，其余分布在庆元、云和、丽水等地。龙泉窑创烧于三国两晋时期，结束于清代，烧造历史长达1600余年，是中国制瓷史最长的一个窑口。从魏晋到五代十国是龙泉窑的开创阶段，北宋晚期以后龙泉窑开始形成自有风格，南宋是龙泉窑的鼎盛阶段，发展出梅子青、粉青等品种，窑场繁荣一直延续到明代前期，之后逐步走向衰落。吴越国时期，龙泉青瓷烧造受越窑、瓯窑、婺窑影响明显，但已逐渐步入快速发展阶段，曾作为越窑“秘色瓷”等产品的补充，一同进贡中原王朝。

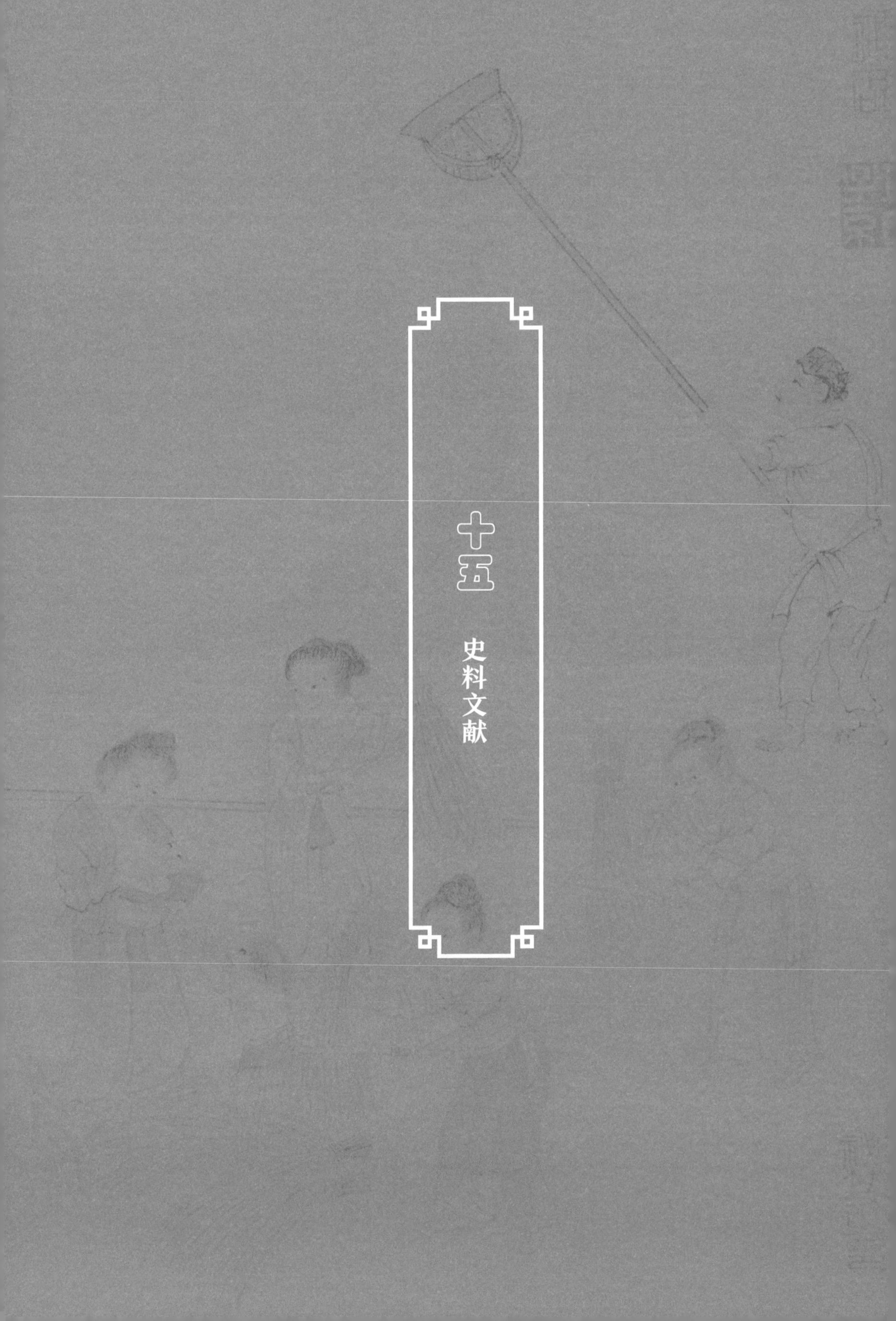

十五

史料文献

近现代著名历史学家傅斯年曾有一句名言：“史学即史料学。”历史本身不会说话，史料就是后人和历史沟通的媒介。所以，研究吴越国史的规范性，本质上是利用史料的规范性。

两宋

【唐会要】北宋王溥（922—982）撰，100卷，分514个条目，成书于北宋建隆二年（961），记述唐代典章制度的沿革变迁，是现存最早的一部“会要”类作品。唐德宗时，苏冕编成《会要》40卷，此为“会要”体例之始。宣宗时，崔铉、杨绍复等人续修40卷。宋初王溥加以整理，补充唐宣宗以后史事，编订成本。原本已残缺，现为清乾隆年间重编之本。第二卷《帝号下》，记述唐昭宗时期宰相25人、使相39人名单时，有提到钱镠。同卷记述唐哀帝时期宰相6人、使相13人时亦有涉钱镠。第十九卷《百官家庙》，有提到天祐三年（906），钱镠奏请立钱氏家族三代私庙之事。第三十二卷《戟》，介绍天祐四年（907），唐太常礼院同意钱镠增加门立戟16支、5年一换的请求。此书史料丰富，考据严谨，为《旧唐书》等官修正史的重要参考资料之一。

【五代会要】北宋王溥撰，30卷，分279个条目，约和《唐会要》同时成书，一说成书于北宋乾德元年（963），为现存记述五代十国典章制度的最早论著。著者在后周时期高居相位，熟悉国家、朝廷典章制度，故所记之事比它之后的新、旧《五代史》更为详细。此书体例设置基本参照《唐会要》，在第一卷《帝号》中，介绍后梁太祖朱温时期使相27人中有提到钱镠，后唐庄宗李存勖时期使相32人中有提钱镠、钱元璙、钱元球；第十一卷《火》中则记述后周显德五年（958），吴越国都城杭州大火，吴越王钱弘俶向后周朝廷上奏火情一事。此书对于了解五代十国时期包括吴越国在内的各国国家制度颇有史料价值。

【旧五代史】原名《五代史》，因后世要与欧阳修（1007—1072）《五代史记》（即《新五代史》）加以区分，故名。北宋薛居正（912—981）监修，修于北宋开宝六年（973），历时一年多完成，共150卷。纪传体五代史，分梁、唐、晋、汉、周五书，原称《梁唐晋汉周书》，附世袭、僭伪、外国三列传和天文、五行等十志。此书史料来源较为丰富，内容完备。但《新五代史》刊行后，《旧五代史》原本逐渐失传。清乾隆年间，有人从《永乐大典》中辑录原文，并补以《册府元龟》等百余种史料，照原篇目编排成书，是传世“二十四史”中唯一的辑本。清乾隆四十年（1775），《旧五代史》被定为正史，是最后一部列入“二十四史”中的书。此书关于吴越国、钱氏诸王记载，主要在卷一三三《世袭列传第二》，有钱镠、钱元瓘、钱弘佐、钱弘倧、钱弘俶历任吴越国君传记。因避宋太祖之父赵弘殷之名讳，钱弘佐、钱弘倧、钱弘俶在立传时皆去“弘”字。

【吴越备史】钱镠之孙、钱元瓘第十四子钱俨撰，一说北宋武胜军节度使掌书记（《直斋书录解题》等史料称为吴越国掌书记）范坰（jiōng）、巡官林禹撰，这一观点为钱济鄂、钱文选等部分吴越钱氏后裔所坚持。4卷，编年体史书。“备史”，意为预先准备之史或完备齐全之史。此书记载了从唐末钱镠起兵至北宋初横跨约90年的吴越国史实，对吴越国钱氏诸王对内治理的政绩或有所拔高、政事隐晦，少见吴越国对外战争的败绩，部分记载和《资治通鉴》、新旧《五代史》等正史提法有所出入，但收录了一些其他史料未见的文献资料及逸闻（个别内容需考证后方可使用），故对研究吴越国国史具有较高的参考价值。

【宋高僧传】北宋赞宁撰，30卷，成书于北宋端拱元年（988）。著者在序中指为533人立正传，130人为附见，但实际少于此数。分10个门类介绍：第一至三卷“译经”32人（附见12人）；第四至七卷“义解”72人（附见22人）；第八至十三卷“习禅”103人（附见29人）；第十四至十六卷“明律”58人（附见10人）；第十七卷“护法”18人（附见1人）；第十八至二十二卷“感通”89人（附见24人）；第二十三卷“遗身”22人（附见2人）；第二十四至二十五卷“读诵”42人（附见8人）；第二十六至二十八卷“兴福”50人（附见6人）；第二十九至三十卷“杂科声德”45人（附见

12人）。收录多位吴越国高僧，如洪諲、文喜（第十二卷），亦有涉及吴越国、钱氏诸王崇佛事迹，如第十二卷《唐洛京广爱寺从谏传（附鉴宗）》下，有提到钱镠奏请后梁朝廷追谥鉴宗和尚。第十三卷《后唐杭州龙册寺道怤传》中，提到文穆王钱元瓘创立龙册寺，“请怤居之，吴越禅学自此而兴”。本书对于研究吴越国的佛教流播历史，是很重要的参考资料。

【北梦琐言】五代宋初孙光宪（约895—968）撰，原有30卷，今存20卷，清末缪荃孙又从《太平广记》中辑出逸文4卷。此书收录了唐五代朝野逸闻、士大夫阶层诸多言行和社会风俗，是《资治通鉴》《旧五代史》《太平广记》等权威史书的重要史料来源。有几处侧面点到钱镠，多称“钱公”“钱尚父”等，如卷五《章鲁封不幸》一文有提“钱尚父土豪倔起，号钱塘八都。洎破董昌，奄（yǎn）有杭、越”，“罗隐为中朝所重，钱公寻倍加敬，官至给事中，享寿考温饱而卒”等。此书文字简明清丽，颇有特色，保存了五代十国时期著名士大夫逸事，有助于从旁证角度了解钱镠及吴越国所处的历史环境。

【五代史阙文】北宋王禹偁（chēng，954—1001）撰，成书于宋真宗初年。根据著者在序中所言，修撰此书，是由于在著者之前的五代史“传于人口而不载史笔者，往往有之”。书中记载了17则历史故事，后梁3则，后唐7则，后晋1则，后汉2则，后周4则。和《五代史补》编排体例不同，此书所记载的五代故事皆为后梁、后唐、后晋、后汉、后周国内之事，故未有着墨吴越国、钱氏诸王内容，但能和新、旧《五代史》交互补充，亦可为研究吴越国所处政治环境提供参考。

【九国志】北宋路振（957—1014）撰，原有51卷，现存辑自《永乐大典》，由清代周梦棠重编为12卷。此书记载了五代十国时期吴、南唐、吴越、前蜀、后蜀、北汉、南汉、闽、楚九国史迹。君王传记采用世家体例，大臣传记用列传。和“二十四史”正史不同，君王记述简略、大臣详细是其一大特点。和吴越国、钱氏诸王历史相关的记载，见于此书第5卷，除介绍吴越国三世五王外，还有杜建徽、鲍君福、成及、顾全武、黄晟5人传记。

【景德传灯录】北宋道原编，30卷，成书于北宋景德年间（1004—

1007），是中国历史上第一部官修禅籍。所谓“传灯”，即禅宗法系相承，犹如灯火辗转相承，师资正法永不断绝，故而将记载禅法传承历史之著作称为“传灯录”。书中共收1701位禅师的事迹与禅语。著者为法眼宗僧人，法眼宗在吴越国境内传播甚广，但此书对于当时同时流行的沩（wéi）仰、临济、曹洞、云门等其他南禅宗派僧侣在浙江的活动亦有详细论述，且不少所引佛家典籍资料早已无存，在一定程度上亦可补稍前成书的《宋高僧传》之缺，故其对于研究唐末五代佛教禅宗诸派在浙江的发展具有重要史料价值。

【五代史补】北宋陶岳（？—1022）撰，成书于北宋大中祥符五年（1012），5卷。此书记载了后梁之事21则，后唐、后晋、后汉之事各20则，后周之事23则，总计104则，均以短小、精练的文字表述。此书所称“梁二十一条”“后唐二十条”“晋二十条”等所指并非后梁、后唐、后晋的国内之事，而是作者以中原朝廷为正统，泛指后梁、后唐时期中原和南方臣属或称帝各国之事。涉及吴越国、钱氏诸王部分，总计有卷一《杨行密钱塘侵掠》《钱镠弭谤》《罗隐东归》，卷二《钱镠患目》《僧昭说踏钱》，卷三《李瀚作钱镠碑》，卷五《契盈属对》等7则逸事。

【新五代史】原名《五代史记》，基本成书于北宋皇祐五年（1053），北宋欧阳修撰，共74卷，纪传体五代史，为唐以后唯一的私修正史。欧阳修在世时，此书并未刊行，去世后才由家人上呈朝廷。清乾隆时，因宋初薛居正等所修《旧五代史》被列入正史，欧阳修《五代史记》改称《新五代史》。本纪12卷，列传45卷，考3卷，世家及年谱11卷，四夷附录3卷。此书文辞力求精简，史实叙述不如《旧五代史》详细，个人褒贬色彩浓厚，创立《死事传》《死节传》等名目，行文常有“呜呼”为发端的欧阳修对史事所作的议论。但此书又增加《五代史补》《五代史阙文》《五代会要》等《旧五代史》不曾参考的内容，故仍有较高史料价值。关于吴越国、钱氏诸王记载，主要在卷六七《吴越世家第七》。《新五代史》和《旧五代史》一样，对钱元瓘以下各王名字采用避本朝字讳方式，有钱镠、钱元瓘、钱佐、钱俶四传，但未有钱（弘）倧传。

【新唐书】北宋欧阳修、宋祁（998—1061）等撰，成书于北宋嘉祐五年（1060），前后历时约17年，225卷，纪传体唐代史。和《新五代史》不同，此书不是欧阳修私人作品，而是应宋仁宗诏命所修。编修者除欧、宋外，还有吕夏卿（1015—1068）、梅尧臣（1002—1060）等人。《新唐书》对《旧唐书》有所补充，尤其重视“志”，首创《兵志》《仪卫志》《选举志》，并新增文武百官的俸禄制度。但和《新五代史》一样，由于领衔者欧阳修对修史措辞刻意追求简洁，以致部分史实记述含糊不清，如《旧唐书》本纪部分近30万字，《新唐书》本纪仅有9万字左右，故其史料价值逊于《旧唐书》。和吴越国、钱镠相关的史事记载，在《新唐书》卷二五五下“列传”中设《董昌传》，此为《旧唐书》中所无。

【湘山野录】北宋僧人文莹（约1060年前后在世）撰。这是记载北宋见闻杂事的一部随笔，于北宋熙宁九年（1076）作于荆州，故以“湘山”名书。全书共165条，涉及北宋太祖至神宗期间政治、经济、军国大事、外交活动，以及名公显宦夏竦、丁谓、晏殊、寇准、范仲淹等人的逸闻轶事。本书中卷、下卷绘形绘声描述了钱镠“衣锦还乡”和钱惟演问道的故事，对于还原吴越国时期部分轶闻掌故和吴越国宗室入宋后的活动具有一定史料价值。其他如文人雅士诗文酬酢、高僧道士举止行藏、稀珍异宝、志怪奇闻等，亦具有文学、宗教、民俗研究价值。

【资治通鉴】北宋司马光（1019—1086）撰，成书于北宋元丰七年（1084），前后历时19年，294卷，编年体通史。全书上起周威烈王二十三年（前403），下至后周显德六年（959）。取材除在宋代以前已成书的17部正史外，尚有文集、野史、碑志等其他各类史料约340种。因编年体的叙述特点和司马光的修史宗旨，此书内容以军事、政治为主，经济、文化为辅。书名“资治通鉴”为宋神宗御题，意为“以鉴于往事，有资于治道”，并亲自为此书作序，目的在于供统治者从历代治乱兴亡中获得借鉴。此书记载1362年的史事，史料价值极高，亦有很高的文学价值。关于吴越国、钱氏诸王相关史事的记载，主要散落在卷二六四《唐纪八十》、卷二六六《后梁纪一》、卷二六九《后梁纪四》、卷二八一《后晋纪二》等章节中。

【涑水记闻】北宋司马光撰，16卷，笔记类史书。记录了北宋太祖至神宗朝著者所听、所见的政事轶闻，以国家大事为主，间或有杂事轶闻。文笔简洁短小，原则上每一条都记有具体出处；有忘记的，亦注明“不记所传”；有的连续几条未说明出处，则在最后一则故事中概括上文。此书对北宋建国（960）以后的历史偶有记述，如卷二《知机务与通儒院学士》和《钱俶纳土》，卷三《钱俶贿赵普》等。本书记述可靠，资料翔实，成书之后即为《神宗实录》《续资治通鉴长编》等重要官、私修史书的史料来源之一，对于研究吴越国末期和北宋的交往史有一定价值。

【南唐书】（1）北宋马令撰。纪传体五代南唐史。马令先祖马元康，世居金陵，熟悉南唐旧事，故此书虽内容较为繁杂，但在史料上颇有参考价值。（2）南宋陆游（1125—1210）撰。18卷，纪传体五代南唐史。叙事简赅，胜于马令版同名作品。元代人戚光为本书撰《音释》一卷。清代周在浚、汤运泰分别作注。后刘承干又据周氏注本作补注。此外，清初李清有《南唐书合订》，合马令、陆游两版《南唐书》为一，但未刊行。两版《南唐书》对南唐与吴越交往、战事等多有着墨述及。

【宣和书谱】原书不著编纂者，一般认为此书系米芾、蔡卞、蔡京实际编录，由宋徽宗本人钦定。成书于北宋徽宗宣和年间（1119—1125），著录了宋徽宗时期皇家所藏名家书法墨迹。共20卷，其中历代帝王书1卷，正书（楷书）4卷，草书8卷，八分书1卷。各卷有分目，人各一传，共为西晋至北宋时期的197位书法家立传。在卷五《正书三》中为钱镠立传，卷一九《草书七》中有钱弘俶传记，对钱镠、钱弘俶的生平和书法创作特色有概括介绍。此书对于研究钱王的书法成就，具有参考意义。

【三国史记】（朝鲜语：삼국사기），纪传体古朝鲜史书，共50卷。作者金富轼（朝鲜语：김부식，1075—1151），字立之，号雷川，本贯庆州，朝鲜半岛高丽王朝时期的著名政治家、文学家、历史学家。他所编著的《三

国史记》是朝鲜半岛现存最早的历史书籍。全书计《新罗本纪》12卷，《高句丽本纪》10卷，《百济本纪》6卷，《年表》3卷，《志》9卷，《列传》10卷。《三国史记》主要以已失传的《旧三国史记》和《花郎世记》为依据，同时也参考了中国的历史典籍，包括《魏书》《三国志》《晋书》《旧唐书》《新唐书》《资治通鉴》等。此书是研究朝鲜三国时期和后期新罗历史的珍贵文献，对于研究吴越国与古代朝鲜半岛各国交往亦具有重要价值。

【续资治通鉴长编】南宋李焘（1115—1184）撰，成书于南宋淳熙九年（1182），约历时40年完成。先后分隆兴元年（1163）、乾道四年（1168）、淳熙元年（1174）、淳熙九年（1182）四次进呈宋孝宗。此书记述了北宋太祖至徽宗九朝历史，亦是中国古代最大的一部私人撰修的编年体断代史。著者本着“宁失之繁，毋失之简”的原则，原书共980卷，分600册，体例仿《资治通鉴》。因卷帙浩繁，书稿完成后，南宋朝廷并未全书付印，神宗、哲宗、徽宗、钦宗四朝内容由秘书省抄写1部藏于皇家秘阁，社会流传的本书其他部分多为节录本。南宋灭亡后，徽宗、钦宗朝抄本散佚。明初修《永乐大典》时，曾收录此书绝大部分，但当时已无足本流传。至清乾隆时修《四库全书》，从《永乐大典》中辑录原文，经整理后定为520卷，但仍然缺失徽宗、钦宗朝内容，英宗、神宗、哲宗缺部分内容。此书内容详尽，是研究北宋一朝历史不可或缺的原始材料，特别是著者撰写时所依据的一些官方档案、实录等史料多已不存，更确立了此书在北宋史研究中的重要地位。有关钱俶配合北宋灭南唐、纳土归宋、去世及北宋钱氏族人流播等吴越国、钱氏后裔发展的重大事件，书中有较为详尽的记载，可与《宋史》互为印证、补充。

【淳祐临安志】南宋施谔撰，原卷数不详，现存6卷，前3卷记城府，后3卷记山川，为原书的第5—10卷，约成书于南宋淳祐十二年（1252）。第5卷为城社、官宇、旧治古迹、今治续建；第6卷为学校、楼观、园馆、厢隅、军营（附兵籍）；第7卷为坊巷、界分、桥梁、仓场库务、馆驿；第8卷为城内诸山、城南诸山、城西诸山、亭馆、古迹；第9卷为城东诸山、城内外诸岭、诸洞、诸石、诸坞、峪、衖、关；第10卷为江、湖、河渠、水闸。

对当时临安城（今杭州）内一些城门古迹、馆阁楼台的介绍，著者往往追溯及钱镠，如第5卷《府城·城社》“水门”条目下，按语指出：“五代周景福二年，钱镠发民夫二十万及十三都军士筑杭州罗城，周七十里。”这和《资治通鉴》有关钱镠在杭州筑城的记载是一致的。此书对于研究吴越国和钱氏诸王营造杭州城的历史有一定价值。

【咸淳临安志】宋元间潜说友撰，原100卷，现存95卷，成书于南宋咸淳年间（1265—1274），是关于南宋都城临安（今杭州）风土人情的一部重要方志。著者以“临安三志”前两志《乾道临安志》《淳祐临安志》为基础加以扩充。前15卷为行在所录，记载了皇城和中央官署；第16卷起，分疆域、山川、诏令、御制、秩官、官寺、文事、武备、风土、贡赋、人物、祠祀、寺观、园亭、古迹、冢墓、恤民、祥异、纪遗等门类逐一介绍。此书体例完备，史料丰富，对研究杭州历史和南宋史具有很高价值。书中对吴越国、钱氏诸王多有着笔，如卷二五《山川》中讲到临安县的功臣山、衣锦山（石镜山）和钱镠的《陌上花》歌等，卷八七《冢墓》中有“吴越武肃王墓”“吴越忠懿王贤德顺睦妃孙氏墓”“吴越太尉开府仪同三司正显薛公墓”等。

【佛祖统纪】南宋志磐（活动于南宋后期）撰，54卷，约成书于南宋咸淳元年（1265），历时约8年方告完成。著者为天台宗僧人，祖籍四明（今宁波），后于四明福泉寺出家，为四明广智系法孙，通晓天台宗历史。此书仿官修正史体例，分本纪8卷、世家2卷、列传12卷、表2卷、志30卷五部分。天台宗历经唐武宗“会昌法难”和唐末五代战乱后一蹶不振，经籍散佚，几乎失传。直到吴越王钱弘俶派人前往高丽取回典籍才得以中兴。著者用中国传统记载帝王将相的纪传体来撰写佛教历史，是天台宗的代表性史籍，亦是流传至今最大、最完整的一部百科全书式的佛教通史巨著。此书主要记载了唐末五代活跃于两浙地区的著名天台宗僧人事迹，如第8卷《妙说法师本纪》《高论法师本纪》《净光法师本纪》等，第10卷《净光世家》下有《吴越忠懿王传》，指出了吴越国对天台宗的扶持和天台教籍的整理，有助于了解吴越国时期天台宗在浙江的传承流播。

【梦粱录】宋元之际吴自牧（约公元1270年前后在世）撰，20卷。“梦粱”，出自成语“黄粱一梦”。南宋灭亡后，著者在书中自序称“缅怀往事，殆犹梦也”，故名。此书是记载南宋时期都城临安（今杭州）风貌的代表性作品之一。卷一至卷六以月份和季节变化为序，介绍南宋都城皇室和百姓的生活方式和祭祀、节日、寿诞等典章习俗；卷七为都城主要桥道、坊巷；卷八至卷一〇为南宋皇宫、公署；卷一一至一二为诸山、湖泊河流等；卷一三为都城集市；卷一四至一六为祠庙、学校和商铺；卷一七为杭城历代状元、列女、方外等人物；卷一八为民俗、户口、物产、恤政；卷一九为园囿、瓦舍（宋代娱乐场所）、塌房（宋代寄存商旅货物之地）等服务业及相关从业人员；卷二〇为婚娶、育子规制和百戏、小说讲经史等娱乐业。此书可视为南宋末期都城临安的方志，但又比一般志书侧重于食货、城建、名胜、民生经济方面的内容，略人物志。因涉及杭城历史沿革，故有多处提及吴越国、钱氏诸王，如卷一一《溪潭涧浦》：“便门侧名铁幢浦，古人相传：吴越王射潮箭所止处，立铁幢。又闻钱王筑塘时，高下置铁幢凡三，以为镇压，潮水退，则见其幢也。”同卷《井泉》：“吴山北大井曰吴山井，盖此井系吴越王时有韶国师始开，为钱塘第一井。”卷一四《山川神》：“吴越钱武肃王庙，在方家峪宝藏寺，及龙山武功堂，为钱文穆王庙，五王俱祀焉。”此书可以与《吴越备史》《资治通鉴》等涉及吴越国治杭的相关记载互为佐证、补充。

元

【唐才子传】元辛文房撰，10卷，成书于元大德八年（1304）。专传278篇，附及120人，共为398人作传，是第一本唐代诗人的传记专著。第9卷有《罗隐传》，记述了罗隐投入钱镠帐下的史迹，颇为详细，可与《旧五代史》《十国春秋》《五代史补》等史料中有关罗隐的相关记载互为佐证。

【洞霄图志】宋元之际邓牧（1247—1306）著，据《四库全书总目》提要所记："牧成此书在大德乙巳，至明年丙午春而牧卒。"则《洞霄图志》成于元大德九年（1305）。此书虽名为"图志"，但即便是清乾隆年间修订《四库全书》时所收录版本，仍有志无图。共6卷，分记宫观、山水、洞府、古迹、人物、碑记。除了常规的山水介绍外，卷二还记载了今省级文物保护单位洞霄宫遗址中尚存的元同桥、会仙桥等古建筑。卷三有大涤洞、栖真洞、归云洞等主要洞府。卷五有与钱镠、吴越国有往来的闾丘方远、郑冲素等著名道人传记。卷六有《天柱观记》《洞霄宫碑》《演教堂记》等。洞霄宫原名"天柱观"，钱镠在唐光化三年（900）著有《天柱观记》，在文中，他自称："镠今统吴越之山河，官超极品，上奉宗社，次及军民，莫不虔仰神灵，遵行大道。"故洞霄宫在唐末、五代时期的发展和钱镠有着莫大关系。北宋大中祥符五年（1012），天柱观改称"洞霄宫"。因现今洞霄宫遗址地面几无遗存，故此书对于研究钱镠的崇道事迹和确定三清殿、演教堂等宫观建筑基址极具史料价值。

【宋史】元脱脱（1314—1355）、阿鲁图先后领衔，欧阳玄、铁木儿塔识、张起岩等总裁编撰，修于元至正三年至五年（1343—1345），496卷，纪传体宋代史，但亦上推到五代时期某些人物，如韩通（？—947）、李筠（？—960）等，以弥补新、旧《五代史》不足，是"二十四史"中篇幅最为浩繁的一部史书。此书修撰指导思想是程朱理学，首创《道学传》。其记载内容偏重于北宋，南宋理宗、度宗以后尤其简略，对于南宋末年的宋蒙战争的记载亦有一定隐晦。由于此书修撰时已是元朝末期，成书仓促，一人两传、自相矛盾等错误疏漏为数不少，但收录了很多元政府官方所拥有的一手资料，故仍然具有很高的史料价值。此书太祖、太宗本纪中，记载了吴越王钱弘俶和宋太祖、宋太宗的政治往来，包括应诏出兵伐南唐、纳土归宋等，在卷四八〇《列传第二百三十九·世家三·吴越钱氏》中有钱俶、钱惟濬、钱惟治等人传记。

明、清

【吴越备史补遗】明马尧臣撰，据《四库全书总目》卷六六记载："嘉靖间刊本序称《补遗》为其门人马尧臣所续。"卷首序云："旧本《备史》皆止于戊辰年，而忠懿之事未终。此卷不知作自何人，盖参本传及《秦王贡奉录》《家王故事》为之，或以合于《备史》，今厘正之。"《四库全书总目》卷六六评其书曰："其以《补遗》为马尧臣所续，亦别无证据。尧臣曾撰《吴越世家疑辨》，自序谓曾作《备史》图表，亦不云又续其书。考此《补遗》之首有序一篇，不题名氏年月，序中有'家王故事'之语，当即中孚等所题。亦云不知作自何人，则不出于尧臣审矣。《备史》所记讫太祖戊辰，《补遗》所记讫太宗丁亥，与《中兴书目》所载'前十二卷尽开宝元年，后增三卷，尽雍熙四年'者正合。"《吴越备史补遗》有《四库全书》本和《武林掌故丛编》本两种。

【西湖游览志余】明田汝成（1503—1557或1501—？）撰，共26卷，约成书于明嘉靖（1522—1566）中期。系著者在编撰《西湖游览志》时搜集的超出西湖地理、风土范围以外的材料总集，故在书名中缀以"余"字。但此书不同于《西湖游览志》，实为以记载人物琐事、见闻杂言为主的笔记体著作，内容围绕建都于杭州的吴越国和南宋，记载了一些掌故逸闻。因吴越国钱氏诸王经营西湖日久，故相关记载颇多。在第1卷《帝王都会》中，专门介绍吴越国钱氏三世五王，第24卷《委巷丛谈》记载了钱镠的《陌上花》歌和罗隐劝诫钱镠废除"使宅鱼"等事。书中对于南宋时期一些典章制度和政治事件也都有较为翔实的记载。

【喻世明言】明冯梦龙（1574—1646）撰，原名《古今小说》，共40篇，每卷即为一短篇小说，约出版于明末泰昌、天启年间（1620—1627），故成书当在此之前。它是中国古代最为知名的白话短篇小说集“三言二拍”（冯梦龙的《喻世明言》《警世通言》《醒世恒言》和凌濛初的《初刻拍案惊奇》《二刻拍案惊奇》）中的第一本。晚明江南地区经济发达，并出现资本主义萌芽，此书以宋、元、明三代“话本”（说书人的底稿）和“拟话本”（文人模仿“话本”体例撰写的作品）为基础，内容取材现实城市生活，歌颂爱情、友情、婚姻等，但亦收录和改编了一些历史故事，如春秋时期“二桃杀三士”“南橘北枳”等典故。第 21 卷为《临安里钱婆留发迹》，记述了钱镠从出生、从军到封王至去世的历史，措辞口语化，大致脉络参照《新五代史》《旧五代史》《吴越备史》等史书相关记载，仅在细节上由著者演绎。本书有关钱镠发迹的故事叙述，对于了解钱镠事迹在《十国春秋》刊行以前于清代民间的流播有一定价值。

【十国春秋】清吴任臣（1628—1689）撰，成书于清康熙八年（1669），114 卷，纪传体五代十国史。作者根据新、旧《五代史》和《九国志》等各种类书、杂史、地方志、杂记等编纂而成。此书以国为分类纲目，记有吴 14 卷、南唐 20 卷、前蜀 13 卷、后蜀 10 卷、南汉 9 卷、楚 10 卷、吴越 13 卷、闽 10 卷、荆南 4 卷、北汉 5 卷、十国纪元表 1 卷、十国世系表 1 卷、十国地理表 2 卷、十国藩镇表 1 卷、十国百官表 1 卷。清乾隆五十三年（1788）重刊本书时，后人又加《拾遗》1 卷、《备考》1 卷。此书卷七七至卷八三记载了吴越国三世五王、后妃、宗室子弟等，卷八四至卷八九记载了吴越国大臣及其他相关人物，书末《拾遗》部分记载吴越国王一些逸事，饶有趣味。此书在列传的同时，还附有史料考异，对研究包括吴越国在内的十国历史具有极高的史料价值。

【西湖佳话】清西湖墨浪子（又名古吴墨浪子，生平不详）搜辑，共 16 卷，成书于清康熙十二年（1673）。此书以平话形式写成，每卷讲述一个与西湖有关的人物故事。书中涉及五代吴越国和钱镠的内容，主要在第 12 卷《钱塘霸迹》中。该卷叙述了唐末五代时吴越国王钱镠的事迹，包括保境安民、治理西湖等功绩，展现了钱镠对杭州及西湖的重要贡献。

【吴越备史杂考】明末清初钱肃润撰。钱肃润，字础日，无锡人。为吴越王钱镠第二十四世孙。明诸生。幼从学于邹期相，授以静坐法，颇有心得。明亡后，隐居不仕。被笞折胫，自号跛足。博学，所著有《尚书体要》《道南正学编》《十峰草堂集》。本书分《吴越宗派考》《吴越国治考》《吴越旧宫考》《铁券考》《铁箭考》《铁幢考》六部分，后有作者所作的序。

【五代诗话】清王士禛（1634—1711）撰，郑方坤删补，纪传体五代史书。初撰时为12卷，共642条目；郑方坤后加以删补，删去216条，又新加789条，共1215条，10卷。原有各条冠以“原”字，新增各条加以“补”字。此书史料来源丰富，参考了《十国春秋》《五国故事》等326种史料，为历史人物立传时，采用辑录出相应的史料记述相应历史片段的方式，并在每一条文末注明出处。在第1卷《国主宗室》中，有钱镠、钱俶、钱元懿、钱弘亿、钱惟演等13位吴越国国王、宗室、后裔传记。第5卷《吴越南汉》中，有罗隐、杜建徽、元德昭等9位吴越国大臣传记。本书有较为浓重的志怪色彩，创立《宫闱女仙鬼缁流》《羽士鬼怪》等名目，但对于研究吴越国主要人物逸事、探究文献之间记述不同之处，具有重要参考价值。

【全唐诗】清彭定求（1645—1719）等撰，成书于清康熙四十五年（1706），900卷，收录唐、五代诗作49400余首，其中不乏帝王之作。第8卷收录有钱镠的《巡衣锦军制还乡歌》《没了期歌》等3首作品，收有钱弘俶的《宫中作》1首作品，第690卷收有吴仁璧的12首诗作，第826卷至第837卷收有诗僧贯休的数十首作品。此书对于研究钱镠的文学造诣和吴越国的文学成就有一定价值。

【全五代诗】清李调元（1734—1803）撰，成书于清乾隆四十至四十三年（1775—1778），初刊90卷，至清后期，后人已将其增补至100卷。此书作为五代十国时期诗歌总集，以国别分卷，分别是：后梁8卷，后唐2卷，后晋2卷，后汉2卷，后周3卷，吴6卷，南唐16卷，前蜀17卷，后蜀4卷，南汉1卷，楚4卷，吴越9卷，闽13卷，荆南12卷，北汉1卷。吴越国部分在第66—74卷，收录有钱镠、钱弘俶、钱惟演、钱惟治、罗隐、屠瑰智、皮光业、杜建徽等总计50位吴越国上至钱氏国君、朝中大臣，下至在野隐士、著名诗僧乃至不知名人士的各类诗作100余首，其中以罗隐的诗作收录最为丰富，第67卷至第71卷全部为罗隐作品。此书对于研究吴越国的文学艺术成就具有极高的参考价值。

【吴越钱氏传芳集】清钱泳（1759—1844）辑，钱文选重刊。原为二卷，据《四库全书总目提要》载，此书为两淮盐政采进事自美钱筠、钱节同编。钱筠字飞卿，钱节字章卿，均为绍兴人。本集录钱氏一家之诗，共62人，合计131首。钱泳再辑本曾于嘉庆十五年（1810）刊行，为木活字本一册一函，金镶玉装，卷末有校印牌记两行："嘉庆十有五年七月朔日，武肃三十世孙锋同校。"然辑本流传甚稀。为此，清光绪七年（1881）再刊，也是以木活字排行。民国二十五年（1936），钱文选第三次重刊。首为钱武肃王画像，次为"吴越王宝"印、"铁券摄影""乾隆御制观铁券歌"宋绶序，并标明此书由"吴越武肃王第三十世孙泳谨辑、吴越武肃王第三十二世孙文选重刊"。

【全唐文】清董诰（1740—1818）等编，成书于清嘉庆十九年（1814），前后历时7年，1000卷，收录唐、五代各类文章18488篇（一说20025篇）。本书是唐、五代的文章总集，也是迄今为止最大的一部唐文总集。除董诰为总裁官外，前后有100余人参与本书编纂，以《唐文》为基础，广搜《四库全书》《文苑英华》《大唐诏令集》等文献中的唐、五代佳作，是研究唐朝文学、历史最为重要的典籍。所收文章排序参照《全唐诗》，即皇帝、后妃、宗室、百官、文士，每类作者又以生卒年代先后为序，同一作者再以文体为分类。此书收有与吴越国、钱镠相关文章，如第130卷有钱镠、钱元瓘、钱弘俶所著（或以其名义所著）的多篇文章，有《谢赐铁券表》《钱氏大宗谱序》《钱氏九州庙碑记》等，第298卷有一篇皮光业撰《吴越国武肃王庙碑铭》。

【诚应武肃王集】清钱槐（生卒年不详）编，是一部有关钱镠的文集。因钱镠谥号为武肃王，故名。此书由钱镠后人钱槐和钱瀛等辑。钱槐，字声阁，号巽峙；钱瀛，为钱镠二十八世孙，字凌州，又字竹溪，号蔗轩。此书有清嘉庆十六年（1811）锡山钱氏刻本，线装，六册一函，复旦大学图书馆收藏。

【宋会要辑稿】清徐松（1781—1848）辑，共 366 卷。宋代专设“会要所”，修撰会要，前后共历 10 次，成书 2200 余卷，但从未刊行。元军灭宋后，稿本北运。元代修《宋史》各志，多取材于此。明修《永乐大典》，曾将《宋会要》中史事，分别采入各韵。清嘉庆时，徐松始从《永乐大典》中录出，分帝系等十七类，以礼、职官、食货等类篇幅为最巨。此书多有《宋史》及宋代其他史书所未采录的材料，为研究宋史的重要资料。对于考辨吴越国及五代十国时期的典章制度，亦有一定参考价值。

近现代

【吴越杂事诗】一作《吴越杂事诗录》，清钱保塘（1832—1897）编。全书共三卷，所录自罗隐迄饶智元，凡 108 人，诗 239 首。谶诗托于隋唐前者，录为各诗冠，共 3 首；文之足以证诗者，附录全篇，各系本诗之后，共 9 首。行间夹总征，引事实，标出处，间附按语。各家本集原注或自注，也一并录入。本书对研究五代吴越国有一定的价值。

【钱氏家训】有广义和狭义之别。广义上的“钱氏家训”，包括《武肃王八训》《武肃王遗训》和 1925 年钱镠第三十二世孙、外交官钱文选（1874—1957）整理《钱氏家训》三部分内容，狭义上的“钱氏家训”，即指 1925 年钱文选整理的《钱氏家训》。约后梁乾化二年（912 年，一说贞明五年，即 915 年），钱镠 61 岁时作《武肃王八训》，今流传有多个版本，以临安版和剡西版为代表。后唐长兴三年（932）三月，钱镠临终前在《八训》基础上又作《武肃王遗训》，其内容包括“心存忠孝，爱兵恤民，勤俭为本，忠厚传家”等。今本《钱氏家训》最初相传为吴越王钱弘俶总结钱镠“起居注”所作。到 1925 年，钱镠的第三十二世孙钱文选在搜集大量资料后，编纂《钱氏家乘》。《钱氏家乘》共 14 卷，分 6 册。文稿付梓后，分赠给各地钱氏宗祠收藏。在《钱氏家乘》中，他撰辑而成了今本《钱氏家训》。钱文选所整理的《钱氏家训》全文532字，分个人、家庭、社会、国家四篇。尤以“利在一身勿谋也，利在天下者必谋之”一句最为精彩。2021年6月，“钱氏家训家教”被列入第五批国家级非物质文化遗产代表性项目名录，成为第一个国家级家训非遗项目。

【钱氏家乘】 钱文选辑，成书于民国十四年(1925)，14卷，谱牒类史书。史料价值最高部分是第2卷《宸翰》所收录的《后唐明宗赐武肃王谥诏》《宋太宗允纳土诏》等吴越国所领的重要中原朝廷诏书、皇命原文，第5卷《年表》所明列的吴越国三世五王生平列表，第6卷《家训》所收录的《武肃王八训》《武肃王遗训》《钱氏家训》原文，第8卷《遗文》所收录的《武肃王奏请出师讨董昌表》《武肃王筑塘疏》《武肃王谢赐铁券表》等重要表奏原文。本书着重考证武肃王钱镠后裔的支派、传承等（个别内容需考证后方可使用），并附有近代民国政府保护钱镠墓、钱王祠等吴越国相关文物遗存的来往公文。对于研究钱氏家族传承流播、吴越国重大历史事件台前幕后，本书不失为一部很重要的资料性参考书。

【表忠小志】 钱文选辑，《表忠小志》之“表忠”而字，即取之苏轼碑记，这是专门收载吴越国史料的典籍，内容宏富。全书分“像赞”“图考”“宸翰”“年表”“家训”“遗文”“轶事”“古迹”“艺苑”“联额”“祠产”“杂录”12部分，不少史料取之《钱氏家乘》，并增添了《钱氏家乘》问世出版后至1948年这二十余年中新发现的钱王史料，如吴越王宝、铁券、武肃王遗墨等等，其中武肃王钱镠遗墨至为宝贵，距今一千余年，久藏浙江象山钱氏祠中，作者编撰《钱氏家乘》时尚未觅得，故付阙如。后承象山族人摄影寄杭，又于抗战中毁于兵燹，至1948年本书重印之时，再向象山族祠索得，方予付梓。“艺苑”“联额”收有民国间吴士鉴、许世英、齐耀珊、钱文选新撰的钱王祠碑记，详载当时钱王祠庙之变迁和近代名人诗歌与楹联。“祠产”“杂录”记清末至民国时期保护钱王祠的种种经历及规则。

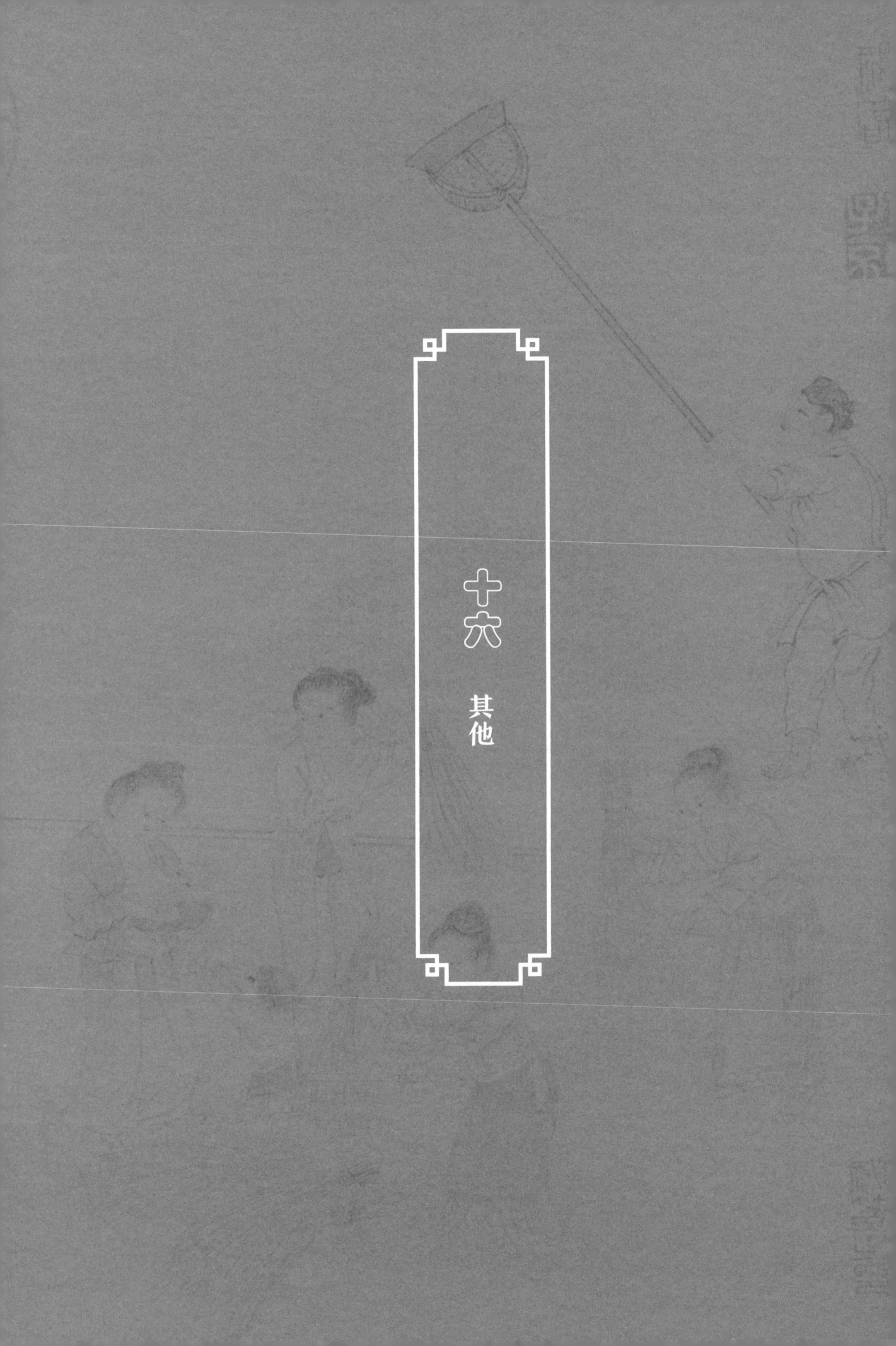

十六 其他

历代钱氏诸王有着强烈的民本思想，由于他们的重视，太湖流域圩田兴起，越州越窑制瓷业繁荣，杭州开始形成全国佛教中心地位。经济文化繁荣带来对外交往的活跃，吴越国在“保境安民，善事中国”思想指引下，还积极发展同朝鲜半岛、日本和中东伊朗等的商业贸易和友好往来，给充满血腥、沉重的五代十国历史涂上一抹亮色。钱镠虽是武人出身，但不乏良好的文学涵养，但凡临安人，几乎没有不知道“陌上花开”典故的。关于钱镠的征战经历和千秋功业，史书已有论述，其勤俭向上、积极进取的心态广为后世所知。

【钱镠金书铁券】唐乾宁二年（895），董昌在越州自立为帝，国号“大越罗平”。唐昭宗命钱镠前往征讨。乾宁四年（897），为嘉奖钱镠的功绩，唐昭宗特赐钱镠铁券一具。铁券为铁制，长52厘米，宽29.8厘米，厚2.4厘米，重132两。上嵌金字350个，楷体，制作精湛，现有不少字剥落漫漶，故不同史料对铁券原文记载略有差异。北宋太平兴国三年（978），钱俶在纳土归宋前，将铁券藏于祖庙。淳化元年（990），杭州地方官将铁券上交北宋都城汴京。南宋绍兴三年（1133），钱俶曾孙钱景臻之妻、即宋仁宗第10女，秦鲁国贤穆明懿大长公主将铁券带至南宋京城临安。元（前）至元十三年（1276），元军攻陷临安，铁券下落不明。元（后）至元二年（1336），被渔人从水塘中捞起。明洪武二年（1369），明太祖朱元璋观摩铁券，并以此作为明代铁券样本。清乾隆二十七年（1762），乾隆帝南巡时观看铁券，并作《御制观铁券歌》。清光绪二十七年（1901，亦有1895年、1904年之说），铁券再度失踪，后由绍兴嵊县（今浙江嵊州）长乐镇钱氏族人用重金购回。1951年，长乐钱氏将铁券交嵊县人民政府，后移浙江省博物馆。1959年，铁券上交至刚落成的中国历史博物馆展出，直至今日。

【天宝】钱镠的第一个年号，使用时间为908—912年。吴越国是否私行年号，学术界曾有争议，而根据近年来发现的一些文物遗迹看，吴越国在钱镠主政时期是有年号的，但只在吴越国境内使用，在对外交往和文书中均不用。912年（中原为后梁乾化二年）以后，不再用“天宝”纪年，改用后梁纪年。这方面，有杭州石屋崇化寺尊胜经幢刻文“时天宝四年岁次辛未四月某日元帅府府库使王□”，杭州庆明寺白伞塔盖陀罗尼经幢刻文“吴越国女弟子吴氏十五娘建”和“天宝五年太岁壬申年月题”等为证。

【宝大】钱镠的第二个年号，使用时间为924—925年。这方面，有临安海会寺两经幢刻文“时宝大元年岁次甲申五月一日天下都元帅、吴越国王镠建”为证。

【宝正】钱镠的第三个年号，使用时间为926—932年。钱镠去世以后，吴越国不再私立年号，一直沿用中原王朝年号。这方面，有杭州西湖落星山塔院中钱镠封山为寿星宝石山的刻文“宝正六年，岁在辛卯”，吴越国为杭州钱明观增设石桥时的题刻“宝正岁在辛卯，四月八日改建钱明观，造此石桥。吴越国王记”为证。

【广初】钱镠年号之一，但不详何时，推测在宝正之后。但其后又有年号正明，年代也不详。钱镠去世于后唐长兴三年（932），故考证该年号应在931年至932年之间。该年号主要见于南宋学者王应麟所著《玉海》一书，似不见其他史料记载。

【陌上花开】据史料记载，钱镠恭穆王妃戴氏（《十国春秋》《吴越备史》中作庄穆王妃吴氏，戴氏、吴氏皆为临安籍）每年都要回乡省亲。综合各类史料记载，有一年的某次省亲，一直到春色将尽、花开遍野，王妃仍然没有回杭州，钱镠对王妃非常思念，便作歌相赠：“陌上花开，可缓缓归矣。”意为：田间阡陌的花开了，你可以回来了。此语传开后，即成为历代文人名士题咏的佳话。北宋熙宁年间（1068—1077），在杭州为官的苏轼作《陌上花三首（并引）》。后来苏轼门生、北宋著名文学家的晁补之又作《陌上花八首》诗。清代学者王士禛曾说：“‘陌上花开，可缓缓归矣’，二语艳称千古。”

【海龙王】钱镠雅号之一。语出《旧五代史·世袭列传二·钱镠传》，称：“两浙里俗咸云‘海龙王’。”这是两浙地区百姓对钱镠治水工作的政绩评价。《嘉兴府志·水利》云：“钱氏有国百余年，止长兴间一次水灾。”钱镠热心于水利，主要业绩有：修建捍海石塘抵御钱江潮，践行“善事中国，保境安民”思想拓展国际贸易，进贡中原开辟海上航道，不偏听偏信方士有关填西湖延长国祚的建议，建立水利工程建设专业化部队“撩浅军”疏浚西湖，在吴越国全境推广圩田等。钱镠兴修水利、造福于民的思想颇为知名，构建了吴越文化中的“水文化”。

【不睡龙】钱镠雅号之一。语出《吴越备史》卷一《武肃王》，称：“天复（唐昭宗年号，901—904年，一说后晋天福年间）中，近侍李咏因监契丹驿中，有判官谓李咏曰：‘武肃王常夜不睡。’咏诘其所知，答曰：‘尝闻五台王子太师言，浙中不睡龙，今已归矣。’”钱镠素以警觉著称：睡觉用的是圆木枕头，上面缀以铃铛，名曰“警枕”；在卧室内床头置粉盘，就寝时若想到某事，就随时在粉盘上记录；出台规定，若有人求见，即便自己正在睡熟，宫女亦可用特制的大铃铛将其唤醒；晚上巡查城楼，用铜弹弓弹射城墙以提醒值班士兵保持警觉；又在夜间微服私访，佯请守城士卒开门，士卒不开，次日又重赏该名士卒，由此可见钱镠勤勉向上的心态。

【警枕】见“不睡龙”条。元末明初的著名文学家、书画家杨维桢（1296—1370）为此还著有一首《警枕词》：“不睡龙，醒复醒，珊瑚圆木摇金铃。五花宝篳芙蓉屏，铜盘雪粉香浅清。墙楼铜弹飞霹雳，夜半更奴起辟易。圆木功，无与敌。吴越封疆平地辟，四世三王安衽席。”

【粉盘】见“不睡龙”条。

【使宅鱼】语出《十国春秋》卷八四《罗隐传》和《五代诗话》卷五《吴越南汉·罗隐传》等史料，称：“王（钱镠）待隐日隆，时西湖日纳鱼数斤，号使宅鱼，会王召隐题《磻（pán）溪垂钓图》，隐借诗寓意，遽蠲（juān）其征。诗曰：‘吕望当年展庙谟，直钩钓国更何如。若教生在西湖上，也是须供使宅鱼。’”罗隐才华横溢，但又喜欢开玩笑戏谑，遇事有感总想表现。当时杭州地方官员强迫西湖渔民每天给钱镠进贡份子鱼，名曰“使宅鱼”。罗隐得知后主动为民请命。《唐才子传》评价罗隐诗作“诗文凡以讥刺为主，虽荒祠木偶，莫能免者”。这首《题磻溪垂钓图》收录于《全唐诗》卷六六五，浅显易懂，但语意辛辣，不乏暗批钱镠之意，钱镠能了明其意并为之改过，实属可贵。

【杭州西湖】位于浙江杭州城西，北、西、南三面环山，面积约 6.39 平方公里，平均水深 2.27 米，蓄水量约 1429 万立方米。湖面经孤山、白堤、苏堤、杨公堤分隔，分为外西湖、西里湖、北里湖、小南湖、岳湖，以及湖西水域等部分。杭州西湖在中国历史文化和风景名胜中占有重要地位，2004 年发行的第五套人民币壹元纸币背面即使用西湖“三潭印月”图案，入选国家重点风景名胜区（1982）、中国十大风景名胜（1985）和国家 AAAAA 级旅游景区（2006）。2011 年 6 月 24 日，杭州西湖文化景观被列入世界文化遗产名录。西湖形成于秦汉时期，早期有武林水、钱唐湖、钱水等名称，北宋以后，渐次统一为西湖。唐代以后历朝历代对西湖环境整治与维持多有建设，但西湖的深度开发和基本定型，是在吴越国时期。一方面，自唐末以后，政府因战乱对西湖疏于管理，湖面淤塞严重，吴越国建立后，据多种史料记载，有方士建议钱镠填埋西湖建王府，可让吴越国成为千年之国，被钱镠严词拒绝。后唐天成二年（927），钱镠在西湖设立专业水利工程部队“撩浅军”以疏浚西湖。另一方面，历代钱王崇尚佛教，据《西湖游览志余》卷一四《方外玄踪》记载：“杭州内外及湖山之间，唐已前为三百六十寺，及钱氏立国，宋朝南渡，增为四百八十，海内都会，未有加于此者也。”因此杭州在当时又有“东南佛国”之称，灵隐寺、昭庆寺、净慈寺、云栖寺和六和塔、保俶塔、雷峰塔、闸口白塔等众多著名佛寺塔幢，都是在吴越国时期扩建或新建的。经过吴越国数十年的经营建设，由此杭州西湖不仅有湖光山色，且有着厚重的文化底蕴，并为后世南宋定都杭州奠定了物质和文化基础。2002 年 10 月 25 日，西湖边新雷峰塔建成竣工，自南宋时便形成的“西湖十景”景观再度完整。

【太庙山】位于今杭州市临安区锦城街道，山南坡即为杭州市临安区人民政府驻地。太庙山古称安国山，又称茅山。海拔 92 米，占地约 12.6 公顷。据清宣统二年（1910）版《临安县志》卷一《舆地志十一》记载：“安国山，山自天目中支逶迤七十里，至九仙、玲珑、葛仙诸山，峻峭奇绝，下十余里，平地隐隐隆隆，至是特起，有屹然独尊之势。苕、锦二水合襟于中，而功臣山特峙于前，信钱王肇基之地也，中为武肃王墓，又称太庙山。”据方志出版社 2012 年版《临安市地名志》记载，太庙山山势呈东西走向，山体由石灰岩构成，表土为黄壤，植被以松林为主。

【安国山】即“太庙山”。

【石镜山】位于今杭州市临安区锦城街道，海拔 71 米，占地约 0.7 公顷。相传钱镠幼时玩耍常来于此。据《吴越备史》《十国春秋》等史料记载，唐天复元年（901），唐昭宗敕封石镜山为衣锦山，大官山为功臣山。石镜山下有巨木，后亦被封为“将军树”（《吴越备史》作“衣锦将军”，1953 年因大风刮倒被移除）。据方志出版社 2012 年版《临安市地名志》记载，石镜山山势呈东西走向，山体由石灰岩构成，表土为黄壤，植被以杂草为主。

【衣锦山】即石镜山。《咸淳临安志》卷二五《山川四·临安县》记载：“衣锦山，旧名石镜山，在县南一里，高二十六丈，周二百六十步。《太平寰宇记》云：山之东峰有石镜，径二尺七寸，其光如镜。”

【功臣山】位于今杭州市临安区锦城街道，海拔 157 米，占地约 66.6 公顷。清宣统二年（1910）版《临安县志》卷一《舆地志十一》记载：“功臣山，治南一里，吴越王应诞之地，旧名大官山，唐昭宗以王有大功，改今名。”功臣山上建有后梁贞明五年（915）的功臣塔，故当地又俗称功臣山为宝塔山。据方志出版社 2012 年版《临安市地名志》记载，功臣山山势呈东西走向，山体由石灰岩构成，表土为黄壤，植被以松竹为主。

【担盐山】在今浙江淳安境内。据明嘉靖三年（1523）版《淳安县志》卷二《山》记载：“担盐山在县西北一百一十里。相传钱镠微时，尝贩盐经此，因苦渴，以拄杖触岩，泉忽涌出。后人因名其山‘担盐山’，泉曰‘拄杖泉’。”

【钱坞垄】地名，位于今杭州市临安区锦南街道市坞村，功臣山南麓，为钱镠出生地。后梁乾化元年（911），钱镠舍宅建功臣寺，即位于此。

【八百里】地名，位于今杭州市临安区锦北街道潘山社区，传为上古寿星彭祖隐居地。钱镠早期著名军事活动“八百里之役”即发生于此。

【彭祖】又称篯（jiǎn）铿，上古传说人物，以得寿八百岁著称，传为南极仙翁化身。史载其为“五帝”之一颛顼（zhuān xū）玄孙，因善于烹调受到尧帝赏识，被封于大彭，是为大彭氏国（故地在今江苏徐州一带）。传说彭祖历夏、商两朝，娶妻 49 位，生子 54 位。吴越国建立后，彭祖被奉为钱氏先祖，《钱氏家乘》卷七《彭城伯传》即载：“此钱氏始封之祖也。”彭祖在历史上影响很大，多地都有彭祖墓、祠。杭州临安区八百里山西南麓有一吴越国时期始建的彭祖庙遗址，2018—2019 年已对其进行考古勘探和发掘。此外，临安区八百里景区中亦有清代重建的彭祖祠建筑。

【十锦】语出清宣统二年（1910）版《临安县志》卷一《舆地志·古迹》：“武肃王还乡，盛宴父老，山林皆覆以锦，故名衣锦营、衣锦山、衣锦南乡、衣锦北乡、锦溪、锦桥、昼锦台、昼锦坊、保锦山、衣锦将军木，为十锦。”目前，临安区尚有衣锦街、锦桥社区、保锦路、锦溪等称谓，是“十锦”记载的实物例证。

【临安清明祭钱王】杭州市临安区作为钱镠的出生地和归息地，自宋以来，钱王陵祭祀活动就延绵不绝。据宣统二年（1910）版《临安县志》载，祭祀“礼行二跪六叩，余仪同（庙祭）”，仪程主要有鸣炮、击鼓、撞钟、奏乐、献酒、献祭文、献舞等，并载有详细的“钱王祝文”。一直到全民族抗战爆发，集体性祭祀活动被迫中断。20 世纪 90 年代，临安市曾组织过一次大型祭祀活动，但未能持续。近年来，有一大批海内外知名钱氏后裔也循迹来临安寻根问祖。为挖掘和弘扬传统文化，打响临安文化品牌，从 2011 年起，临安开始恢复举办清明恭祭钱王活动，活动地为钱武肃王陵。在沿袭旧制的基础上，现行临安区“清明恭祭钱王”主要仪程有 9 项，分别是：撞钟击鼓、敬奉贡品、净手上香、行施拜礼、恭读祭文、颂歌钱王、乐舞敬拜、诵读家训、敬献花篮。“清明祭钱王”活动是政府主导下的官民同祭，临安区政协作为主办单位，临安区钱镠研究会、临安区钱王文化促进会及文化部门等作为承办单位，参加祭祀活动的有临安区四套班子相关领导、海内外钱氏后裔代表、临安钱氏后裔代表、镇（街道）和部门代表及钱镠研究会代表等。该项目主要以群体传承方式世代传承。2023 年，“临安清明祭钱王”被列为浙江省第六批非物质文化遗产。

【杭州元宵钱王祭】从 2008 年开始，杭州钱镠研究会恢复中断了 140 余年的元宵祭祀钱王活动。活动时间为每年的农历正月十八，举办地为杭州钱王祠。仪程主要有列队入场、肃立雅静、鸣铳、献供品、击鼓撞钟、敬香、奏乐、恭读祭文、恭读《家训》、行礼、唱颂歌、献祭舞、礼成等 13 项。

2009 年，“杭州元宵钱王祭”被列入浙江省第三批非物质文化遗产名录。

【吴越国衣锦城考古遗址公园管理局】为杭州市临安区人民政府派出机构，组建于 2024 年 10 月。管理局工作业务受中共杭州市临安区委宣传部、杭州市临安区文化和广电旅游体育局（区文物局）指导。其主要职责是：编制并实施遗址公园保护总体规划、管理规划；负责遗址公园和出土文物的日常管理与保护工作；协助承担遗址公园范围内文物保护有关行政复议、行政处罚案件的审核和应诉事宜；负责考古遗址公园各类创建工作；组织开展吴越文化研究、阐释和交流工作。内设机构 3 个，分别为办公室、遗址公园管理科、吴越文化研究科。下属事业单位 2 家，分别为吴越文化博物馆、吴越国王陵管理所。

【吴越国衣锦城考古遗址公园】位于杭州市临安区。公园呈“一街三区”总体布局，分为太庙山区块、功臣山区块、衣锦城址公园区块和塔山路吴越文化历史商业街区及吴越国王陵（康陵、钱宽水丘氏墓），总面积 101.88 公顷。功臣山区块为钱镠出生之地，衣锦城是钱镠立业之地，塔山路吴越文化历史商业街区贯通三区（连接北部太庙山区块，南面衣锦城和功臣山区块），重现吴越国市井生活。（一）城址公园区块：2023 年 2 月开工建设，该区块以衣锦城（临安）的城址发展变迁、考古遗址保护展示为主题，以衣锦城历史格局，时代特征为准绳，拟新建临安城史馆、吴越国文化展示馆、文创运维体验馆和护城河周边的绿化水系景观工程。遗址本体采用“覆罩保护，真实展示”和“回填保护，模拟展示”相结合的方式进行保护展示，计划于 2025 年 10 月完成文化展陈和遗址展示。（二）太庙山区块：2019 年 12 月开工建设，主要建设内容为公园整体景观提升改造，包括钱王陵中轴线区域环境整治，太庙山、白虎山及青龙山山体修复建设，太庙遗址保护与展示设施、夜景照明工程等。2021 年 6 月竣工，8 月对外开放。（三）功臣山区块：2021 年 6 月开工建设，主要建设内容为功臣寺遗址保护展示设施及周边环境提升工程、净土寺遗址保护展示设施及周边环境提升工程、吴越佛教研学营地及周边环境提升工程、吴越街下穿人行通道空间改造利用工程、净土寺遗址室内展陈工程及相关配套基础设施、城市书房·几何书店建设及配套基础设施等，充分展示吴越钱氏与佛教文化渊源。2023 年 5 月竣工，9 月全面对外开放。区块内临安博物馆、吴越文化公园已于 2019 年先行建成开放，吴越文化博物馆于 2024 年 10 月建成并对外开放。（四）吴越文化历史商业街区：2023 年 12 月开工建设，主要建设内容为吴越文化商业街建筑改造、吴越文化商业街景观环境提升、低密度精品酒店、塔山路南段建筑整治、地下停车场设施及塔山路车行路面工程，旨在打造一条展示临安城市更新、吴越国市井民俗文化内涵的步行商业街区，计划 2026 年 12 月建成投用。

【吴越文化博物馆】位于杭州市临安区锦城街道天目路 800 号，临安博物馆主体展馆北侧，于 2024 年 10 月 11 日正式开馆。临安博物馆建筑群由中国首位获得普利兹克建筑奖的建筑设计师、中国美术学院教授王澍设计，采用宋代李唐半边山水结构，在建筑形态上，融合了临安本地的砖瓦、夯土等特色。吴越文化博物馆是全国首个吴越国国史专题博物馆，亦为国内目前拥有秘色瓷精品数量最多、最全面的博物馆。开馆展“吴越千秋——五代十国时期的东南乐土”，展陈面积 6220 平方米，三层空间划分为两大板块，一层从吴越国历史文化看其价值影响，二层和三层从吴越国文物珍品看文明延续。陈列分为两部分，第一部分：百年有待——吴越国历史揽胜，全景式呈现吴越国保境安民、造福东南的历史成就和文化特质，突出吴越国善事中国、纳土归宋的政治自觉和使命担当；第二部分：一脉风华——吴越国文物观止，以精品文物的组合展示、重点呈现，凝练式诠释吴越国在五代十国乱世中对延续中华文明作出的独特贡献。共展出 350 件（套）文物，其中 150 件一级文物，大部分是首次展出，如秘色瓷花瓣口海棠杯和海棠盘的组合，是首次在公众面前揭开神秘面纱的稀有器形，其造型独一无二，在世界范围内迄今别无他例；如秘色瓷皮囊壶，是吴越国与辽国（契丹）等游牧文化进行文化交流的历史见证。展览文物种类丰富，包括吴越国时期的瓷器、金银器、玉器、漆器、水晶、玻璃、丝织品及石构件等，凝练阐释吴越国时期繁盛的城市建设、发达的手工业、灿烂的海洋贸易文明以及泽被后世的文化传承。

【吴越国王陵管理所】位于杭州市临安区锦城街道衣锦街338号，主要承担吴越国王陵（钱镠墓、钱宽水丘氏墓、康陵）、功臣塔及功臣寺遗址、钱镠祖墓、衣锦井、钱王太庙及吴越国王陵文物的日常管理和保护职责。吴越国衣锦城考古遗址公园（太庙山区块）占地面积227亩，建筑面积1711.98平方米，为浙江省爱国主义教育基地、浙江省华侨国际文化交流基地，全国第四个“国家重点研发计划项目文化遗产保护利用专项应用示范单位”。

【临安区钱镠研究会】为临安区群众性非盈利学术团体，成立于1992年5月。截至2024年12月，有会员80余人，至今已历六届。研究会第一任、第二任会长和副会长均由临安县（市）委和政府主要领导担任，第三届至第五届会长和常务副会长分别由临安市（区）政协主席、分管副主席担任，从第六届开始会长由区政协分管副主席担任。研究会主管单位为临安区政协办公室，日常事务由区政协文史委组织实施。研究会主要负责推进对吴越国创立者钱镠及其后继者立国思想、吴越钱氏的历史作用、钱氏家训家风等学术研究活动；借助对吴越文化的探讨研究，加强对临安文物古迹的宣传、保护和开发；联络海内外钱氏后裔等工作。研究会聘请世界著名科学家钱煦，我国科技界著名钱氏后裔钱学森、钱伟长、钱三强之子钱永刚、钱元凯、钱思进，浙江省文化厅原厅长钱法成，上海复旦大学教授、知名学者钱文忠，上海报业集团新读写杂志社名誉社长钱汉东，安徽省池州市人大常委会原副主任钱征等8名海内外知名钱氏后裔任顾问。

【临安区钱王塑像】位于临安区锦城街道钱王街与钱锦大道交叉口的元宝山上，由吴越钱氏后裔、雕塑大师钱绍武（1928—2021）设计，于2016年10月建成。塑像高18米，基座四周为吴越文化墙，基座东西两侧浮雕描述钱镠的生平事迹，寓意钱王家国情怀；基座南面为钱绍武题字“东南重望、吴越福星”；背面为钱镠像碑记，由著名书法家王冬龄书写。

【凌烟阁】凌烟阁本是唐代长安城太极宫一小型阁楼名称。唐贞观十七年（643）二月，唐太宗命著名画家阎立本（601—673）按照与真人大小相同的比例，将对大唐立国有过重大功勋的长孙无忌、尉迟敬德、魏徵、秦叔宝、房玄龄等24位名臣画影图形，入阁供奉，由此凌烟阁演变成一种表彰功臣的制度。唐太宗之后，又有唐代宗、唐德宗、唐宣宗、唐昭宗共4位皇帝陆续将功臣画像入阁，最后到唐末时，共有100多位不同时代有功于唐朝的大臣登阁，因而凌烟阁为功臣画像的历史延续了200多年，几乎与唐朝历史相始终。唐光化三年（900）冬十月，唐昭宗派人取钱镠画像入阁，钱镠命画师绘全身像以呈，钱镠成为最后一批登上凌烟阁的唐臣之一。唐天祐元年（904），朱温胁迫唐昭宗迁都洛阳，同时火焚长安，逼使百姓悉数东迁。据《唐会要》卷四十五《功臣》记载，同年中书省上奏："西都（指长安）旧有凌烟阁，尽图国初功臣。今迁都东京，乞委营造一阁，图写梁王全忠（指朱温）。"唐昭宗准奏，命在洛阳新建"天祐旌功之阁"，但阁内仅挂朱温一人画像而已。至此，凌烟阁的历史完结。

【此术止可一举】钱镠军事思想之一。语出《吴越备史》卷一《武肃王》，指唐广明元年（880），黄巢起义军一支偏师2000余人进入临安，钱镠以20人伏击，打败黄巢军。《新五代史·吴越世家第七·钱镠传》对此称"此可一用尔"，《十国春秋》卷七七《武肃王世家上》称："此可一用尔，若大众至，何可敌邪？"意为取胜的办法不能重复，作战方法应灵活多变才能取胜，钱镠的这一军事思想和《孙子兵法·虚实篇》中所提的"战胜不复"提法是一致的。

【除恶务去根本】钱镠军事思想之一。指唐中和二年（882），浙东观察使刘汉宏反，据《旧五代史·世袭列传二·钱镠传》记载，"昌以军政委镠，（镠）率八都之士进攻越州"，第一次杭越战争爆发。据《吴越备史》卷一《武肃王》记载，此时钱镠提出："除恶务去根本，不尔当为后患。"唐光启二年（886）冬，钱镠杀刘汉宏。这一思想在唐乾宁三年（896）钱镠灭董昌时又有所运用。钱镠的"除恶务去根本"思想和"穷寇勿追"的传统军事理论相悖，但在唐末五代十国的混乱局面下，不这样做可能会后患无穷。钱镠集团和后来的吴越国能长期保持基本稳定，该军事思想或发挥了重要作用。

【夺情】中国古代官场礼俗。历朝基本讲求以孝治天下，故要求各级官员无论官阶高低，若其父母去世，则必须从得知丧情那一天起，回乡为父母守孝 27 个月，在此期间不得行婚娶等吉礼，称之为“丁忧”，回朝时方能再行补职。但在某些特定情况下，尤其是战争、动乱或其他政局紧张之时，国家可以命令家有新丧官员不必回乡守孝，着素服照常办公，称之为“夺情”，意为国家夺去官员的孝亲之情。夺情后重新授予官职，则称之为“起复”。唐乾宁二年（895）夏四月，钱镠父钱宽去世，但同年冬二月，董昌在越州称帝，唐朝廷便向尚处服丧期的钱镠“夺情”，诏命钱镠讨伐董昌。

【起复】中国古代官场礼俗。官员因父母去世守丧未满，朝廷便命其复出，这一行政程序称之为“起复”。由于该礼俗制度和“夺情”紧密相关，因而在很多情况下，将两者合称为“夺情起复”。唐乾宁二年（895），钱镠父钱宽去世未久，唐朝廷授予钱镠云麾将军、上金吾卫大将军、员外置同正员，命其素服出师讨伐僭越称帝的董昌，便是和钱镠有关涉及“起复”的代表性案例。

【圩田】（圩，wéi）又作“围田”，是一种周围筑有土堤的水田形态，主要分布在江苏、安徽南部和浙江北部地区。圩田堤上设有闸口，平时关闭御水，干旱时打开放水，如此农田旱涝无虑。这种在沼泽低洼地区围田垦殖的方式，在春秋末期的太湖流域就已出现。经过战国、秦至汉代，圩田进一步发展，散布于太湖四周的沼泽地区。到唐代，由分散围垦的初级形式发展到高级形式的圩田系统。吴越国时，圩田经营体制进一步完善和巩固。钱镠及其继任者为了保护圩田不受洪水的侵蚀袭击，特别调遣了一部分军队去屯驻，由都水营田使（司）统辖，又在圩岸上种植树木，以提高圩田的强度。钱镠重视治水和治田的结合，太湖湖堤和钱氏捍海塘的建成，对圩田的发展也起到了重要保障作用。

附录一：唐末、五代、宋初年号表

表 1　唐末

帝王	年号	起止（公元）
唐僖宗	乾符	874—879
	广明	880—881
	中和	881—884
	光启	885—887
	文德	888
唐昭宗	龙纪	889
	大顺	890—891
	景福	892—893
	乾宁	894—898
	光化	898—901
	天复	901—904
唐哀帝	天祐	904—907

表 2　五代

朝代	帝王	年号	起止（公元）
后梁	太祖	开平	907—911
		乾化	911—912
	朱友珪	凤历	913
	末帝	乾化	913—915
		贞明	915—921
		龙德	921—923
后唐	庄宗	同光	923—926
	明宗	天成	926—930
		长兴	930—933
	闵帝	应顺	934
	末帝	清泰	934—936
后晋	高祖	天福	936—942
	出帝	天福	942—944
		开运	944—946
后汉	高祖	天福	947
		乾祐	948
	隐帝	乾祐	948—950
后周	太祖	广顺	951—953
		显德	954
	世宗	显德	955—959
	恭帝	显德	959—960

表 3　宋初

帝王	年号	起止（公元）
太祖	建隆	960—963
	乾德	963—968
	开宝	968—976
太宗	太平兴国	976—984
	雍熙	984—987
	端拱	988—989
	淳化	990—994
	至道	995—997

附录二：五代十国后期各主要朝代、国家人口密度表①

国别（地区）	面积（平方公里）	人口数（口）	在全国的比例（%）	每平方公里人数
后周	1042034	4836765	30.33	4.64
荆南	39472	702440	4.41	17.80
湖南	277001	480740	3.01	1.74
后蜀	360738	2613945	16.39	7.25
南汉	459277	812865	5.10	1.77
南唐	297724	3076865	19.29	10.33
清源	33271	705300	4.42	21.20
吴越	137053	2555615	16.03	18.65
北汉	63963	162830	1.02	2.55
全国	2710533	15947365	100	5.88

① 引自杜文玉：《五代十国经济史》，学苑出版社2011年版，第8页。原表未作改动。清源，指“清源节度使”。后晋开运二年（945），闽国为南唐所灭。之后经过多轮角逐，闽国一分为三，建州、汀州为南唐所据，吴越国得到福州，泉州、漳州为福建本土军阀留从效、陈洪进占据。北宋太平兴国三年（978）四月，陈洪进将治下的泉、漳二州纳土归宋。五月，钱弘俶亦将吴越国1军、13州、86县之地纳土归宋。因此，钱俶的“纳土归宋”或在较大程度上受到陈洪进献地影响。湖南，指“武平节度使”。后周广顺元年（951），楚国（位于今湖南省）为南唐所灭。原楚国辰州刺史刘言率军击退南唐军，收复楚国部分土地，后被后周朝廷任命为武平节度使，占据原楚国一部分故地。北宋建隆四年（963），武平节度使辖地被北宋兼并。

附录三：钱镠年表[①]

唐宣宗

大中

十二年（858）：7岁。从师读书。

十三年（859）：8岁。王与群儿尝戏聚于树阴，端坐石上，指挥众人，如布阵势，以优劣定赏罚，颇有条律。十月王祖太尉薨，将葬之前夕，大风拔树于野，诘旦术者引灵转将就葬所，谓王考曰："此拔树之穴，葬之大吉，是天意也。"抚王背曰："当贵斯人。"

唐懿宗

咸通

元年（860）：9岁。王每语人曰："吾喜武而厌文。"

四年（863）：12岁。王尝游径山书院，有道人洪諲者，辄迎于门，王恐其起居，乃由后山辟径往，諲亦迎焉，王问其故，諲曰："君非常人，故预知耳。"并劝读书以明志，由是王潜心攻书，喜读《春秋》。

五年（864）：13岁。王与群儿至石镜山，其石隐见冕旒（liú），一如王容。群儿以状告乡老，咸往观之不见，邀王同至即显然。九月聘戴氏。

六年（865）：14岁。王尝于后山憩息，忽一石屹然自立。后建功臣精舍，遂以石为佛座，树号衣锦将军。

① 该年表节选自《钱氏家乘》卷五《武肃王年表》。钱弘佐、钱弘倧、钱弘俶等钱元瓘诸子，《新五代史》《旧五代史》《十国春秋》《吴越备史》等史料对其名讳中的字皆作"弘"，而《钱氏家乘》中作"宏"，此处未改动。再者，一般认为钱镠有子38（一说39）人，但不同史料对钱镠及钱元瓘诸子的表述略有差异，本书正文《宗室》部分大体依《十国春秋》，故此处列《钱氏家乘》版本作为参考。

七年（866）：15 岁。王家益窘，遂废读。然犹温故书。凡不明处，必问先达。解悟后已。兼治《武经》诸书。

八年（867）：16 岁。王贫甚，无以奉高堂，乃贩盐谋生。每担盐斤有二百余，行走甚捷。今之肩引，即王之遗迹也。

九年（868）：17 岁。习武。

十年（869）：18 岁。王尝与钟邑吏诸子交，钟每禁之。有江西人善识天文，仰观王气在苏杭间，及至武林不得，复至临安。托名善相，寓钟邑吏家，密语以至临之故。钟邀集富贵子弟与之相，均曰非。一日王来，术者适见，谓钟曰："此非常人，颇有王者气度，君家功名富贵全赖之，不可轻视。"由是钟命子与王游，并有所赠。

十一年（870）：19 岁。聘吴氏。初钟邑吏与吴厚，吴有女，钟为王作伐。王以父命已与戴姓缔姻覆。吴公愿以女妻之，因而定婚。

十二年（871）：20 岁。王习弩，钟吏劝也。

十三年（872）：21 岁。王好读《孙子兵法》，兼温《春秋》，始从军。

十四年（873）：22 岁。王习剑戟，迎娶戴氏夫人。

乾符

元年（874）：23 岁。九月，迎娶吴氏夫人。

二年（875）：24 岁。四月，浙西镇遏使王郢作乱，王充石镜义兵，拨董昌标下为偏将。王骁勇绝伦，为昌所重。一日遇摸骨相，瞽（gǔ）者问曰："旁有人乎？"王曰："无。"瞽者叹曰："天下乱矣。"复笑曰："君可保邦平贼，亦十三州百姓之幸也。"十月，迎娶陈氏夫人。

三年（876）：25 岁。八月，纳胡氏。

四年（877）：26 岁。王始授副使官职。十月五日生长子元琏，陈氏出。十三日生次子元玑，胡氏出。

五年（878）：27 岁。时寇盗蜂起，朱直管、曹师雄、王知新等，率众劫掠宣歙等处。九月，王率兵平之，以功闻，授王石镜镇兵马使，迁镇海军右副使。二十一日生三子元瑛，吴夫人出。

六年（879）：28 岁。七月，黄巢拥众二十万，大掠州县。王谓董昌曰："巢虽有数万之众，逾山越岭而来，又无纪律，宜以伏兵截之。"遂率二十骑伏于草莽，发弩射之，应弦而毙，贼兵大溃。王谓众曰："此技只可一举，若大军齐至，则寡不敌众，宜乘胜张虚声以慑之。"乃进屯八百里，古地名。途次嘱老妪曰："后有兵至，当言临安兵屯八百里。"未几，巢兵果大至，妪如所对。贼众相顾曰："向只数骑，尚不可挡，况八百里乎？"乃退。王伺其后军，斩获人马无数，让功董氏而不自居。

广明

元年（880）：29 岁。四月十三日，生四子元璲，胡氏出。十二月杭州始建八都。临安县董昌，王副之。余杭县陈晟，於潜县吴文举，盐官县徐及，新登县杜稜，唐山县饶景，富春县文禹，龙泉县凌文举，各聚众数千人以卫乡里。既而淮南节度使高骈召董氏赴广陵，王亦从焉。骈视王谓左右曰："此人他日爵禄，必远过于我。"时骈大举讨巢，命董从行。王谓董曰："窃观高公，无讨贼之志，苟从其行，功效不立，是同坐罪。宜以捍卫乡里为辞。"董然之，告骈。骈因礼而归焉。

二年（881）：30 岁。正月，改元中和。九月，授王都知兵马使、太子宾客。是月，纳侧室金氏。

中和

二年（882）：31 岁。七月，浙东观察使刘汉宏，伺僖宗幸蜀，乃叛。遣弟汉宥等率兵二万营于西陵，将图浙西。董昌遣王御之，王于是月十二夜将渡江，祝曰："吾以义兵讨贼，愿天济我。"俄而云雾四起，王即渡江，窃贼号纵火焚其营。精兵继至，与贼交战，大获全胜。俘馘（guó）伪将宪官，伪敕二百道，兵甲牲口万计，释宏所掠民间妻女数百人。是月，诏王兼侍御史。十一月初三日，生五子元懿，金氏出。

三年（883）：32 岁。三月，汉宏兵大至。王率八都兵自富阳直捣黄岭岩下。及山洞三十余所，获宏弟汉容及诸将等皆斩之，汉宏宵遁归越。

四年（884）：33 岁。七月，授王国子祭酒兼御史大夫，右千牛卫将军。

光启

元年（885）：34 岁。二月，王纳童氏。十月，授王检校散骑常侍、右武卫将军。

二年（886）：35 岁。十月，汉宏乱未平。王谓董昌曰："除恶务尽，愿率全师讨之。"昌曰："然。"王即欲进兵，部署诸将时，诏遣中使为杭越通和使。俾汉宏改过，王班师以待之。讵宏杀王守将，密令水陆并进，王闻信，亲率师导山路三百余里至曹娥埭，命弟铱往探要道。铱告王曰："通明等处，宜造坝闸，既可阻贼兵之遁路，复可蓄水以溉田。"王即命赶筑。癸丑，破贼众。甲寅，进屯丰山。丙辰，拔越城，宏走台州。十二月，台州刺史杜雄执宏至。命斩于会稽市。越人及诸将皆推王为主，王固让董氏，董遂权莅于越。杭人复请王代董氏。时浙西节度使周宝，以王权知杭州军事，并录功勋奏闻，诏授王检校工部尚书。

三年（887）：36 岁。正月，授王杭越管内都指挥使、上武卫大将军兼杭州刺史。得专征伐，寻进户部尚书。三月，润州刘浩逐节度使周宝，推薛朗为主。四月，六合镇使徐约攻陷苏州。五月，王命杜稜、阮结、成及等共讨薛朗。六月，与贼将李君旺大战，破之。九月十二日，生六子元璙，吴夫人出。王进攻常州，刺史丁从实宵遁。十月，周宝始返。王以旧属礼迎之于郊。是时，庐州刺史杨行密始入淮南。十一月十二日，生七子元瓘，陈夫人出。十二月，王奏请以杜稜为常州制置使，遣阮结等进攻润州。是月十八日，生八子钱元瓘，童氏出。

文德

元年（888）：37 岁。正月，克润州，薛朗就擒，斩之，刘浩走。王表阮结为润州制置使，又疏请筑嘉兴城以固封守。三月，诏加王检校司空。四月十八日，生九子钱元球，金氏出。九月，王命弟铱率兵讨徐约于苏州。

唐昭宗

龙纪

元年（889）：38 岁。三月，我师破徐约于苏州，约中箭死。七月，敕授王金紫光禄大夫、检校司空、本州防御使。是月九日，生十子元琇，吴夫人出。十月，敕除杜儒休为苏州刺史，以沈粲为制置使。是月十三日，生十一子元瑾，陈夫人出。十二月，淮南孙儒等陷润州，制置使成及奔归。是月七日，生十二子元珦，胡氏出。

大顺

元年（890）：39 岁。八月，敕建安众营于临安，加王吴兴郡开国男。是月十三日，生十三子元琰，金氏出。闰九月，孙儒复遣刘建封攻毗陵，杀张行周，而复困姑苏。是月，王命筑夹城，环包家山，洎（jì）秦望山而回，凡五十余里，皆穿林架险而版筑焉。王尝亲劳役徒，因自运一甓（pì），由是从者争先恐后而功成。十月八日，生十四子元璹，吴夫人出。十二月，敕赐官诰，加王检校司空、同平章事。

二年（891）：40 岁。正月，孙儒自淮南复入姑苏，将乘胜以图我。王大出舟师以御之。七月，城东安镇。十二月，孙儒烧掠苏常，遂逼宣州，因围杨行密。行密求救于我。王出糗（qiǔ）粮甲兵以助，并遣师平姑苏。是月三日，生十五子元璟，吴夫人出。八日，生十六子元裕，陈夫人出。

景福

元年（892）：41 岁。二月，王命弟銶权姑苏招缉使。四月，敕升杭州为武胜军，授王本军防御使。六月，王出师会宣州，大败孙儒于宣城，杨行密斩孙儒，因有广陵。七月，表呈版筑茆山安众营图。

二年（893）：42 岁。闰五月，诏授王本军团练使、苏杭等州观察处置使，晋封彭城郡开国侯。七月七日，生十七子元祐，陈夫人出。是月，王率十三都兵，洎役徒二十余万众，新筑罗城。自秦望山由夹城东亘江干，洎钱塘湖、霍山、范浦，凡七十里。九月，敕授王镇海军节度使、浙西道观察处置等使、润州刺史。王性至孝，维时妣秦国太夫人春秋已高，喜登楼，每游后庭三层台，恐有颠蹶，王必亲负以登。

乾宁

元年（894）：43岁。正月二十一日，长子元琏逝。三月，制授王光禄大夫、检校司徒，进充本道营田招讨盐铁制置发运等使。五月，敕授王开府仪同三司，同中书门下平章事。六月，敕王私门立戟。十月初六日，生十八子元弼，陈夫人出。

二年（895）：44岁。正月，罗隐来谒。王留之，待以上宾。二月，晋封王彭城郡开国公。是月，威胜军节度使、陇西郡王董昌僭帝制，建元顺天，国号罗平。王以书劝，略云："与其闭门作天子，不如开门为节度。"昌不听，遂具表闻，命王讨之。率兵至迎恩门，犹复委婉开导。昌阳许改悔，且言待罪于天子。王为代表其事，诛妖人应智等。昌所听任。三月，娶次媳孙氏，为元玑成婚。四月，娶三媳马氏，为元瑛成婚。十八日，乙巳，王考太师薨，哀痛几绝。六月，制授王检校太傅，封彭城郡王。又因泣曰："今日之贵，皆由王考积德所致也。"又移榻于灵前，确尊丧仪。昌复乱，召王讨逆，以居丧告。诏许夺情，素服出师。昌屡战屡北，求援于淮帅杨行密。应之，围姑苏。又遣安仁义、田頵等攻王。困嘉禾，王命顾全武御之。十二月，王疏以伍子胥追锡惠应侯。

三年（896）：45岁。正月至五月，讨昌，累战俱捷。是月乙未，顾全武遣吴璋执昌将至军，昌投水死，越州平。王开仓廪以赈贫乏，散金帛以赏将士。又斩伪宰相李邈、蒋环等十余人。宥其胁从者，具情以闻。八月，敕授王检校太尉兼中书令，赐王旌节。九月，授王越州，王辞。十月，敕改越州威胜军为镇东军，授王领镇海镇东等军节度使，王具表辞，不许，乃受。

四年（897）：46岁。正月，请征安仁义、田頵等，遂命杜稜、吴璋率兵救东阳，仁义惊遁。四月，顾全武与王弟镇等率兵自海道救嘉禾。城中望见旗帜皆大悦，贼亦惊以为神。是日，内外夹击，擒贼将卒三千余人，嘉禾平，田頵由吴兴遁。五月八日，生长孙仁僔（qióng），改名宏度，元玑子，嗣元琏。六月，王如东府，授镇东节钺。七月十九日生次孙仁健，元瑛子。

八月，师屯昆山。敕王起复，遣使赉（lài）铁券至，遂具表谢恩，并请晋锡伍子胥为吴安王。九月，湖州刺史李继徽以州附淮南，王亲巡吴兴平之。十月，淮人以台濛守姑苏。

五年（898）：47岁。正月，改元光化。是月，我师救姑苏，擒淮将李近思等，余贼皆遁，师还。七月，敕授王检校太师，赐定乱安国功臣。是月九日，生十九子元玩，陈夫人出。十月，王复遣顾全武率师克苏州，淮将台濛等宵遁，秦裴力屈乃降，苏州平。是月廿二日，生二十子元琢，胡氏出。闰十月，婺州王檀、衢州陈岌俱叛，遣将讨之。十一月廿八日，生二十一子元璞，童氏出。

光化

二年（899）：48岁。正月，败陈岌党于龙邱。二月，敕改石镜乡为广义乡，临水里为勋贵里，安众营为衣锦营，仍赐两浙行军司马顾全武、杜稜等以下一百二十八人，并号赞忠去伪功臣。二月，奏建天柱观，为祝圣道场。十七日，生二十二子元珰，金氏出。四月，敕升杭州为大都督府。七月，淮人有使入衢州者，侦杀之，获陈岌所送杨氏地图、州印以归。八月五日，生二十三子元琳，吴夫人出。

三年（900）：49岁。正月，陈岌以淮将康儒、徐从皋侵婺州。王遣从弟铢率师讨之。三月，康儒等遁。五月，诏封王为南康王，并封诸夫人爵邑，王上表谢恩。九月，王巡衢州，陈岌降，王表顾全武权衢州事，以岌为浙东安抚副使。十月，造镇海军使院，以旧州治扩而大之，在今凤凰山左。是月七日，生孙仁杰，系元玑次子。九日，敕取王形图于凌烟阁，王命写容以进。二十五日，葬王考太师公于安国县锦北乡清风里。

天复

元年（901）：50岁。二月，王亲巡衣锦营，大会故老宾客，山林树木皆覆以锦，表衣锦之荣也，并作歌以纪其事。十二日，娶四媳萧氏，为元璲成婚。四月，王亲巡东府。是月八日，娶五媳罗氏，为元懿成婚。五月，敕授王守侍中，进封彭城王，仍升王所居衣锦营为衣锦城，封石镜山为衣锦山，大官山为功臣山。八月，敕授王七子元瓘礼部尚书。九月四日，王妣秦国太夫人水丘氏薨于杭州大都督府，王哀痛几绝。十一月，驾狩凤翔，王闻之悲泣，乃遣使奔问，帝嘉之，赐王御服夹袄一副，仍降御札于衣襟以褒之。十二月，淮人以师老粮乏求成而还。是月初，敕王起复云麾将军、上金吾卫大将军、员外置同正员。

二年（902）：51 岁。三月，大雪盈丈，损春花，王奏请减赋。是月戊午，十二子元珦卒。五月，敕封王为越王。七月，王亲巡衣锦城，治沟洫。八月丙戌，将还，徐绾、许再思邀田頵同叛。王闻变，潜入城。頵至，王登城，注弩中执旗者。頵见有备，惧退，率徐绾、许再思回宣城。嗣后王每暂憩，必先整衣甲而寝，又以圆木小枕缀铃，睡熟则欹（qī）而寤，名曰警枕。又置粉盘于榻前，有所记则书之。每夕必列侍女二名，嘱曰："凡有所报，须振铃以警。"又置弹丸于墙楼之外，以警直宿者。七月五日，生孙仁供，系元璲长子。十八日生孙仁偳（duān），系元懿长子。八月十六日，生孙仁俦（chóu），系元玑三子。

三年（903）：52 岁。九月，田頵、安仁义叛于淮，杨行密请师。王命方永珍、从弟钱镒等率兵以应。十月，我师与淮人会擒安仁义，归淮帅斩之。頵死于阵。

四年（904）：53 岁。三月六日，王六子元璙以行密女杨氏自淮归，次日成婚礼。十二日，娶七媳马氏为元瓘成婚。四月改元天祐，进封王为吴王。八月，昭宗崩，王服衰举哀，凡王子陪臣俱成服，如丧考妣。是月，淮人槛送徐绾至，命斩之。十月，大雪丈余。民多压毙，王加意抚恤，开仓以赈，贫民赖之。十一日，生孙仁偃（yǎn），系元璲次子。十一月九日，娶八媳顾氏，为元㬢成婚。十五日，生孙文英，系元璙长子。

唐哀帝

天祐

二年（905）：54 岁。正月，敕授王七子元瓘等官爵。十一月，王命建功臣堂于府门之西，树碑记功，仍列名氏于碑阴，凡五百人。十日，十三子元玧（yǔn）卒。二月初八日，生孙仁仿，系元懿次子。

三年（906）：55岁。九月，敕授王吴王册礼。十一月，敕封三代，并建祠庙。闰十二月，王请以弟镖为婺州制置使。八日，生孙仁俊，系元瓘长子。十二日，娶九媳陈氏，为元球成婚。是月，邗沟杨氏、西川王氏、南海娄氏、长溪王氏，皆窃大号，并备龙衣玉册书疏等，劝王自大。王笑曰："尔等自坐于炉炭之中，而又欲踞吾于上耶？吾以去伪平贼微劳，获蒙天子酬庸之命。至于封建车服之制，悉有所由。岂图一时之利，波靡于尔辈耶？"皆却之，并劝仍宜守臣节，切勿自大。如汉之王莽、董卓、袁绍，我朝之安禄山、黄巢、刘汉宏、董昌等，皆因不守臣节，致取灭亡之祸，殷鉴不远，能无惧乎？宜速改之，尚可免祸。

四年（907）：56岁。三月，敕升衣锦城为安国衣锦军。四月，梁改元开平，进王为吴越王。时节度使判官罗隐劝王举兵讨梁，曰："纵无成功，犹可退守杭越，自为东帝。"王虽不能用，心甚义之。梁遣使来宣谕，有劝王拒之，王曰："斯言罗隐早已言及，吾亦筹之熟矣。奈兴兵征讨，必动干戈。且兼淮氛未靖，湖州初平，吾若外讨，彼必乘虚滋扰，百姓必遭涂毒。古人有言：'屈身于陛下，是其略也。'吾以有土有民为主，故不忍兴兵杀戮耳。"遂受之。十月，梁授王七子元瓘金紫大夫。十二月初九日，生孙仁偘（kǎn），系元球长子。十八日，娶第十媳赵氏，为元琫成婚。

后梁太祖

开平

二年（908）：57岁。正月，敕改临安县为安国县，广义乡为衣锦乡。是月三日，生孙文奉，系元璙次子。二月十二日，生孙仁𬀩（huàng），系元懿三子。十五日生孙仁优，系元璲三子。九月，淮人困姑苏，王命从弟铢率兵讨之。时兴福里尝有黑鱼为患，王遣匠筑楼以镇之，名曰朝天楼，又号祝圣楼，并于楼中供玄帝，以厌祝融。十月十二日，生孙仁俨，系元瓘次子。

十一月三日，娶十一媳薛氏，为元瑾成婚。

三年（909）：58 岁。四月，王命弟镖率兵救姑苏。内外夹攻，王七子元瓘接应，擒淮南将卒三千余人，获兵甲牲口三十万。战船三百余艘，余贼夜遁。是月二十八日，生孙仁伫（zhù），系元璲四子。五月，王巡明州。以九子元球为明州制置使。闰八月十三日，生孙仁像，系元懿四子。十月，湖州刺史高澧贰于我，焚义和、临平等镇，王命弟镖率师讨之。是月二十一日，生孙仁修，系元琫之子。廿八日，娶十四媳马氏，为元璛成婚。十一月，发运使罗隐卒。王甚悼惜，佐以赙资，并荫其嫡子。

四年（910）：59 岁。二月，湖州高澧导淮将入境，都将闭城不纳。王遣子元璙济师御之，淮人挟澧而遁。是月十一日，生孙文倧，系元璙第三子。三月，王巡吴兴，以弟镖为刺史。又命七子元瓘修筑杭州子城。五月一日，次子元玑卒。八月，王因江涛冲激，各堡几至沦没，先为诗一首投海门，复祷胥公祠不应，遂命强弩以射潮。三日不至，得定塘基。自六和塔至艮山门，俱筑捍海塘，并埋铁幢于江以镇之。复建候潮、通江等城门，执役者于府门揭一纸云：“没了期，没了期，修城才罢又开池。”王见之，命易其句曰：“没了期，没了期，冬衣脱了又春衣。”怨思顿止。是月二十四日，四子元璲卒。十月，王亲巡衣锦军，作《还乡歌》以记。壬午，娶十五媳冯氏，为元璟成婚。

乾化

元年（911）：60 岁。正月，敕建王生祠于衣锦军。六和塔南古井常有蛟出没，攻损江岸。王因筑铁井栏，上画八卦镇之，戒曰：“吾因百姓受尔之累，是以囚尔。如冥顽不灵，罔遵禁令，当吁上苍斩汝，尔无悔。”由是，怪遂绝，沙土渐积，岸益坚固。是月，又筑松江南北二城锁栅，以防险要。九月八日，生二十四子元珣（xún），金氏出。十月八日，生孙文恽，系元璙四子。十一月，生孙仁倢（jié），元球次子。十三日，生孙仁伦，系元璛长子，继元琉为后。同日，生孙仁衍，系元璟长子。

二年（912）：61 岁。正月，作家训八条，勉励子孙。是月三日，生二十五子元渊，陈氏出。三月十六日，生孙仁泽，系元瓘三子，继元瓘为子，更名宏偘（ān）。五月十一日生孙仁伬（chì），系元瑾长子。七月，诏尊王为尚父，并敕广阔牙城。有术者献策曰："若将西湖填满为城，于法当有拓土之应，不止十四州已也。"王曰："百姓藉湖水以生，无水即无民。吾之遵诏广城，原冀卫民，何敢稍存他念？况于百年之内，必有真主，尔无妄言，吾不为也。"八月，敕授王六子元璙任苏州节度使，王七子元瓘任镇海等军节度使。是月二十日，娶十六媳王氏，为元裕成婚。九月十一日，顺德夫人戴氏薨，追赠元妃，葬于安国县南乡原，谥曰恭穆。

三年（913）：62岁。正月十八日，娶十七媳王氏，为元祐成婚。二月二十六日，娶长孙媳周氏，为宏度成婚。四月，淮将李涛率兵两万自千秋岭寇衣锦军。王命七子元瓘讨之，俘李涛及士卒三千余人。命六子元璙率水师攻东州，在常州界。获涛党李师愈等三千余人而还。五月二日，生孙文伟，系元璙五子。五月，淮将花虔、涡信等五千余人，会屯于宣州、广德，复寇衣锦军，王命七子元瓘讨之。六月，师克广德，俘花虔、涡信等全军。七月十五日，生孙仁信，系元球三子。八月初八日，生孙仁傲，系元璛次子。九月初二日，娶十八媳娄氏，为元弼成婚。十月，敕加王七子元瓘爵、开国男。十二月，敕授王六子元璙权苏州刺史，加封广陵郡王。

四年（914）：63岁。二月十二日，生曾孙惟善，系宏度长子。三月三日，生孙仁德，系元璟次子。同日，生孙仁僮（tóng），系元裕长子。四月初八日，生孙仁辉，系元祐长子。六月，制授王七子元瓘开国侯。九月，王命元瓘率兵攻常州无锡县，获将卒五百余人。十月八日，三子元瑛逝。九日，娶十九媳陈氏，为元玩成婚。

后梁末帝

贞明

元年（915）：64岁。正月，敕授王六子、七子以下官爵，有差。二月，敕使选王十五子传珍，更名元璟，尚梁太祖女寿昌公主，赐驸马都尉。三月二日，娶次孙媳陆氏，为仁倢成婚。

二年（916）：65 岁。正月十五日，奏建广润龙王庙。二十日，娶三孙媳方氏，为仁杰成婚。四月十三日娶四孙媳吴氏，为仁供成婚。十八日娶五孙媳陈氏，为仁傓成婚。二十六日，娶六孙媳陈氏，为仁俦成婚。七月，授王诸道兵马大元帅。十二月，王命弟铧率官吏僧众诣明州鄮县阿育王寺，迎释迦舍利塔归于府城，仍建浮屠于城南供奉。十月六日，娶二十媳沈氏，为元琢成婚。

三年（917）：66 岁。三月，敕授王子元璙等十人官爵，有差。四月，敕授王天下诸道兵马都元帅府开幕除吏，一同天策上将军故事。复敕峰州刺史元瓘，迁守检校太保。八月初七日，生曾孙惟贤，系仁倢之子。十月，黄龙见于卞山之金井洞，命立瑞应宫。初五日，娶二十一媳叶氏，为元璞成婚。

四年（918）：67 岁。二月十二日，娶七孙媳李氏，为仁偃成婚。三月初七日，娶八孙媳刘氏，为文英成婚。六月，王命九子元球权衢州刺史。命鲍君福率兵讨信州，擒将卒一千余人。八月初六日，娶二十二媳余氏，为元珰（dāng）成婚。十六日，娶二十三媳汪氏，为元琳成婚。十二月，淮人围虔州，绝我贡路，刺史卢光俦来告，王命征兵援之，未及境，而虔州拔。由此，航海入贡。

五年（919）：68 岁。正月初六日，娶九孙媳刘氏，为宏儇（xuān）成婚。三月，敕王七子元瓘伐淮南。是月，王纳陈氏。四月，王七子率师与淮人战于狼山之江，淮人大败。八月，淮人遣使通好。王纳之，息民故也，自是休兵乐业廿余年。十一月三日，丁亥，吴越国正德夫人吴氏薨，年六十二。追封元妃，谥曰“庄穆”，生子五人。十二月初二日，生曾孙惟宝，系仁杰之子。

六年（920）：69 岁。二月，敕授王六子元璙以下各王子，加授节度使、同平章事、云麾将军、上右金吾卫大将军。三月，王纳童氏。四月初二日，生曾孙熙晔，系宏儇之子。七月，王以次子元懿由睦州刺史，调婺州刺史。

七年（921）：70 岁。三月，淮人以王从弟镒送归，王以李涛归淮。五月改元龙德。七月，楚王马殷遣书记李岘（xiàn）等送女归于王子元瓘。十月，制授王七子元瓘检校太傅、同中书门下平章事，充清海军节度使。自是，赐王书诏不名。

龙德

二年（922）：71岁。正月，敕授王子元瓘以下并起复加爵，有差。七月，敕王建造天下元帅府与兴国门之右。十月一日，王昼寝，梦青衣人捧簿书于前，告曰："大王，明年官满于钱塘。"及寤，颇恶之。明年，天子乃命王封册，中外皆如列国之仪，其兆明矣。是月十二日，生廿六子元琛，童氏出。

三年（923）：72岁。正月初三日，娶十孙媳苏氏，为文奉成婚。二月，敕赐王吴越国王，册封暨建国之仪。三代俱册封，更王所居之第为"宫殿"，王之夫人册封曰"妃"，府曰"朝"，属官皆称"臣"，悉如典礼。四月，唐庄宗即位，改元同光。有耕者得传国玺以献，王曰："此天子所用之宝，非臣下所宜留。"乃表献于朝。五月，敕遣使宣谕，赐王名马、玉带、香药等，封吴越国王，诏敕不名，称"尚父"，一切典礼如故。七月十八日，生曾孙见龙，系仁俊之子，元瓘之孙。

后唐庄宗

同光

二年（924）：73岁。正月初八日，生曾孙仁翊，系文奉之子，元璙之孙。三月，王八子元瓘卒。八月，王遣使入贡。十月，仍敕王天下兵马都元帅，得专征伐，尚父、尚书令。十一月，敕升苏州为中吴军，授王六子元璙节度使，兼领镇东军节度使、检校太保兼中书令、大彭郡开国侯，晋封广陵郡王。授王七子元瓘检校太师兼中书令，充两浙节度使观察留后。

三年（925）：74岁。正月初九日，王十四子元璛卒。二月十四日，庄宗赐书："朕从黉（hóng）堂即闻尚父之名，兹以玉玺进呈，虽非紧要，然其一举一动，无不尊重中国，其忠悃（kǔn）之心，出于至诚。命备册礼，以报崇功。"有司乃备竹册铜印，唐主曰："尚父元老，居方面，任将五十年，惠济黎元，攘除凶丑，忠有可嘉，礼无不腆，不当待以人臣，况封建乎？"乃定玉册金印，红袍御服冠履剑佩等赐焉。五月十一日，生廿七子元璠（fán），陈氏出。九月廿八日，生廿八子元璝（guī），童氏出。十一月，授王子元球守检校大尉兼侍中，充静海军节度使。

四年（926）：75岁。四月，戊寅，王不康。如衣锦军，命七子元瓘监国。是月，明宗即位，改元天成。七月，庚寅，王回。八月廿四日，新建灵德王庙。九月，制加王六子元璙开府仪同三司。十二月，敕授王十七子元祐开府仪同三司。

后唐明宗

天成

二年（927）：76岁。三月初八日，生孙宏僔（zǔn），系元瓘长子，即孝献世子。四月十二日，生二十九子元勖（xù），陈氏出。

三年（928）：77岁。二月，敕王汤药，授王七子元瓘镇海镇东两军节度使。六月，大旱，有蝗蔽天而飞，昼为之黑。王祷于各神庙，是夕大风，蝗悉坠钱江而死。七月二十六日，生孙宏佐，系元瓘次子，即忠献王。八月十九日，重开上虞舜井，收得重华宝石一片，并勒碑以记其事。

四年（929）：78岁。正月初三日，娶曾孙媳金氏，为惟善成婚。二月，敕授王七子元瓘杭越等州大都督府长史，王子元球兼中书令，王子元珦为顺化军节度使。是月十二日，生三十子元禧，胡氏出。七月，台州大水。王以军储三十万斛赈济贫民。是月八日，生孙宏倧，系元瓘三子，即忠逊王。八月二十四日，生孙宏俶，系元瓘四子，即忠懿王。时枢密使安重诲兄弟用事，屡索王贿。王以外藩不敢交纳内臣，遂僭于君，不听，乃于九月矫制削王官爵，以太师致仕。王命七子元瓘奏雪其事，不得入。乃以绢书上之，冤始白，降安重诲出为河中节度使，旋诛之。是岁，所在地震，居民庐舍倾圮，王复开仓赈之。

五年（930）：79岁。二月，改元长兴。五月，制授王七子元瓘以下，食邑实封，郊禋（yīn）普恩也。十三日，生元孙象贤，系惟善之子，宏度之孙，元琏之曾孙也。

长兴

二年（931）：80 岁。二月，敕赐王汤药，复王官职如故。七月，有象入新安境，王命兵士取之，圈而育焉。

三年（932）：81 岁。正月三日，生曾孙恒圭，系文英子。二月，敕赐王汤药。甲辰，王有疾，谓将吏曰："吾疾必不起，诸儿愚懦，宜善辅之。"并论诸子曰："尔等各言功绩，吾将听之。"惟时元懿、元璙、元祐、元弼，佥以两镇令公元瓘仁孝有功，将吏悦服，可命继立。遂具疏以闻，并以印钥兵符付之，嘱曰："中国之君，虽易异姓，宜善事之，勿废臣礼。十四州百姓，须用敬信节爱。使民之道，善为抚辑。叔侄兄弟，务敦友爱。抚驭将吏，期于宽严相济。无图安康逸豫，无得罪于群臣百姓。"三月廿五日，己酉，大雪。庚戌日，王薨于正寝，在位四十一年。明宗闻讣，废朝七日，哀悼不已，御祭三次。廷臣以谥请，制曰："武肃"。四月，庚午，奉灵輴（chūn）殡于衣锦军。应顺元年，甲午，正月，壬午，诏敕工部侍郎杨凝式撰神道碑文，将作监张锴奉敕督工建茔。光禄寺少卿张褒宣命，一切葬典用王礼。御葬于安国县衣锦乡茅山之原，即今临安县址。

论曰：王挺命世之才，属艰难之运，奋臂起义，所向披靡。以寡敌众，黄巢不犯其锋。伏顺伐逆，汉宏至于授首。诛逐帅之薛朗，遂申属郡之礼。平作伪之董昌，不夺本朝之命。加之御淮戎以耀威，奉梁室而示略，回江山之深险，致都邑之宏丽，七者克备，五福是臻。故八辅地图，三受天册，总四海之戎柄，为一人之父师，威名赫然，霸业隆矣。然后内敦恭俭，外正刑赏，安民和众，保定功勋。虽文台崛起于江东，玄德雄据于巴右，比之令德，固不足同年而语哉！

附录四：钱镠、钱元瓘、钱弘俶（部分）诸子一览表（含钱镠同父同母兄弟表）

表 1　钱镠子

姓名	辈分	生卒年代
钱元琏	长子	877—894
钱元玑	第 2 子	877—910
钱元瑛	第 3 子	878—913
钱元璲	第 4 子	880—约 933，一作 910
钱元懿	第 5 子	886—951
钱元璙	第 6 子	887—942
钱元瓘	第 7 子	887—941
钱元瓘	第 8 子	887—924
钱元球	第 9 子	888—937
钱元瑾	第 11 子	889—?
钱元珦（xiàng）	第 12 子	889—937
钱元璛（sù）	第 14 子	890—约 921
钱元璟	第 15 子	891—?
钱元祐	第 17 子	893—?
钱元弼	第 18 子	894—?
钱元玩	第 19 子	898—?

续 表

姓名	辈分	生卒年代
钱元琳	第 23 子	899—?
钱元瓌（guī）	第 25 子	925—?

表 2 钱元瓘子

姓名	辈分	生卒年代
钱弘僎（zhuàn）	养子（名义上的长子）	？—940
钱弘儇（xuān）	养子（名义上的第 2 子）	913—966
钱弘侑（yòu）	养子（名义上的第 3 子）	？—945
钱弘侒（ān）	养子（名义上的第 4 子）	921—?
钱弘僔（zǔn）	第 5 子（事实上的长子）	927—940
钱弘佐	第 6 子	928—947
钱弘倧	第 7 子	928—971
钱弘偡（zhàn）	第 8 子	929—966
钱弘俶	第 9 子	929—988
钱弘亿	第 10 子	929—967
钱弘仪	第 11 子	932—979
钱弘偓（wò）	第 12 子	934—958
钱弘仰	第 13 子	935—958
钱俨	第 14 子	937—1003

表 3　钱弘俶子

姓名	辈分	生卒年代
钱惟治	养子（原钱弘倧子）	949—1014
钱惟濬（jùn）	长子	955—991
钱惟溍（jìn）	第 5 子	969，一作 964—1042
钱惟演	第 7 子	977—1034
钱惟济	第 8 子	978—1032

表 4　钱镠同父同母诸弟[①]

姓名	辈分	生卒年代
钱镠	长兄	852—932
钱锜	二弟	不详
钱镖	三弟	不详
钱铎	四弟	不详
钱铧	幼弟	891，一作 893—945

① 钱镠堂弟（从弟）有钱镒、钱铼、钱锯、钱镇等。钱镒、钱铼本书有专设条目，钱锯、钱镇因无详细史料记载，故从略。

附录五：吴越国进贡货品一览表[①]

开平三年（909）四月	钱镠	睦州大茶三百一十笼，洞牙弩百枝，桐木枪二千条。
乾化元年（911）	两浙	大方茶二万斛，琢画宫衣五百副。
同光二年（924）九月	钱镠	贡方物银器、越绫、吴绫、越绢、龙凤衣、丝鞋、屐子，进万寿节金器盘龙凤锦织成红罗縠袍袄衫五色长连衣缎绫绢、金棱秘色瓷器、银装花榈木橱子金排方盘龙带御衣、白龙瑙、红地龙凤锦被红藤龙凤箱等。
同光三年（925）五月	钱镠	孔雀二，重午物银锦纱縠细茶、簟（diàn）扇、龙凤纱纹厨。
同光三年（925）十月	钱镠与元瓘、元璙	金银、锦绮数千件，御服、犀带、九经书史汉唐书共四百二十三卷。
同光四年（926）正月	钱镠	佛头螺子青一，山螺子青十，婆萨石蟹子四，空青四。
天成元年（926）五月壬午	钱镠	金器五百两、银万两、绫万匹。（《册府元龟》无此记载，据《旧五代史》卷三六《唐明宗本纪》）
天成四年（929）八月乙丑	钱镠	银五千两，茶二万七千斤。
清泰元年（934）九月辛酉	钱元瓘	银五千两，绫绢五千匹。

① 引自何勇强：《钱氏吴越国史论稿》，浙江大学出版社 2002 年版，第 279—285 页。该表系原著者根据《册府元龟》卷一六九《帝王部·纳贡献》、卷一九七《闰位部·纳贡献》与《宋会要辑稿·蕃夷·历代朝贡》（蕃夷七之一至一〇）有关吴越国的入贡品物、数量记载整理而来，基本能够反映吴越国历代国王向中原朝廷进贡的客观情况，故对研究吴越国历史和五代贡赋极具参考价值。

续 表

清泰元年（934）九月辛酉	钱元璙与元球等四人	银七千两，绫绢七千匹。
清泰二年（935）九月甲寅		茶、绫、香、绢二万六千计。
清泰二年（935）九月甲寅	钱元珦	银、绫、绢各五千两、匹，锦绮五百，连金花食器二千两，金棱秘色瓷器二百事。
清泰二年（935）	钱元璙、钱元珦	银、绫、罗、器物等。
天福二年（937）十月	钱元瓘	银五千两，绢四千匹，吴越异纹绫一千匹，罗二百匹，又进金带、御衣、杂宝、茶器、金银装创并细红甲、宝装弓箭、弩等，又进杂细香药一千斤，牙五株，真珠二十斤，茶五万斤。
天福三年（938）十月丙戌	钱元瓘	金器五百两，银一万两，吴越异纹绫八千匹，金条纱三千匹，绢二万匹，绵九万两，大茶、脑源茶共六万四千斤，又进大排方通犀瑞象腰带。
天福六年（941）十月己丑	钱元瓘	金带一条，金器三百两，银八千两，绫三千匹，绢二万匹，金条纱五百匹，绵五万两，茶三万斤。
天福六年（941）十月辛卯	钱元瓘	象牙、诸色香药、军器、金装茶床、金银棱瓷器、细茶、法酒事件万余。
天福七年（942）十一月	钱弘佐	铤银五千两、绢五千匹，丝一万两；细甲、弓、弩、箭、扇子等；苏木二万斤，干姜三万斤，茶二万五千斤，及秘色瓷器、鞋履、细酒、糟、姜、细纸等。
开运三年（946）十月	钱弘佐	银五百两，绫五千匹，绢一万匹，又茶一万八百斤，脑源茶三万四千斤；干姜三万斤，苏木三万斤，箭笴（gě）一万茎，诸色戎仗等物；启圣节金大排方座、龙腰带一条，御衣一袭，十六事，金花银器一千五百两，御服、锦绮、绫罗五百匹。

续　表

乾祐元年（948）十一月		茶三万四千斤，及香药、兵仗。
广顺二年（952）十一月甲寅	钱俶	御衣、犀带、金银装兵仗、金银器、绫、绢、茶、香药物、秘色瓷器、鞍、屐、海味、酒等。
广顺三年（953）十一月乙亥	钱俶	谢恩绫、绢二万八千匹，银器六千两，绵五万两，茶三万五（十）[千]斤，御衣两袭，通犀带、戏龙金带、香药、瓷器、银装甲仗、法酒、海味等。
显德三年（956）十一月丙辰	钱俶	银五千两，绫一万匹；天清节金花银器千五百两，又御服、金带、锦绮、绫罗等。
显德五年（958）二月壬申	钱俶	御衣、犀带、绫、绢、白金、香药等；供军稻米二十万石。
显德五年（958）四月	钱俶	绫、绢各二万匹，银一万两。
显德五年（958）闰七月癸丑	钱俶	银五千两，绢二万匹，银器三千两，细衣段二千匹，又御衣、盘龙犀带等。
显德五年（958）八月	钱俶	银五千两，绢万匹，称贺车驾还京：龙船一只，天禄船一只，皆以白金饰之。
显德五年（958）十一月	钱俶	茶三万四千八百斤，绵五万两，及香药、甲等。
显德五年（958）十二月	钱俶	银五千两，绢三万匹，绵十万两；贺正钱一千贯，绢一千匹。
建隆元年（960）三月十二日	钱俶	贺登极银三千两，绢五千匹。
建隆四年（963）十月十九日	钱俶	银一万两，犀牙各十株，香药一十五万斤，供奉金银、真珠、玳瑁器数百事助南郊。
乾德三年（965）二月二日	钱俶	长春节御衣一袭，金器三百两，银器二千两，罗绮三千匹。
开宝四年（971）十一月一日	钱俶	以郊礼来贡。

续 表

开宝六年（973）二月十二日	钱俶	进长春节涂金银骑鹿仙人二对三千两，色绫五千匹，御衣一袭，犀带一条，金器五百两，乳香二千斤。
开宝六年（973）二月十二日	钱惟濬	进长春节浑金涂银狮子一对一千两，细衣段十匹，乳香二千斤，又进宫池银装花舫二，金酒器一副，金香狮子一，金香合一，金托里玳瑁碗十，碟子二十，金棱牙茶床子十，金棱红藤盘子一，金渡银果子十，钉龙凤翠花十株，金棱七宝装乌纹木椅子、踏床子、金银棱宝装床子十、银装椅子十，金棱秘色瓷器百五十事，银棱盘子十，银装笼子十。
开宝七年（974）八月三日	钱俶	朝贡。
开宝九年（976）二月二十二日	钱俶	朝见银二万两，绢三万匹；谢恩差皇子远接及赐茶药银二万两，绢二万匹；上寿酒器金五百两，银器千两，绫罗二千匹，绢五千匹；贺平昇州银二万两，绢三万匹，乳香二万斤，又银五万两，钱十万贯，绵百八十万两，茶八万五千斤，犀牙二百株，香药三万斤。
开宝九年（976）二月二十三日	钱俶	御衣一袭，文犀带一，银香囊七枚，银玉斛二对，银笠子千项，共重五万两，浑金茶酒器二十事，共重一千八百两。
开宝九年（976）三月二日	钱俶	助郊礼银十万两，绢五万匹，乳香五万斤。
开宝九年（976）三月四日	钱俶	药物一，金合重四百五十两，香药二十，银合重四千两，白乳茶三百斤，端午银器千两，衣段千匹，绫二千匹，白乳香千斤，并银装扇、簟席等。
开宝九年（976）三月四日	钱惟濬	银千两，绫千匹，绢二千匹。

续　表

开宝九年（976）六月四日	钱俶	谢朝觐日蒙恩礼殊等银三万两，绢万匹；谢回日赐药茶银三千两。贺车驾还京助宴银三千两，上寿金酒器一副，重百两，涂金银香狮子五枚，并台床，重千两，金银香鹿一对，重千两，衙香一金合，重五十两，教坊诸司绢二千匹。
开宝九年（976）六月四日	钱惟治	涂金银香狮子并台重千两，金银香鹿一对重千两，涂金银凤、孔雀并鹤三对，重三千两，白龙脑十斤，金合重二百两，大绫千匹，宝装合盘二十只，瓷器万一千事，内千事银棱。
开宝九年（976）六月四日	钱俶	谢加恩银五千两，绢五千匹；谢令男惟濬押送加恩官告银万两；谢男以下加恩乳香万斤，又银四万两，绢四万匹，绵三十万两。
太宗太平兴国元年（976）十一月二十一日	钱俶	奏请添常贡物色绢二万匹，绵十万两。
太平兴国二年（977）正月八日	钱俶	贺登极御衣、通犀带及绢万匹，又黄金并玳瑁器、金银棱器、涂金银香台、龙脑檀香龙床、银果子、水精花等，又银万两，绢万匹，绵三十万两，干姜五万斤，大茶万斤，犀十株，牙二十株，乳香五千斤，杂香药五千斤。
太平兴国二年（977）二月二日	钱俶	黄金桃菜器四，黄金错刀四，银桃菜器二十，银错刀二十。
太平兴国二年（977）三月三日	钱俶	金银食奁二，红丝络银榼（kē）四，银涂金钔越器二百事，银匣二。
太平兴国二年（977）七月	钱俶	翠毛六百斤，七夕乞巧楼子缘用杂物装饰银共六千两。
太平兴国二年（977）闰七月	钱俶	翠毛六百斤，淡鲞（xiǎng）千头，截脐鱼五百斤。谢恩赐羊马䌷（chōu）二万匹，绢二万匹。

续　表

太平兴国二年（977）闰七月	钱惟濬	金器五百两，银器五千两，木香五百两，荔枝十瓶。
太平兴国二年（977）九月九日	钱俶	盛菊花金篮四只，二百两，银篮二十只，九百两，功臣堂酒、圆莲实等。
太平兴国二年（977）九月十五日	钱俶	贺纳后银器三千两，色绫三千匹，金器三百两，金香狮子一座，并红牙床、金香合、金香球共五百两，银鸾凤二对，银香囊二，银合子三百，银装箱十，共重五千两，并涂金。
太平兴国二年（977）九月十五日	钱惟濬	银二千两，色绫千匹。
太平兴国二年（977）九月二十九日	钱俶	涂金银火炉一十只，重千五百两。
太平兴国二年（977）十月十七日	钱俶	银三万两，绢二万匹，二万匹，绵五十万两，犀二十株，牙千五百斤，乳香五千斤，苏木三万斤，大茶三百笼，干姜十万斤，修岁贡；谢赐生辰物银万两，绢万五千匹，乳香三千斤；贺冬银二千两，绢二千匹；上寿酒金器百两，银千两。
太平兴国二年（977）十月十七日	钱惟濬	赐谢生辰银五千两，牯（gǔ）犀二株，牙七百斤，乳香三千斤。
太平兴国二年（977）十月十七日	钱俶	贺乾明节檀香雕千佛万菩萨一龛，金银台座、御衣、牯犀带并御衣段百匹，金器五百两，衣段四千匹，色绫二千匹，乳香三千斤，银香龙一对，并台重三千两。助宴绢万五千匹，及上寿酒金银器用等，并涂金银凤一只，重二千两。又绵五万两，干姜五万斤，大茶万斤，脑源茶二万斤，并器用、香药等，修常贡。又银万两，绢万匹，绵万两，犀十株，牙十株。
太平兴国二年（977）十月十七日	钱惟濬	贺开乐进银香囊六只，共万四千两，银装鼓二，银共三千两，白龙脑十斤，金合重二百两。

续 表

太平兴国三年（978）十月二日	钱俶	银五万两，钱五万贯，绢十万匹，绫二万匹，绵十万两，[牙]（《宋史》卷四八〇《吴越世家》无“牙”字）茶十万斤，建茶万斤，干姜万斤，瓷器五万事，锦绿席千，金银饰画舫三，银饰龙舟四，金饰乌樠（mán）木御案、御床各一，金樽罍（lěi）盏斝（jiǎ）各一，金饰玳瑁器三十事，金钔藤盘二，金钔雕象俎十，银假果[树]（据《宋史》卷四八〇《吴越世家》补）十，翠花（《宋史》卷四八〇《吴越世家》作毛），真珠花三丛，七宝饰食案十，银樽罍十，盏十，斝盏副焉。金钔瓷器百五十事，雕银俎五十，密假果、剪罗花各二十株，银钔大盘十，银装鼓二，七宝饰胡琴五，弦、筝各四，银饰箜篌、方响羯鼓各四，红牙乐器二十二事，乳香万斤，犀、象各百株，香药万斤，苏木万斤。

附录六：吴越国、日本国主要官方往来一览表[1]

船主	出发时间	出港	抵达时间	抵港	搭乘者	记事	出典
	924年	吴越		日本		吴越遣使日本。	《吴越史事编年》吴越钱镠宝大元年条
吴越人蒋承勋		吴越	935年九月	日本博多港		蒋承勋进献羊数头，日本朱雀天皇赐以布。交易唐物使藏人藤原亲盛赴大宰府验收货物。	《日本纪略》朱雀承平五年九月条
吴越人蒋承勋季盈张		吴越	936年七月	日本		吴越王钱元瓘使节蒋承勋抵日致书。日本左大臣藤原忠平有书赠吴越王。	《日本纪略》朱雀承平六年七月十三日条
吴越人蒋承勋		吴越	938年	日本		蒋承勋呈献羊2头。大宰府赐布给蒋承勋。	《吴越史事编年》后晋高祖天福三年条
吴越人蒋承勋	940年	日本		吴越	日僧日延、宽延	左大臣藤原忠平有书赠吴越王钱元瓘。	《日本纪略》朱雀天庆三年七月条

① 引自王心喜：《论五代吴越国与日本的交往》，载于《海交史研究》，2004年第1期，原表题为《五代十国时期中日间船舶往来一览表》，此表略有删减。

续 表

船主	出发时间	出港	抵达时间	抵港	搭乘者	记事	出典
吴越人蒋衮、俞仁秀、张文过等100人	945年三月初五	吴越	945年七月十一日	肥前国松浦郡柏岛			日本《本朝世纪》天庆八年七月二十六日条
吴越人蒋衮	947年春夏间	吴越	947年闰七月	日本		吴越王钱弘佐遣使者蒋衮等至日本致书并赠特产。左大臣藤原实赖回赠书信及砂金200两。	《吴越史事编年》后汉高祖天福十二年条
吴越人蒋承勋	953年春夏间	吴越	953年	日本		吴越王钱弘俶遣使者蒋承勋抵日，献上书信及锦绮、珍宝等。	《吴越史事编年》后周太祖广顺三年条
吴越人蒋承勋		日本	953年	吴越	日僧日延	右大臣藤原实辅托蒋承勋带去答吴越王钱弘俶的复信。	《吴越史事编年》后周太祖广顺三年条
		吴越	约955年	日本	日僧日延	日延携带宝箧（qiè）印塔归国。	《旧五代史》卷二四二
吴越人盛德言		吴越	957年七月	日本博多港		吴越王钱弘俶遣持礼使盛德言抵日，献上书信。	《日本纪略》天德元年七月二十四日条

续 表

船主	出发时间	出港	抵达时间	抵港	搭乘者	记事	出典
吴越人盛德言		吴越	959年正月	日本		吴越王钱弘俶复遣持礼使盛德言抵日，并上书信和图书多种。	《日本纪略》天德三年正月十二日条
		日本	960年	吴越	日僧转智	转智为雕刻观世音像入华。	《7—14世纪中日文化交流的考古学研究》

附录七：吴越国、契丹（辽）国主要官方往来一览表[①]

时间	记事及出典
915 年	冬十月戊申，钩鱼于鸭渌江……吴越王钱镠遣滕彦休来贡。（《辽史·太祖纪上》）
契丹神册元年（916）	六月庚寅，吴越王遣滕彦休来贡……十一月，攻蔚、新、武、妫、儒五州，斩首万四千七百余级……时梁及吴越二使皆在焉，诏引环城观之，因赐滕彦休名曰述吕。（《辽史·太祖纪上》）
契丹神册三年（918）	二月……晋、吴越、渤海、高丽、回鹘、阻卜、党项及幽、镇、定、魏、潞等州各遣使来贡。（《辽史·太祖纪上》）
契丹神册五年（920）	夏五月丙寅，吴越王复遣滕彦休贡犀角、珊瑚，授官以遣。（《辽史·太祖纪下》）
契丹天赞二年（923）	夏四月己酉，梁遣使来聘，吴越王遣使来贡。（《辽史·太祖纪下》）
契丹天显七年（932）	二月壬申，拽剌迪德使吴越还，吴越王遣使从，献宝器。（《辽史·太宗纪上》）
契丹会同三年（940）	正月戊子，吴越王遣使来贡……（九月）戊子，女直及吴越王遣使来贡……冬十月辛丑，（契丹）遣克郎使吴越，略姑使南唐。（《辽史·太宗纪下》）
契丹会同四年（941）	（八月）庚子，晋遣使进犀弓、竹矢。吴越王遣使奉蜡丸书……（冬十月）癸卯，吴越王遣使来贡。（《辽史·太宗纪下》）
契丹会同六年（943）	三月己卯朔，吴越王遣使来贡。（《辽史·太宗纪下》）

① 契丹族建立的“辽”自公元 916 年耶律阿保机建国，国号初为“契丹”，公元 947 年以后改称“辽”，公元 983 年再称“契丹”，公元 1066 年至 1125 年又复称“辽”，故本表以“契丹”表示辽国。

附录八：《武肃王八训》《武肃王遗训》《钱氏家训》原文[1]

武肃王八训

一曰：吾祖自晋朝过江已经二十一代，承京公枝叶，居住安国。吾七岁修文，十七习武，二十一上入军。江南多事，溪洞猖獗，训练义师，助州县平溪洞。寻佐陇西镇临石镜，又值黄巢大寇奔冲，日夜领兵，七十来战，固守安国、余杭、於潜等县，免被焚烧。自后辅佐杭州郡守，为十三部指挥使。值刘汉宏谶起金刀，拟兴东土。此时挂甲七年，身经百战，方定东瓯。初领郡印，寻加廉察。又值刘浩作乱于京口，将兵收服，即绾浙西节旄。又值陇西僭号，诏敕兴兵，三年收复罗平。蒙大唐双授两浙节制，加封郡王。自是恭奉化条，匡扶九帝，家传衣锦，立戟私门。梁室受禅，三帝加爵，封锡国号。后唐兴霸，重封国号。玉册金符专降，使臣宣扬帝道。受非常之叨忝，播今古之嘉名。自固封疆，勤修贡奉。吾五十年理政钱唐（塘），无一日耽于三惑。孜孜矻（kū）矻，皆为万姓。三军子父，土客之军，并是一家之体。

二曰：自吾主军六十年来，见天下多少兴亡成败。孝于家者十无一二，忠于国者百无一人。予志佐九州，誓匡王室。依吾法则，世代可受光荣。如违吾理，一朝兴亡不定。

三曰：吾见江西钟氏，养子不睦，自相图谋，亡败其家，星分瓦解。又见河中王氏、幽州刘氏，皆兄弟不顺不从，自相鱼肉，构讼破家，子孙遂皆绝种。又见襄州赵氏、鄂州杜氏、青州王氏，皆被小人斗狯（kuài），尽丧家门。汝等兄弟或分守节制，或连绾郡符，五升国号，一领藩节。汝等各立

① 《武肃王八训》《武肃王遗训》和《钱氏家训》均出自钱文选辑《钱氏家乘》，上海书店出版社 1996 年版，参校民国十三年铅印本。

台衡，并存功业。古人云：妻子如衣服，衣服破而更新；兄弟如手足，手足断而难续。汝等恭承王法，莫纵骄奢，兄弟相同，上下和睦。

四曰：为婚姻，须择门户，不得将骨肉流落他乡，及与小下之家，污辱门风。所娶之家，亦须拣择门阀。宗国旧亲，是吾乡县人物，粗知礼义，便可为亲。若他处人，必不合祖宗之望。

五曰：莫欺孤幼，莫损平民，莫信谗人，莫听妇言。

六曰：两国管内，绫绢绸绵等贱，盖谓吾广种桑麻。斗米十文，盖谓吾遍开荒亩。莫广爱资财，莫贪人钱物。教人勤耕种，岁岁自得丰盈。

七曰：吾家门世代居衣锦之城郭，守高祖之松楸（qiū）。今日兴隆，化家为国，子孙后代，莫轻弃吾祖先。

八曰：吾立名之后，须子孙绍续家风，宣明礼教。子孙若有不忠、不孝、不仁、不义，便是破家灭门。千叮咛万嘱，慎勿违训。

武肃王遗训

余自束发以来，少贫苦，肩贩负米以养亲，稍有余暇，温理春秋，兼读武经。十七而习兵法，二十一投军。适黄巢叛，四方豪杰并起，唐室之衰微，皆由文官爱钱，武将惜命，托言讨贼，空言复仇，而于国计民生，全无实济。

余世沐唐恩，目击人情乖忤，心忧时事艰危，变报络绎，社稷将倾。余于二十四得功，由石镜镇百总枕甲提戈，一心杀贼，每战必克。大江以内，十四州军悉为保障。故由副使迁至国王，垂五十余年，身经数百战。其间叛贼诛而神人快，国宪立而忠义彰。无如天方降祸，霸主频生，余固心存唐室，惟以顺天而不敢违者，实恐生民涂炭。因负不臣之名，而恭顺新朝，此余之隐痛也。

尔等现居高官厚禄，宜作忠臣孝子，做一出人头地事，可寿山河，可光俎豆，则虽死犹生。倘图眼前富贵，一味骄奢淫佚，死后荒烟蔓草，过丘墟而不知谁者，则浮生若梦矣。十四州百姓系吴越之根本，圣人有言：敬事而信，节用而爱人，使民以时。又云：恭则不侮，宽则得众，信则民任焉。敏则有功，惠则足以使人。又云：省刑罚，薄税敛。又云：惟孝友于兄弟。此数章书，尔等少年所读，倘常存于心，时刻体会，则百姓安而兄弟睦，家道和而国治平矣。至元琳、元琛、元璠、元璝、元勖、元禧，俱系幼稚，不特现在之饮食教训，均宜尔等加意友爱，即成人婚配，亦须尔等代余主持。元璲（现有观点认为钱元璲约活到公元933年，即钱镠去世以后，至少到公元917年以后，有正史为证——编者注）、元瓘、元璛等，中年逝世，遗子尚小，亦宜教养怜惜，视犹己子，毋分彼此。将吏士卒，期于宽严并济，举措得宜，则国家兴隆。余之化家为国，凤篆龙纶，堆盈几案，实由敬上惜下，包含正气而能得此。每慨往代衰亡，皆由亲小人，远贤人，居心傲慢，动止失宜之故。正所谓德薄而位尊，智小而谋大，未有不遭倾覆之患也。尔等各守郡符，须遵吾语。

余自主军以来，见天下多少兴亡成败，孝于亲者十无一二，忠于君者百无一人。是以：

第一，要尔等心存忠孝，爱兵恤民。

第二，凡中国之君，虽易异姓，宜善事之。

第三，要度德量力而识时务，如遇真主，宜速归附。圣人云：顺天者存。又云：民为贵，社稷次之。免动干戈，即所以爱民也。如违吾语，立见消亡。依我训言，世代可受光荣。

第四，余理政钱唐（塘）五十余年如一日，孜孜兀兀，视万姓三军，并是一家之体。

第五，戒听妇言而伤骨肉。古云：妻妾如衣服，兄弟如手足，衣服破犹可新，手足断难再续。

第六，婚姻须择阀阅之家，不可图色美而与下贱人结褵，以致污辱门风。

第七，多设养济院，收养无告四民；添设育婴堂，稽察乳媪。勿致阳奉阴违，凌虐幼孩。

第八，吴越境内，绫绢绸绵，皆余教人广种桑麻。斗米十文，亦余教人开辟荒亩。凡此一丝一粒，皆民人汗积辛勤，才得岁岁丰盈。汝等莫爱财，无厌征收，毋图安乐逸豫，毋恃势力而作威，毋得罪于群臣百姓。

第九，吾家世代居衣锦之城郭，守高祖之松楸。今日兴隆，化家为国，子孙后代，莫轻弃吾祖先。

第十，吾立名之后，在子孙绍续家风，宣明礼教，此长享富贵之法也。倘有子孙不忠、不孝、不仁、不义，便是坏我家风，须当鸣鼓而攻。千叮万嘱，慎体吾意，尔等勉旃（zhān），毋负吾训。

钱氏家训

个人

心术不可得罪于天地，言行皆当无愧于圣贤。曾子之三省勿忘，程子之四箴宜佩。持躬不可不谨严，临财不可不廉介。处事不可不决断，存心不可不宽厚。尽前行者地步窄，向后看者眼界宽。花繁柳密处拨得开，方见手段；风狂雨骤时立得定，才是脚跟。能改过则天地不怒，能安分则鬼神无权。读经传则根柢（dǐ）深，看史鉴则议论伟。能文章则称述多，蓄道德则福报厚。

家庭

欲造优美之家庭，须立良好之规则。内外门闾整洁，尊卑次序谨严。父母伯叔孝敬欢愉，妯娌弟兄和睦友爱。祖宗虽远，祭祀宜诚；子孙虽愚，诗书须读。娶媳求淑女，勿计妆奁；嫁女择佳婿，勿慕富贵。家富提携宗族，置义塾与公田；岁饥赈济亲朋，筹仁浆与义粟。勤俭为本，自必丰亨。忠厚传家，乃能长久。

社会

信交朋友，惠普乡邻。恤寡矜孤，敬老怀幼。救灾周急，排难解纷。修桥路以利人行，造河船以济众渡。兴启蒙之义塾，设积谷之社仓。私见尽要铲除，公益概行提倡。不见利而起谋，不见才而生嫉。小人固当远，断不可显为仇敌；君子固当亲，亦不可曲为附和。

国家

执法如山，守身如玉，爱民如子，去蠹如仇。严以驭役，宽以恤民。官肯着意一分，民受十分之惠；上能吃苦一点，民沾万点之恩。利在一身勿谋也，利在天下者必谋之；利在一时固谋也，利在万世者更谋之。大智兴邦，不过集众思；大愚误国，只为好自用。聪明睿智，守之以愚；功被天下，守之以让；勇力振世，守之以怯；富有四海，守之以谦。庙堂之上，以养正气为先；海宇之内，以养元气为本。务本节用则国富，进贤使能则国强，兴学育才则国盛，交邻有道则国安。

附录九：重要奏疏、诏书、碑记原文[①]

钱镠劝董昌仍守臣节书

杭州节度使、开国公钱镠，致书于威胜军董节度、陇西郡王麾下。窃镠与节度同起布衣，均膺组绶。既受皇家厚禄，宜尽臣下之微忱。《诗》曰：大邦维翰。《书》曰：以藩王室，惟屏惟翰。正我辈报国之职也。方今天子宽仁，在廷忠恕。我辈御巢微劳，伐宏可录。过蒙拔擢，位至公王，敢难胜任，愧无以酬。何期麾下壮志未满，别有所图。始则阴谋微露，疑信相参。今则僭号俨加，神人共忿。镠与节度生同里，起同时，又有寅恭之谊、相好之情，心有不忍，谊难缄默。敬奉一言以劝曰：与其闭门作天子，使九族百姓受涂炭，不如开门为节度，俾子孙富贵无忧。祸福去取，惟节度裁之。如以镠言为然，及早悔改，仍尽臣节，尚可及矣。谨劝。乾宁二年二月二十三日，钱镠顿首。

钱镠奏请出师讨董昌表

谨奏为逆情愿著，请师讨贼，臣父病故，循例乞休事。窃念臣于乾宁二年乙卯岁二月，屡得东来塘报，皆言昌有异志。水则广调雄师，陆则分布精锐，越之东南，悉为昌霸，臣始疑信相参。当一面驰书勉其仍守臣节，一面拨将防守西陵，一面据闻奏明各在案。兹闻董昌大有悔心，并言待罪于天子，而其妖人应智等，谋心为泯，拥昌为尊，改僭帝制，国号罗平，建元顺天。初传始信，人臣骇震。今则僭号妄加，神人共愤。臣受圣恩，如同高厚，本应疾趋西陵，督师往讨，奈臣父于本年四月十八日病故，理应乞休守制，用再据实奏明。伏乞速发讨贼之师，悬上爵以待有功，假便宜而收成效。搜罗

① 除《有美堂记》《表忠观碑》外，本节附录文献原文皆引自钱文选《钱氏家乘》，上海书店出版社 1996 年版。

天下忠义之士，庶使行间猛将劲卒，有所激励。则贼寇除而民心安，圣主康而社稷固矣。臣已丁艰，不应与闻军政，然贼一日不灭，小民一日不宁，贼寇一日不除，臣心一刻不安。故不敢不布愚昧之忱，以冀国泰民安之意。臣于苫（shān）次之余，意乱心迷，语无伦次，临奏涕泣，不知所云。谨奏。乾宁二年六月。

乾宁四年唐昭宗赐钱镠金书铁券原文

维乾宁四年，岁次丁巳，八月甲辰朔四日丁未。皇帝若曰：咨尔镇海、镇东等军节度、浙江东西等道观察处置营田招讨等使兼两浙盐铁制置发运等使、开府仪同三司、检校太尉兼中书令、使持节润越等州刺史、上柱国、彭城郡王、食邑五千户、实封一百户钱镠：朕闻铭邓骘（zhì）之勋，言垂汉典；载孔悝（kuī）之德，事美鲁经。则知褒德策勋，古今一致。顷者，董昌僭伪，为昏镜水，狂谋恶迹，渐染齐人，尔能披攘凶渠，荡定江表。忠以卫社稷，惠以福生灵。其机也氛祲（jìn）清，其化也疲羸（léi）泰。拯于粤于涂炭之上，师无私焉。保余杭于金汤之固，政有经矣。志奖王室，绩冠侯藩，溢于旂（qí）常，流在丹素。虽钟繇刊五熟之釜，窦宪勒燕然之山，未足显功，抑有异数。是用锡其金版，申以誓辞。长河有似带之期，泰华有如拳之日。惟我念功之旨，永将延祚子孙。使卿长袭宠荣，克保富贵。卿恕九死，子孙三死，或犯常刑，有司不得加责。承我信誓，往惟钦哉！宜付史馆，颁示天下。

钱镠谢赐铁券表

臣镠言：伏承恩旨，赐臣金书铁券一道。恕臣九死，子孙三死，出于睿眷，形此纶言。录臣以丝发之劳，锡臣以山河之誓。镌金作字，指日成文，震动神祇，飞扬肝胆。伏念臣爰从筮（shì）仕，逮及秉麾。每自揣量，是何叨忝。所以行如履薄，动若持盈，惟忧福过祸生，敢冀慎初获末，岂期此志，上感宸聪。忧臣以处极多虞，虑臣以防闲不至，遂开圣虑，永保私门。勖以功名，申诸带砺，虽君亲属念，皆云必恕必容。而臣子为心，岂敢伤慈伤爱，谨当日谨一日，戒子戒孙，不敢因此而累恩，不敢乘此而贾祸。圣主万岁，愚臣一心，臣镠诚惶诚恐稽首顿首。

钱镠筑塘疏

为筑塘御潮，请复古基，以卫民生事。窃惟江之水源，自衢、婺、睦等州各道汇入富春奔腾而入，潮汐由杭州之盐官、秀州之海盐，各路汇入鳖子门而入。每昼夜两次冲击，岸渐成江。近年以来，江大地窄。溯自唐贞观以前，居民修筑，不费官帑，塘堤不固，易于崩坍。迨后兵革顿兴，民亦屡迁，遂废修塘之功。海飓大作，怒涛掀簸，堤岸冲啮殆尽。自秦望山东南十八堡，数千万亩田地，悉成江面。民不堪命，群诉于臣。臣目击平原沃野，尽成江水汪洋，虽值干戈扰攘之后，即兴筑塘修堤之举。春秋时，白圭筑堤，壅于邻国，孟子讥以为仁人所恶。臣今按神禹之古迹，考前人之治堤，其水仍导入海，不伤邻界，则土地复而邻无患，塘之不可不筑一也。况民为社稷之本，土为百物所生。圣人云：有土斯有财。塘之不可不筑二也。经始于开平四年八月，竣事于是年十月，功成计费十万九千四百四十缗，堤长三十三万八千五百九十三丈以御江涛，外加土塘，内筑石堤，不辞鞭石畚（běn）土之劳，以图经久乐利之计，塘之不可不筑三也。况风气所凝，人材所聚。昔之汪洋浩荡，今成沃壤平原。东南水土长生，亦可以储精气之美、人文之盛。今则征科有据，常赋无亏，岁获屡登，民亦奠业。臣非敢沽名以邀斯民之戴德，实不忍以沃壤之区，投之江汉耳。兹塘已筑，将见安澜永庆、海晏河清矣。谨将筑塘缘由，据实奏明。伏维睿鉴谨奏。开平四年十月。

后唐明宗赐钱镠谥诏

诏曰：天下兵马大元帅、尚父、尚书令、吴越国王钱镠，本朝元老，当代勋贤。位已极于人臣，名素高于简册。赠典既无其官爵，易名宜示其优崇。宜令所司，定谥曰武肃，仍以王礼葬。长兴三年壬辰夏四月十五日己巳。

黄妃塔碑记[①]

敬天修德，人所当行。矧（shěn）俶忝嗣丕图，承平滋久，虽未致全盛，可不上体祖宗，师仰瞿昙氏慈忍力所沾溉耶！凡于万机之暇，口不辍诵释氏之书，手不停披释氏之典者，盖有深旨焉。诸宫监尊礼佛螺髻发，犹佛生存，不敢私秘宫禁中。恭率瑶具，创窣（sū）堵波于西湖之浒，以奉安之，规模宏丽，极所未见。宫监宏愿之始，以千尺十三层为率。爰以事力未充，姑从七级梯旻，初志未满为慊。计砖灰、土木、油钱、瓦石，与夫工艺像设金碧之严，通缗钱六百万，视会稽之应天塔。所谓许元（玄）度者，出没人间凡三世，然后圆满愿心，宫监等合力，于弹指顷幻出瑶坊，信多宝如来分身应现，使之然耳。顾元（玄）度有所不逮，塔成之日，又镌《华严》诸经，围绕八面，真成不思议劫数，大精进幢，于是合十指爪以赞叹之。塔曰“黄（皇）妃”云。吴越国王钱俶拜手。谨书于经之尾。

钱弘俶恭缴版图表

臣庆遇承平之运，远修肆觐之仪。宸眷弥隆，宠章皆极。斗筲（shāo）之量，实觉满盈。丹赤之诚，辄兹披露。臣伏念祖宗以来，亲提义旅，尊戴中京，略有两浙之土田，讨平四方之僭逆。此际盖隔朝天之路，莫谐请吏之心。然而禀号令于阙廷，保封疆于边徼，世家承袭，已及百年。今者幸遇皇帝陛下，嗣守丕基，削平诸夏。凡在辐员之内，悉归舆地之图。独臣一邦，僻介江表，职贡虽陈于外府，版籍未归于有司。尚令吴越之民，犹隔陶唐之化。太阳委照，不及蔀（bù）家，春雷发声，尚未聋（lóng）俗，则臣实使之然也，罪莫大焉，不胜战栗。愿以所部十三州献于陛下，颁纶有司，收其土地，闾里名数，别具条析以闻。伏望陛下念奕世之忠勤，查乃心之倾向，特降明诏，允兹至诚。谨奏。

① 据雷峰塔地宫出土的钱俶《华严经跋》、《武林掌故丛编》本《淳祐临安志辑逸》卷五、中华再造善本《咸淳临安志》卷七八，“黄妃”当作“皇妃”。

宋太宗允纳土诏

诏答曰：卿世济忠纯，志遵宪度。承百年之堂构，有千里之江山。自朕纂临，聿修觐礼，睹文物之全盛，喜书轨之混同。愿亲日月之光，遽忘江海之志。甲兵楼橹既悉上于有司，山川土田又尽献于天府。举宗孝顺，前代所无。书之简编，永彰忠烈，所请宜依。太平兴国三年五月六日。

有美堂记

欧阳修

嘉祐二年，龙图阁直学士、尚书吏部郎中梅公，出守于杭。于其行也，天子宠之以诗，于是始作有美之堂，盖取赐诗之首章而名之，以为杭人之荣。然公之甚爱斯堂也，虽去而不忘。今年自金陵遣人走京师，命予志之。其请至六七而不倦，予乃为之言曰：夫举天下之至美与其乐，有不得兼焉者多矣。故穷山水登临之美者，必之乎宽闲之野、寂寞之乡而后得焉。览人物之盛丽、夸都邑之雄富者，必据乎四达之冲、舟车之会而后足焉。盖彼放心于物外，而此娱意于繁华，二者各有适焉。然其为乐，不得而兼也。今夫所谓罗浮、天台、衡岳、庐阜，洞庭之广，三峡之险，号为东南奇伟秀绝者，乃皆在乎下州小邑、僻陋之邦，此幽潜之士、穷愁放逐之臣之所乐也。若四方之所聚，百货之所交，物盛人众，为一都会，而又能兼有山水之美，以资富贵之娱者，惟金陵、钱塘，然二邦皆僭窃于乱世。及圣宋受命，海内为一，金陵以后服见诛，今其江山虽在，而颓垣废址，荒烟野草，过而览者，莫不为之踌躇而凄怆。独钱塘自五代始时，知尊中国，效臣顺，及其亡也，顿首请命，不烦干戈，今其民幸富完安乐。又其俗习工巧，邑屋华丽，盖十余万家。环以湖山，左右映带。而闽商海贾，风帆浪舶，出入于江涛浩渺、烟云杳霭之间，可谓盛矣。而临是邦者，必皆朝廷公卿大臣若天子之侍从，又有四方游士为之宾客，故喜占形胜，治亭榭，相与极游览之娱。然其于所取，有得于此者必有遗于彼。独所谓有美堂者，山水登临之美，人物邑居之繁，一寓目而尽得之。盖钱塘兼有天下之美，而斯堂者又尽得钱塘之美焉，宜乎公之甚爱而难忘也。梅公清慎，好学君子也，视其所好，可以知其人焉。四年八月丁亥，庐陵欧阳修记。

表忠观碑

苏轼

熙宁十年十月戊子，资政殿大学士、右谏议大夫、知杭州军州事臣抃言：“故吴越国王钱氏坟庙，及其父、祖、妃、夫人、子孙之坟，在钱塘者二十有六，在临安者十有一，皆芜废不治。父老过之，有流涕者。谨按，故武肃王镠，始以乡兵破走黄巢，名闻江淮。复以八都兵讨刘汉宏，并越州，以奉董昌，而自居于杭。及昌以越叛，则诛昌而并越，尽有浙东西之地。传其子文穆王元瓘。至其孙忠显王仁佐，遂破李景兵，取福州。而仁佐之弟忠懿王俶，又大出兵攻景，以迎周世宗之师。其后卒以国入觐。三世四王，与五代相终始。天下大乱，豪杰蜂起。方是时，以数州之地盗名字者，不可胜数。既覆其族，延及于无辜之民，罔有孑遗。而吴越地方千里，带甲十万，铸山煮海，象犀珠玉之富，甲于天下，然终不失臣节，贡献相望于道。是以其民至于老死不识兵革，四时嬉游歌鼓之声相闻，至于今不废，其有德于斯民甚厚。皇宋受命，四方僭乱以次削平。而蜀、江南负其崄远，兵至城下，力屈势穷，然后束手。而河东刘氏，百战守死，以抗王师，积骸为城，酾血为池，竭天下之力，仅乃克之。独吴越不待告命，封府库，籍郡县，请吏于朝。视去其国，如去传舍，其有功于朝廷甚大。昔窦融以河西归汉，光武诏右扶风修理其父祖坟茔，祠以太牢。今钱氏功德，殆过于融，而未及百年，坟庙不治，行道伤嗟，甚非所以劝奖忠臣、慰答民心之义也。臣愿以龙山废佛祠曰妙因院者为观，使钱氏之孙为道士曰自然者居之。凡坟庙之在钱塘者以付自然，其在临安者以付其县之净土寺僧曰道微，岁各度其徒一人，使世掌之。籍其地之所入，以时修其祠宇，封殖其草木。有不治者，县令丞察之，甚者易其人。庶几永终不坠，以称朝廷待钱氏之意。臣抃昧死以闻。”制曰：“可。”其“妙因院”改赐名曰“表忠观”。

铭曰：天目之山，苕水出焉。龙飞凤舞，萃于临安。笃生异人，绝类离群。奋梃大呼，从者如云。仰天誓江，月星晦蒙。强弩射潮，江海为东。杀宏诛昌，奄有吴越。金券玉册，虎符龙节。大城其居，包络山川。左江右湖，控引岛蛮。岁时归休，以燕父老。晔如神人，玉带球马。四十一年，寅畏小心。厥篚相望，大贝南金。五朝昏乱，罔堪托国。三王相承，以待有德。既获所归，弗谋弗咨。先王之志，我维行之。天胙忠孝，世有爵邑。允文允武，子孙千亿。帝谓守臣，治其祠坟。毋俾樵牧，愧其后昆。龙山之阳，岿焉新宫。匪私于钱，惟以劝忠。非忠无君，非孝无亲。凡百有位，视此刻文。

朝奉郎、尚书祠部员外郎、直史馆、权知徐州军州事、骑都尉苏轼撰并书。

元丰元年八月甲寅。

推诚保德功臣、资政殿大学士、右谏议大夫、知杭州军州事、兼管内劝农使、充两浙西路屯田驻浙兵马钤辖、提举辖下诸州军事并都司巡检兵甲贼盗等公事、上柱国南阳郡开国公、食邑二千五百户食实封六百户、赐紫金鱼袋赵抃立石。

参考文献

（一）史料

〔宋〕王溥：《唐会要》，中华书记 1955 年《国学基本丛书》重印本。

〔宋〕司马光等：《资治通鉴》，中华书局 1956 年版。

〔清〕彭定求等编：《全唐诗》，中华书局 1960 年版。

〔宋〕欧阳修：《新五代史》，中华书局 1974 年版。

〔宋〕欧阳修、宋祁等：《新唐书》，中华书局 1975 年版。

〔宋〕薛居正等：《旧五代史》，中华书局 1975 年版。

〔元〕脱脱等：《宋史》，中华书局 1977 年版。

〔清〕吴任臣：《十国春秋》，中华书局 1983 年版。

〔宋〕赞宁：《宋高僧传》，中华书局 1987 年版。

〔清〕董诰等编：《全唐文》，上海古籍出版社 1990 年版。

〔元〕辛文房撰、孙映达校注：《唐才子传校注》，中国社会科学出版社 1991 年版。

〔宋〕李焘撰，上海师范大学古籍整理研究所、华东师范大学古籍研究所点校：《续资治通鉴长编》，中华书局 1995 年版。

钱文选辑：《钱氏家乘》，上海书店出版社 1996 年版。

王国平总主编：《杭州文献集成》第 31（吴越史著丛编上）、32 册（吴越史著丛编下），浙江古籍出版社 2017 年版。

〔宋〕钱俨：《吴越备史》，《武林掌故丛编》本。

（二）著作

冯先铭等主编：《中国陶瓷史》，文物出版社 1982 年版。

童养年：《全唐诗续补遗》，中华书局 1982 年版。

诸葛计、银玉珍：《吴越史事编年》，浙江古籍出版社 1989 年版。

杜文玉：《五代十国制度研究》，人民出版社 2006 年版。

〔日〕池泽滋子：《吴越钱氏文人群体研究》，上海人民出版社 2006 年版。

李最欣：《钱氏吴越国文献和文学考论》，中国社会科学出版社 2007 年版。

朱晓东：《物华天宝——吴越国出土文物精粹》，文物出版社 2010 年版。

屠树勋：《钱镠传》，浙江工商大学出版社 2013 年版。

陶福贤：《枝繁叶茂——钱王后裔名人录》，浙江大学出版社 2013 年版。

李晓杰：《中国行政区划通史・五代十国卷》，文物出版社 2014 年版。

李辉：《吴越国佛教史》，中国社会科学出版社 2015 年版。

屠树勋：《五代・吴越国史》，中国文史出版社 2018 年版。

胡耀飞：《吴越国与吴越钱氏研究》，社会科学文献出版社 2020 年版。

王长金、彭庭松主编：《吴越旧邦遗泽在——吴越国文化论坛暨第二届学术研讨会论文集》，浙江工商大学出版社 2020 年版。

魏祝挺：《吴越国塔幢研究》，浙江古籍出版社 2022 年版。

李晖达：《吴越国考古》，浙江人民出版社 2022 年版。

陶初阳：《读懂吴越国》，浙江工商大学出版社 2022 年版。

何勇强：《吴越国政治研究》，杭州出版社 2024 年版。

陈尚君纂校：《唐五代诗全编》，上海古籍出版社 2024 年版。

后 记

岁月倏忽，春秋代序。不经意间，由陶初阳同志编撰并任主编的《吴越文化通典》已付梓八载，初经世间历练，如今迎来修订、增补和再版之机，并纳入“吴越历史文化丛书·基础研究”读物，实乃幸事。

此次《吴越文化通典》增订由笔者担纲执笔，是对原作的一次系统增订。在尊重原作者和原稿体例的基础上，主要改动包括：一是条目的扩充。新增了中兴寺塔等吴越国时期重要的不可移动文物，以及临安区近年来的考古新发现，如吴越国衣锦城遗址、光孝明因寺遗址，还有新建的吴越国衣锦城考古遗址公园等，尽可能地吸收了近年来的新成果、新事物和新成就。二是视角的转变。2016年的第一版主要聚焦于历史、文物等固定内容，而本次修订则从吴越文化保护传承的宏观视角出发，删减了原稿中部分已不适应今天吴越文化保护传承实际的条目，对原书中出现的个别讹误进行订正，部分内容作了补充。三是内容的完善。对于钱镠的历史评价、吴越国经济社会发展中的特色亮点等，根据新的史料考证和文物发现，对原稿中的某些提法进行校正。

在增订期间，收到了朱晓东、胡耀飞、刘金炎、翁向明等众多审稿领导和专家学者的宝贵意见，这些意见涉及条目设计、内容、史料引用等多个方面，使得本书的增订工作更加科学、完善和合理。在此，向所有提供意见的审稿专家表示衷心的感谢。

本次增订工作得到了中共临安区委常委、宣传部部长孙超，临安区社科联主席沈向荣等领导同志的大力支持，同时也得到了2016年第一版支持单位——现临安区政协、区钱镠研究会的鼓励认可。此外，浙江省文物考古研究所副所长、副研究馆员李晖达先生的《吴越国考古》一书对本书增订工作提供了很大帮助，李晖达先生的悉心指导和关心支持让我们深受感动，在此一并表示诚挚的感谢。

徐吉军

2025年4月